2144

MÉMOIRES

DE

BEAUMARCHAIS

Clichy. — Impr. Paul Dupont, rue du Bac-d'Asnières, 12.

MEMOIRES

DE

BEAUMARCHAIS

DANS L'AFFAIRE GOEZMAN

NOUVELLE ÉDITION

Collationnée avec le plus grand soin sur les éditions originales

ET PRÉCÉDÉE

D'UNE APPRÉCIATION TIRÉE DES CAUSERIES DU LUNDI

PAR M. SAINTE-BEUVE

DE L'ACADÉMIE FRANÇAISE

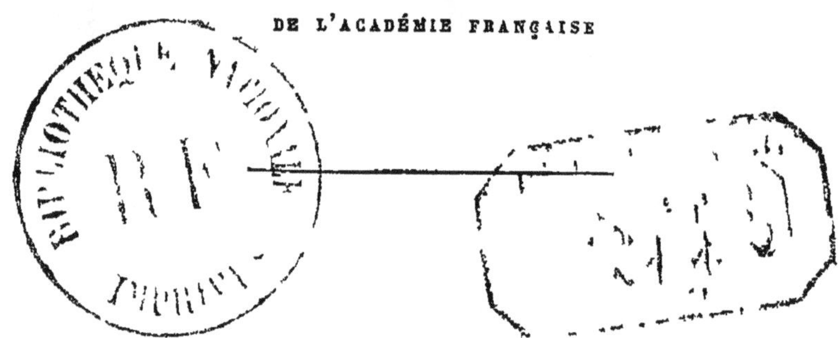

PARIS

GARNIER FRERES, LIBRAIRES-ÉDITEURS

6, RUE DES SAINTS-PERES, 6

1878

AVIS DES ÉDITEURS

Depuis longtemps les *Mémoires* de Beaumarchais n'avaient pas été imprimés séparément. Ils étaient demandés en librairie, et c'est pour répondre à un besoin reconnu que nous publions cette édition nouvelle des quatre mémoires relatifs à l'affaire Goezman. C'est, avec le *Barbier de Séville* et le *Mariage de Figaro*, la partie saillante et vraiment supérieure des œuvres de Beaumarchais. La réimpression de ce curieux et piquant ouvrage ne peut manquer, nous le croyons, d'être bien accueillie.

Pour donner un mérite de plus à cette édition, nous la faisons précéder de quelques pages exquises dues à la plume de M. Sainte-Beuve, et tirées des *Causeries du lundi*. Ces quelques pages forment une excellente introduction à la lecture des *Mémoires*, dont elles font connaître au mieux le sujet, les circonstances et le caractère.

Nous extrayons également d'une notice de M. Saint-Marc Girardin un fragment de vive et spirituelle critique sur le même sujet.

Les textes des *Mémoires de Beaumarchais* ont été collationnés avec le plus grand soin sur les éditions originales, savoir :

MÉMOIRE A CONSULTER. — Paris, imp. de Cl. Simon, 1773, in-4 de 38 pages.

SUPPLÉMENT AU MÉMOIRE. — Paris, imp. de Quillau, 1773, in-4 de 61 pages.

ADDITION AU SUPPLÉMENT. — Paris, imp. de J.-G. Clousier, 1773, in-4 de 75 pages.

REQUÊTE D'ATTÉNUATION. — Paris, imp. de Knapen, 1773, in-4 de 28 pages.

QUATRIÈME MÉMOIRE. — Paris, imp. de J.-G. Clousier, 1774, in-4 de 99 pages.

EXTRAIT DU TOME VI

DES

CAUSERIES DU LUNDI

PAR M. SAINTE-BEUVE.

. . . .
. . . .

Pâris-Duverney étant mort sur ces entrefaites, avait laissé à Beaumarchais un règlement de comptes, en vertu duquel il reconnaissait lui redevoir une somme de quinze mille livres. C'est ici que la série des fameux procès commence. Car l'héritier de Pâris-Duverney, le comte de La Blache, imagine de nier la dette des quinze mille livres et d'arguer le compte de faux. De là, procès, d'abord gagné en première instance aux requêtes de l'Hôtel par Beaumarchais. Celui-ci, qui chassait plus d'un lièvre à la fois, toujours confiant et imprudent, eut, pendant que ce procès se poursuivait au parlement, une altercation violente avec le duc de Chaulnes, pour une maîtresse, mademoiselle Mesnard, que ce duc et pair entretenait, et que Beaumarchais lui prit. Il en résulta après quelques jours d'arrêts gardés par chacun dans sa maison, que le duc et pair fut mis dans une citadelle, et Beaumarchais emprisonné au Fort-l'Évêque.

Son adversaire, le comte de La Blache, profite de l'à-propos pour tirer sur le temps, comme on dit, pour pousser l'affaire des quinze mille livres devant le parlement; il représente Beaumarchais comme un homme perdu, un scélérat qui a abusé de la confiance de tous ceux qu'il a approchés. On fait circuler de fausses lettres de lui ou contre lui; on insinue qu'il s'est défait par le poison de ses deux femmes, des deux veuves qu'il avait successivement épousées. Bref, le comte de La Blache, usant de toutes sortes de moyens, gagne son procès, fait saisir les meubles du prisonnier, le ruine de frais, et Beaumarchais se voit, en deux mois de temps, « précipité du plus agréable état dont pût jouir un particulier, dans l'abjection et le malheur : « Je me faisais honte et pitié à moi-même, » dit-il.

C'est alors, c'est dans cette situation désespérée, qu'il fit preuve d'énergie et d'une rare sérénité. « Une des choses que j'ai le plus constamment étudiées, dit-il, est de maîtriser mon âme dans les occasions fortes. Le courage de se rompre ainsi m'a toujours paru un des plus nobles efforts dont un homme de sens pût se glorifier à ses yeux. » Un fait singulier et des plus minces fut l'ouverture qu'il saisit pour rentrer dans ses avantages et reconquérir, à force d'adresse et de talent, tout ce qu'il avait perdu. Le point décisif de la destinée de Beaumarchais est à ce moment (juin 1773). C'est un homme de quarante ans, dont tout jusque-là peut sembler équivoque, même l'esprit. Il est poussé à outrance, il est vaincu, écrasé; il n'a plus pour ressource, dans une affaire désormais jugée et de nature déshonorante, qu'un chétif accessoire par où se rattacher au principal; il est mis en demeure d'avoir à l'instant de l'énergie, de l'esprit, du génie : il en aura.

L'incident dont je parle et qui lui servit de champ de bataille quand tout lui semblait enlevé, était celui-ci : prisonnier au Fort-l'Évêque, et devant, selon l'usage, solliciter ses juges, il avait obtenu la permission de sortir durant trois ou quatre jours, accompagné d'un agent. Dans ce court espace de temps, il avait plusieurs fois tenté inutilement de pénétrer jusqu'au conseiller Goëzman, rapporteur dans son affaire, et rapporteur prévenu et défavorable. C'est alors que, dans sa détresse et son désespoir, on lui apprit qu'il y avait un moyen d'arriver jusqu'au cabinet de ce juge; c'était de faire quelque cadeau à sa femme. Cent louis d'or, une belle montre à répétition enrichie de diamants, plus *quinze louis en argent blanc*, censés destinés à un secrétaire, tout cela fut successivement donné à la femme pour obtenir une audience de son mari, et avec promesse de sa part que tout serait rendu si le procès se perdait. Il fut perdu, en effet, et la dame rendit assez galamment les cent louis et la montre; mais, par un singulier caprice, elle s'était obstinée à garder les *quinze* malheureux *louis* donnés en sus. De là bruit, plainte, parole hautaine du conseiller Goezman, qui savait ou ne savait pas exactement tout ce détail, et qui eut l'audace de se porter accusateur de Beaumarchais comme ayant voulu corrompre son juge.

C'est, dis-je, de cette extrémité d'oppression et d'abattement que Beaumarchais se relève et qu'il se remet en campagne plume en main, s'adressant cette fois par quatre Mémoires consécutifs à l'opinion et au public, qu'il a l'art de saisir et de passionner. Pour concevoir comment il put ainsi retourner l'opinion, n'oublions pas que ce parlement à qui il avait affaire était celui que le chancelier Maupeou avait substitué à l'ancien parlement exilé et aboli. L'art de Beaumarchais fut de confondre insensiblement sa cause dans l'injure de tous, et de se faire, par ses plaisanteries acérées, le vengeur universel. Toutes les scènes où il met en cause madame Goëzman, tête légère, assez jolie femme, qu'on retournait par un compliment, qu'on jetait hors d'elle par une vérité, et qui présentait dans toute sa conduite un mélange de coquinerie, d'impudence et d'innocence, sont des scènes parfaites de comédie. La pauvre femme! dans ses confrontations il lui fait dire blanc et noir, il la met en colère et il l'apaise; quand elle ne sait plus que dire, ni comment débrouiller ses contradictions, elle met le tout, le plus ingénument du monde, sur le compte de certaine indisposition critique qu'elle avait ce jour-là; quand il l'a poussée trop à bout, elle le menace d'un soufflet; quand il lui dit une galanterie, et qu'elle ne paraît que dix-huit ans au lieu de trente, elle sourit malgré elle, ne le trouve plus si impertinent et va jusqu'à lui demander la main pour la reconduire à son carrosse. C'est d'une gaieté, d'une finesse, d'une ironie délicieuse. Ainsi, de tous ceux qu'il met en cause et en scène : on les connaît; on ne les oublie plus. On peut voir, dans la Correspondance de Voltaire, l'impression et le reflet de cette lecture chez un esprit supérieur et de la même famille, qui revient de ses préventions : ce qui arriva là à Voltaire en faveur de Beaumarchais dut arriver également à tout le monde : « J'ai lu, écrivait-il à d'Argental, tous les Mémoires de Beaumarchais, et je ne me suis jamais tant amusé. J'ai peur que ce brillant écervelé n'ait au fond raison contre tout le monde. Que de friponneries, ô ciel! que d'horreurs!... » — « Quel homme! s'écrie-t-il encore. Il réunit tout, la plaisanterie, le sérieux, la raison, la gaieté, la force, le touchant, tous les genres d'éloquence, et il n'en recherche aucun, et il confond tous ses adversaires, et il donne des leçons à ses juges. *Sa naiveté m'enchante;* je lui pardonne ses imprudences et ses pétulances. » Ses imprudences et pétulances, selon lui, étaient celles « d'un homme passionné, poussé à bout, justement irrité, *né très-plaisant* et très-éloquent. » Voltaire disait encore : « Qu'on ne me dise pas que cet homme a empoisonné ses femmes, il est trop gai et trop drôle pour cela. »

Et Beaumarchais disait de même en résumant sa vie :

« Et vous qui m'avez connu, vous qui m'avez suivi sans cesse! ô mes amis! dites si vous avez jamais vu autre chose en moi qu'un homme *constamment gai;* aimant avec une égale passion l'étude et le plaisir; *enclin à la raillerie, mais sans amertume;* et l'accueillant dans autrui contre soi, quand elle est assaisonnée; soutenant peut-être avec trop d'ardeur son opinion quand il la croit juste, mais honorant hautement et sans envie tous les gens qu'il reconnaît supérieurs; confiant sur ses intérêts jusqu'à la négligence; actif quand il est aiguillonné, paresseux et stagnant après l'orage; insouciant dans le bonheur, mais poussant la constance et la sérénité dans l'infortune jusqu'à l'étonnement de ses plus familiers amis. »

Voilà une page de l'excellent Beaumarchais dans le ton d'apologie de l'abbé Prévost, sans mauvais goût, sans fausse veine, avant l'ivresse et la fumée à la tête, avant la tirade de Figaro. Et il revient continuellement sur ce caractère essentiel de sociabilité et de gaieté qui exclut dans le passé tout grave reproche. Oh! comme il en veut à ses ennemis, lui qui ne hait personne, d'avoir ainsi cherché à noircir « sa jeunesse si gaie, si folle, si heureuse! »

Du mauvais goût, il y en a rarement quand l'auteur

est dans cette veine de gaieté toute naturelle. Horace Walpole a pourtant très-bien remarqué que, si ses plaisanteries sont très-bonnes, il s'y complaît trop et en abuse. Mais c'est quand il donne dans la sensibililé ou dans la solennité, qu'il y a surtout des endroits fréquents où il force les tons et où il nous avertit des défauts d'alors qui étaient aussi les siens. Il a des images peu agréables, et où le manque d'idéal, parlons plus nettement, où le trivial se trahit : « Finissons, *la sueur me découle du front,* et je suis essoufflé, etc., etc... » Et encore : « Je le répéterai *jusqu'au tronçon de ma dernière plume*, j'y mettrai l'encrier à sec, etc., etc. » Joignez-y bien des apostrophes qui sentent le voisinage de Diderot et de Jean-Jacques, et que le genre du plai doyer excuse ; mais il en use trop largement. Sur les femmes, toutes les fois qu'il a à en parler, il y a de petites hymnes galantes et comme de petits couplets destinés à plaire aux belles et sensibles lectrices ; il a de ces tirades dans le procès Goëzman, il en aura plus tard dans le procès Kornmann : « Et je serais ingrat au point de refuser, dans ma vieillesse, mes secours à ce sexe aimé qui rendit ma jeunesse heureuse ! Jamais une femme ne pleure que je n'aie le cœur serré. » Même dans ce procès de 1773, où il dénonce et désole une femme, il a pour le sexe en général de ces hommages qui viennent là on ne sait pourquoi ni comment. « Objet de mon culte en tout temps, ce sexe aimable est ici mon modèle !... » Il veut dire son modèle, en ce sens que les femmes savent beaucoup souffrir sans que leur nature en soit altérée. — Peignant la vieillesse de Pâris-Duverney assiégée de collatéraux avides, il en tirera argument contre le célibat et fera une allocution vertueuse et morale aux célibataires : « Amants du plaisir! amis de la liberté! imprudents célibataires!... » Tout cela était loin de nuire à l'effet de ces Mémoires mais c'en est aujourd'hui la partie faible, un peu déclamatoire et déjà passée.

Il suffit que l'ensemble et nombre de parties restent agréables, riantes et vives. Un des plus célèbres morceaux est au début du quatrième Mémoire, quand, par une prosopopée hardie, l'auteur, l'orateur se suppose dans un colloque avec Dieu, « avec l'Être bienfaisant qui veille à tout, » comme on disait alors. Cet Être souverain daigne s'abaisser un jour jusqu'à lui et lui dit :

« Je suis celui par qui tout est, sans moi tu n'existerais point; je te douai d'un corps sain et robuste, j'y plaçai l'âme la plus active : tu sais avec quelle profusion je versai la sensibilite dans ton cœur, et la gaieté sur ton caractere; mais, penetre que je te vois du bonheur de penser, de sentir, tu serais aussi trop heureux si quelques chagrins ne balançaient pas cet etat fortune : ainsi tu vas être accable sous des calamites sans nombre ; dechiré par mille ennemis, prive de ta liberte, de tes biens ; accusé de rapines, de faux... »

Et lui, se prosternant devant l'Être des êtres, répond en acceptant toute sa destinée :

« Être des êtres, je te dois tout, le bonheur d'exister, de penser et de sentir. Je crois que tu nous as donné les biens et les maux en mesure égale; je crois que ta justice a tout sagement compensé pour nous, et que la varieté des peines et des plaisirs, des craintes et des espérances, est *le vent frais qui met le navire en branle et le fait avancer gaiement dans sa route.* »

J'ai voulu citer cette image heureuse et fraîche, et comme faire sentir cette brise matinale qui lui arrivait, malgré tout, à travers les barreaux de sa prison. Tel était chez Beaumarchais l'homme vrai, non-seulement plus vrai que celui des libelles, mais qui s'est quelquefois forcé et, je dirai, calomnié lui-même dans Figaro. Figaro se grime ; et ici, nous avons le Beaumarchais naturel, épanoui.

Continuant donc de s'adresser humblement au souverain Être, il lui demande, puisqu'il doit avoir des ennemis, de les lui accorder à son choix, avec les défauts, les sottes et basses animosités qu'il lui désigne ; et alors, avec un art admirable et un pinceau vivifiant, il désigne un à un tous ses ennemis et ses adversaires, et les flétrit sans âcreté, dans une ressemblance non méconnaissable : « Si mes malheurs doivent commencer par l'attaque imprévue d'un légataire avide sur une créance légitime, sur un acte appuyé de l'estime réciproque et de l'équité des deux contractants, accorde-moi pour adversaire un homme avare, injuste et reconnu pour tel... etc. » Et il désigne le comte de La Blache si au vif que tous l'ont nommé déjà ; de même pour le conseiller Goëzman, de même pour sa femme et pour leurs acolytes ; mais ici la verve l'emporte, et le laisser-aller ne se contient plus ; à la fin de chaque portrait secondaire, le nom lui échappe à lui-même, et ce nom est un trait comique de plus : Suprême bonté !... *Donne-moi Marin !... — Donne-moi Bertrand !... — Donne-moi Baculard !...* Il ne s'arrête que devant le premier président Nicolaï, son dernier et imprévu adversaire, après l'avoir désigné et au moment où il va le nommer à la suite de ces tristes acolytes de Goëzman ; cette réticence devant un nom respecté, qui s'est mis si bas, devient un nouveau trait d'éloquence. Tout ce *motif*, la manière dont il est conçu et exécuté, avec tant de largeur, de supériorité, de gaieté et d'ironie, tout d'une venue et d'une seule haleine, compose un des plus admirables morceaux d'éloquence que nous puissions offrir dans notre littérature oratoire. Cela peut être mis en regard des plus mémorables endroits qu'on cite dans les dernières *Provinciales* de Pascal.

L'opinion publique s'était prononcée, et en quelques mois Beaumarchais avait reconquis plus que l'estime, il avait la popularité, cette faveur de tous, alors souveraine et triomphante, et qui ne connaissait point encore ses limites. Dans ces termes nouveaux où il était désormais, peu lui importait presque la sentence du parlement. Le jugement, attendu par le public de toutes classes avec une curiosité inexprimable, fut bizarre et à double tranchant : par arrêt du 26 février 1774, madame Goëzman fut condamnée à être mandée à la chambre « pour, étant à genoux, y être blâmée ; » et Beaumarchais de même ; de plus, ses Mémoires furent condamnés à être brûlés par la main du bourreau, comme injurieux, scandaleux, diffamatoires. Pour ce beau jugement, le parlement resta assemblé depuis cinq heures du matin jusqu'à près de neuf heures du soir. Le soir même de la condamnation, Beaumarchais devait souper dans le plus grand monde, chez M. de Monaco, où il avait promis de lire *le Barbier de Séville,* dont la représentation était retardée, mais que la Dauphine (Marie-Antoinette) prenait hautement sous sa protection. Cette aimable Dauphine, image mobile de la nation, arborait en quelque sorte la cocarde même de Beaumarchais par une coiffure dite à la *Ques-aco,* ainsi nommée d'une des plaisanteries des *Mémoires.* Le soir de cette condamnation, le prince de Conti venait s'écrire chez Beaumarchais, et l'invitait à passer chez lui la journée du lendemain : « Je veux, disait-il dans son billet, que vous veniez demain ; nous sommes d'assez bonne maison pour donner l'exemple à la France de la manière dont on doit traiter *un grand citoyen tel que vous.* » Toute la Cour suivit l'exemple du prince et s'écrivit chez le condamné. Ainsi celui qui, au commencement de sa riposte, n'était encore que *le brillant écervelé*, comme l'appelait Voltaire, avait subitement passé à l'état de *grand citoyen*. Partout où Beaumarchais se montrait, on l'entourait, on l'applaudissait avec fureur. Le lieutenant de police, M. de Sartine, lui conseillait de ne point paraître en public : « Ce n'est pas tout d'être *blâmé*, lui disait-il, il faut encore être modeste. » Tels étaient ces temps d'engouement facile et de chaleur universelle. Peu après, pour sauver une position plus brillante que sûre, et malgré tout périlleuse, Beaumarchais passa en Angleterre avec une mission secrète du roi, relativement au chevalier d'Éon, des mains de qui il s'agissait de retirer des papiers d'État. Pendant ce temps-là, le parlement Maupeou croulait ; on jouait *le Barbier de Séville* à Paris ; Beaumarchais, relevé de son jugement avec pompe, saisissait tous les à-propos, toutes les occasions de faire bruit et fortune, épousait les causes à la mode, devenait l'approvisionneur et le munitionnaire général des États-Unis insurgés, et entrait, le vent en poupe et toutes voiles dehors, dans cette vogue croissante qui ne s'arrêta plus qu'après *le Mariage de Figaro*. . .

. . . .

Après ces pages excellentes, nous ajouterons ici, pour achever de caractériser les *Mémoires* de Beaumarchais, un court et spirituel fragment que nous empruntons à une piquante notice de M. Saint-Marc Girardin :

. . . .
. . . .

Le chancelier Maupeou, fatigué des remontrances politiques du parlement de Paris, avait voulu, disait-il, retirer la couronne du greffe : il avait hardiment supprimé l'ancienne magistrature et remboursé les charges : le ressort immense du parlement de Paris, restreint dans de justes limites, d'utiles réformes dans l'administration de la justice, voilà pour le bien ; mais aussi plus de remontrances publiques, plus d'indépendance dans la magistrature, plus de contre-poids au pouvoir de la couronne, voilà le mal et le danger. Le public ne s'y trompa point. Il ne voulut pas de cette meilleure justice qu'on lui donnait aux dépens des derniers restes de ses libertés. Il refusa l'échange, et prit parti pour la magistrature supprimée. Le parlement Maupeou fut bafoué, le vieux parlement regretté outre mesure, et Beaumarchais, qui arriva au milieu de la lutte, accusant de corruption un membre du nouveau parlement, se trouva servir à souhait la rancune publique. En vain il proteste de son respect pour les magistrats ; le public ne veut pas y croire : c'est le parlement Maupeou !... — Dans de pareilles circonstances, Beaumarchais pouvait être hardi impunément. Aussi voyez comme il bouleverse la routine des anciennes procédures, quelle publicité inusitée il donne aux *interrogatoires, récolements et confrontations*, renfermés autrefois dans les quatre murs du greffe. Il y fait assister le public : le voile est levé, les mystères de la justice sont mis à nu. Ainsi, c'est par cette cause bouffonne que s'introduit au palais le salutaire principe de la publicité, et c'est encore là un des mérites des *Mémoires* de Beaumarchais... — Dans ces *Mémoires*, l'auteur comique se montre à chaque instant : ce n'est pas seulement par son habileté à raconter les incidents de son procès, de manière à ne jamais lasser la curiosité ; ce n'est pas même par son talent à disposer les différentes scènes du procès, à faire de ses *interrogatoires et récolements* des dialogues tantôt gais et grotesques, tantôt nobles et hardis : ce qui n'appartient qu'à lui, c'est l'art avec lequel il trace le caractère de chaque personnage...

Dans les procès ordinaires, l'intérêt est toujours dans les événements, quelquefois dans l'accusé, jamais ailleurs. Les témoins défilent devant nous sans exciter notre attention autrement que par leurs dépositions : ils n'ont ni caractère ni allure propres : c'est le *sine nomine vulgus*. Dans Beaumarchais, c'est tout différent : chacun a sa contenance et sa figure distinctive ; chacun a son caractère : Marin, le grand cousin Bertrand, madame Goëzman, madame le-Jay, tous enfin, depuis le petit laquais blondin, qui ne fait que paraître un instant, jusqu'au président de Nicolaï, qui fait arrêter Beaumarchais, *sous prétexte qu'il lui a fait la grimace*...

Dans le monde, Marin et le cousin Bertrand n'étaient peut-être que des sots sans physionomie particulière ; mais Beaumarchais, avec sa sagacité de poète comique, a découvert la marque caractéristique qui distingue entre tous les autres leur genre de sottise. Les voilà devenus des types originaux, l'un de la sottise médisante et orgueilleuse, l'autre de la sottise étourdie et indécise. C'est par là que son procès semble être en même temps une pièce d'intrigue et une pièce de caractère. Quand madame Goëzman entre au greffe avec Beaumarchais : Voyons, disons-nous avec impatience, voyons! C'est pour nous comme le moment de quelque grande scène de comédie entre deux personnages principaux...

Beaumarchais donne du relief aux personnages insignifiants qu'il trouve sous sa main. Aussi, malgré l'amertume de ses plaidoyers, il se garde bien de pousser l'invective jusqu'à la monotonie, chose assez ordinaire dans les procès, où, à force de maudire et de décrier son adversaire, on finit par en faire un scélérat ou un fripon qui ressemble aux scélérats et aux fripons de tous les temps. C'est ainsi qu'on efface les caractères par des injures maladroites, et qu'on détruit l'intérêt. Beaumarchais aime mieux faire de chacun de ses adversaires une caricature originale, que de tous une sorte de monstre uniforme. C'est par là qu'il soutient l'intérêt...

Ordinairement les répliques sont plus faibles que les plaidoyers, parce que déjà les faits et les arguments n'ont plus le mérite de la nouveauté. Ici c'est tout l'opposé. Le second mémoire vaut mieux que le premier, et le quatrième est encore un chef-d'œuvre : l'intérêt augmente, au lieu de s'affaiblir. Quelle verve intarissable d'esprit, de gaîté et d'éloquence!

L'avocat qui plaide pour autrui fait son métier ; Beaumarchais fait son affaire. De là ce ton de vivacité et de naturel. Ce n'est que dans les causes politiques, où l'avocat, en défendant son client, défend son opinion, qu'on sent parfois l'éloquence d'un homme qui se met tout entier dans l'affaire : ailleurs il y a du talent et de l'expérience, l'orateur et le jurisconsulte se montrent, mais l'homme ne se fait pas voir. Aussi, dit Figaro, « *le client un peu instruit sait toujours mieux sa cause que certains avocats, qui, suant à froid, criant à tue-tête, et connaissant tout, hors le fait, s'embarrassent aussi peu de ruiner le plaideur que d'ennuyer l'auditoire.* » La scène du jugement, dans le *Mariage de Figaro*, est curieuse à observer. Beaumarchais y a résumé toute son expérience du palais : juges, avocats, chacun y a son mot. Brid'oison, avec sa niaise importance, Doublemain, avec sa routine chicanière, sont peut-être des souvenirs de l'affaire Goëzman et du parlement Maupeou ; et Figaro lui-même, qui, quoique partie et accusé, semble diriger les débats, n'est-ce pas Beaumarchais conduisant les interrogatoires de madame Goëzman ?...

MÉMOIRE A CONSULTER

POUR

PIERRE-AUGUSTIN CARON DE BEAUMARCHAIS

ÉCUYER, CONSEILLER-SECRÉTAIRE DU ROI,
ET LIEUTENANT-GÉNÉRAL DES CHASSES AU BAILLIAGE ET CAPITAINERIE
DE LA VARENNE DU LOUVRE, GRANDE VÉNERIE
ET FAUCONNERIE DE FRANCE, ACCUSÉ.

Pendant que le public s'entretient d'un procès dont le fond et les détails excitent sa curiosité ; pendant que des gazetiers (1), vendus aux intérêts de différents partis, le défigurent de toutes les manières ; pendant que les méchants accumulent sur moi les plus absurdes calomnies, et ne disputent que sur le choix des atrocités ; enfin pendant que les honnêtes gens consternés gémissent sur la foule de maux dont un seul homme peut être à la fois assailli ; laissons jaser l'oisiveté, dédaignons les libelles, plaignons les méchants, rendons grâces aux gens honnêtes, et présentons ce Mémoire à mes juges, comme un hommage public de mon res-

(1) Les gazettes étrangères. Toutes les méchancetés qu'elles contiennent se fabriquent à Paris. Celui qui va payer un paragraphe à certain bureau de cette ville, est toujours sûr d'y faire dénigrer qui bon lui semble à juste prix. *C'était vrai alors.*

pect pour leurs lumières, et de ma confiance en leur intégrité.

Si c'est un malheur d'être engagé dans un procès dont le plus grand bien possible est qu'il n'en résulte aucun mal; au moins est-ce un avantage de justifier ses actions devant un tribunal, jaloux de l'estime de la nation qui a les yeux ouverts sur son jugement; devant des magistrats trop généreux pour prendre parti contre un citoyen, parce que son adversaire est leur confrère, et trop éclairés sur leur véritable dignité pour confondre une querelle particulière dont ils sont juges, avec ces grands démêlés où le corps entier de la magistrature aurait ses droits à soutenir ou son honneur à venger.

La question qui occupe aujourd'hui les chambres assemblées, est de savoir si la nécessité de répandre l'or autour d'un juge pour en obtenir une audience indispensable, et qu'on n'a pu se procurer autrement, est un genre de corruption punissable, ou seulement un malheur digne de compassion.

Forcé d'employer ma faible plume, au défaut de toute autre, dans une affaire où la terreur écarte loin de moi tous les défenseurs, où il faut des injonctions réitérées des magistrats pour qu'on me signe au palais la plus juste requête; détruisons toute idée de corruption par le simple exposé des faits, et ne craignons point qu'on m'accuse de tomber dans le défaut trop commun de les altérer devant la justice. Ils sont déjà connus des magistrats par le vu des charges et informations; je ne fais ici que les rétablir dans l'ordre chronologique que des dépositions partielles et la forme des interrogatoires leur ont nécessairement ôté.

Uniquement destiné à soulager l'attention de mes juges, ce Mémoire sera l'historique exact et pur de tout ce qui tient à la question agitée. Je n'y dirai rien qui ne soit constant au procès. Les faits qui me sont personnels y seront affirmés positivement. Ce que j'ai su par le témoignage d'autrui portera l'empreinte de la circonspection; et si ce Mémoire n'a pas toute la méthode qui caractérise les ouvrages de nos orateurs du barreau, au moins il réunira le double avantage de ne contenir que des faits véritables, et de fixer l'opinion flottante du public sur le fond d'une affaire dont le secret de la procédure empêchera qu'il ne soit jamais bien instruit par une autre voie.

FAITS PRÉLIMINAIRES.

Le 1er avril 1770, j'ai réglé définitivement avec M. Pâris-Duverney un compte appuyé sur des titres, et sur une liaison de douze ans d'intérêts, de confiance et d'amitié.

Par le résultat de ce compte, fait double entre nous, M. Duverney resta mon débiteur; et mourut quatre mois après, sans s'être acquitté envers moi.

Son légataire universel prit les dettres de rescision contre l'acte du 1er avril, en poursuivit l'entérinement aux requêtes de l'Hôtel, et fut débouté de sa demande par deux sentences consécutives.

Il en appela au parlement; et profitant du moment qu'une lettre de cachet me tenait sous la clef, à réfléchir sur le danger des liaisons disproportionnées, il poursuivit sans relâche le jugement de son appel. Il faisait plaider, il sollicitait, il gagnait les esprits; et moi j'étais en prison.

Enfin le 1er avril 1773, sur les conclusions de M. l'avocat général de Vaucresson, la cour mit l'affaire en délibéré, au rapport de M. Goëzman.

O M. Duverney! lorsque vous signâtes cet arrêté de compte par lequel vous vous reconnaissiez mon débiteur, le 1er avril 1770, vous étiez bien loin de prévoir que trois ans après, à pareil jour, sur le refus d'acquitter votre engagement par un légataire à qui vous laissiez plus d'un million, M. Goëzman de Colmar serait nommé rapporteur; que je perdrais en quatre jours mon procès et cinquante mille écus; et que ce magistrat me dénoncerait ensuite au parlement comme ayant calomnié sa personne, après avoir tenté de corrompre sa justice.

FAITS POSITIFS.

Peu de jours avant le prononcé du délibéré j'avais enfin obtenu du ministre la permission de solliciter mon procès, sous les conditions expresses et rigoureuses de ne sortir qu'accompagné du sieur Santerre, nommé à cet effet; de n'aller nulle autre part que chez mes juges, et de rentrer prendre mes repas et coucher en prison: ce qui gênait excessivement mes démarches, et raccourcissait beaucoup le peu de temps accordé pour mes sollicitations.

Dans ce court intervalle je m'étais présenté au moins dix fois chez M. Goëzman sans pouvoir le rejoindre : le hasard seulement me l'avait fait rencontrer une fois chez un autre conseiller de grand'chambre; mais à une heure tellement incommode que ces magistrats, pressés de sortir, ne m'accordaient qu'une légère attention. Je n'en fus pas très-affecté : M. Goëzman ne faisant alors que nombre avec mes juges, cette relation intime d'un rapporteur à son client, qui rend l'un aussi attentif que l'autre est disert ; cet intérêt pressant qui fait tout expliquer, tout entendre, et tout approfondir, n'existaient pas encore entre nous.

Mais le 1er avril, aussitôt qu'il fut chargé du rapport de mon procès, il devint un homme essentiel pour moi; je n'eus plus de repos que je ne l'eusse entretenu. Je me présentai chez lui trois fois dans cette après-midi, et toujours la formule écrite : « Beaumarchais supplie monsieur de vouloir bien lui accorder la faveur d'une audience, et de laisser ses ordres à son portier pour l'heure et le jour. » Ce fut vainement; la portière, car c'en était une, fatiguée de moi, m'assura le lendemain matin, à ma quatrième visite, que monsieur ne voulait voir personne, et qu'il était inutile que je me présentasse davantage. J'y revins l'après-midi ; même réponse.

Si l'on réfléchit que, du 1er au 5 avril, jour auquel M. Goëzman devait rapporter l'affaire, il n'y avait que quatre jours pleins, et que, de ces quatre jours si précieux, j'en avais déjà usé un et demi en démarches perdues ; si l'on sait qu'un ami de M. Goëzman (1) avait été deux fois chez lui sans succès pour m'obtenir l'audience, on concevra toute mon inquiétude.

J'appuie sur ces légers détails, parce qu'on me reproche au palais, aujourd'hui, de n'avoir pas écrit alors à M. Goezman pour le voir. Eh ! grand Dieu, écrire ! une lettre ne pouvait-elle pas rester un jour entier sans réponse, et me faire perdre encore vingt-quatre heures, à moi qui comptais les minutes? Et mes cinq courses en aussi peu de temps ne valaient-elles pas bien une lettre? et ce que j'écrivais chez la portière, n'était-ce donc pas écrire ? Et croyez-vous qu'on ignorât mon empressement, lorsqu'à l'une de ces courses nous vîmes, de mon carrosse, M. Goezman ouvrir le rideau de son cabinet au premier, qui donne sur le quai, et regarder à travers les vitres le malheureux qui restait à sa porte ? Ce fait, ainsi que tous les autres, est attesté par le sieur Santerre, qui m'accompagnait, et dont le témoignage ne saurait être suspect : et il faut le dire et le répéter, car il n'y a pas ici de petites circonstances.

Comme on ne peut tordre mes intentions, et donner à mes sacrifices d'argent, la tournure de la corruption, qu'en argumentant de ma négligence à rechercher M. Goëzman, et qu'on le fait réellement aujourd'hui, il m'est de la plus grande importance que la multiplicité, la vivacité, l'obstination même de mes démarches pour le voir, soient aussi constatées que leur inutilité.

(1) Le sieur Marin, auteur de la *Gazette de France*.

Nous compterons à la fin combien de fois j'ai assiégé sa porte pendant les quatre jours pleins qu'il a été mon rapporteur. Cette façon d'argumenter à mon tour, me lavera peut-être une bonne fois du reproche de négligence. On cessera d'en extraire celui de corruption; d'où l'on conclut que croyant ma cause mauvaise, je l'étayais par toutes sortes de manœuvres. Avec cet enchaînement d'inductions vicieuses, on arrive aux horreurs, aux diffamations, et à toutes les indignités qui ont suivi la perte de mon procès. Telle est la marche de l'animosité : nous y reviendrons.

Ne sachant plus à quel parti m'arrêter, j'entrai en revenant chez une de mes sœurs pour y prendre conseil, et calmer un peu mes sens. Alors le sieur Dairolles, logé dans la maison de ma sœur, se ressouvint qu'un nommé le-Jay, libraire, avait des habitudes intimes, chez M. Goèzman, et pourrait peut-être me procurer les audiences que je désirais. Il fit venir le sieur le-Jay, l'entretint, en reçut l'assurance que, moyennant un sacrifice d'argent, l'audience me serait promptement accordée. Étonné qu'il s'ouvrît une pareille voie, et curieux de savoir quelle espèce de relation pouvait exister entre ce libraire et M. Goëzman, j'appris du sieur Dairolles, que le libraire débitait les ouvrages de ce magistrat; que madame Goëzman venait assez souvent chez lui pour recevoir la rétribution d'auteur; ce qui avait mis assez de liaison entre elle et la dame le-Jay. « Mais le vrai motif qui engage le sieur le-Jay à répondre des audiences, ajouta-t-il, est que madame Goëzman l'a plusieurs fois assuré, que, s'il se présentait un client généreux, dont la cause fût juste, et qui ne demandât que des choses honnêtes, elle ne croirait pas offenser sa délicatesse en recevant un présent (1). » Cela me fut dit chez ma sœur, devant plusieurs de mes parents et amis.

La demande étant portée à deux cents louis, je me récriai sur la somme autant que sur la dure nécessité de payer des audiences. Quand on m'a jugé aux requêtes de l'Hôtel, disais-je, où j'ai gagné ce procès en première instance, loin qu'il m'en ait coûté pour voir mon rapporteur, je n'ai pas même su quel était son secrétaire ; et M. Dufour, magistrat aussi accessible que juge éclairé, a poussé la patience et l'honnêteté, jusqu'à souffrir mes importunités verbales et par écrit, pendant six semaines au moins. Pourquoi faut-il aujourd'hui payer? etc., etc., etc.

Je résistais, je bataillais ; mais l'importance de voir M. Goëzman était telle, et le temps pressait si fort, que mes amis inquiets me conseillaient tous de ne pas hésiter : « Quand vous aurez perdu cinquante mille écus,

(1) Lorsque madame Goezman, interrogée sur la nature de ses liaisons avec le-Jay, répond qu'elle ne le connaît point, et l'a seulement vu venir quelquefois solliciter son mari, elle oublie qu'il existe au portefeuille du sieur le-Jay quelques billets d'elle, écrits de sa main, par lesquels elle se reconnaît sa débitrice de plusieurs sommes, comme 18 livres, 30 livres, etc., qui prouvent encore plus les grandes intimités, que les petits besoins. Elle oublie que dans ces grandes intimités, elle a dit devant plusieurs témoins : « que, quand son mari serait rapporteur, elle saurait bien plumer la poule sans la faire crier. » Expressions moins nobles à la vérité que celles rapportées dans ce Mémoire, sur le même sujet, mais en cela plus propres à donner une véritable idée de la liaison niée par madame Goezman à son interrogatoire.

« me disaient-ils, faute d'avoir instruit votre rapporteur, quelle différence mettront dans votre aisance « deux cents louis de plus ou de moins? Si l'on vous en « demandait cinq cents, il n'y aurait pas plus à balancer. » Pour trancher la question, l'un d'eux, obligeamment, courut chez lui, et remit à ma sœur cent louis que je n'avais pas.

Plus économe de ma bourse, ma sœur voulut essayer d'arracher cette audience pour cinquante louis, et, de son chef, elle remit un rouleau seul au sieur le-Jay, lui disant qu'elle n'avait pas encore pu changer en or les deux mille quatre cents livres apportées par son frère, et qu'elle le priait en grâce de voir si ces cinquante louis ne suffiraient pas pour m'ouvrir cette fatale porte. Mais bientôt le sieur Dairolles vint chercher le second rouleau. « Quand on fait un sacrifice, madame, lui dit-il, il faut le faire honnête; autrement « il perd son mérite ; et M. votre frère désapprouverait beaucoup, s'il le savait, qu'on eût perdu seulement quatre heures pour épargner un peu d'argent. » Alors, ma sœur ne pouvant plus reculer, abandonna tristement les autres cinquante louis ; et ces messieurs retournèrent chez madame Goèzman.

Mais, dira-t-on, comment, dans une affaire aussi majeure, étiez-vous si indolent, si passif, que toutes les démarches se fissent entre vos parents et amis, sans vous ; et comment disposait-on ainsi de votre argent et d'un temps si précieux, sans que votre acquiescement y parût même nécessaire? Eh! Messieurs, vous oubliez la foule de maux dont j'étais accablé; vous oubliez que j'étais en prison ; vous oubliez que, forcé d'y attendre le matin qu'on vînt me chercher pour sortir, d'y revenir prendre mes repas, et d'y rentrer le soir de bonne heure, je ne pouvais suivre exactement des opérations aussi mêlées. Voilà pourquoi le zèle de mes amis y suppléait ; voilà pourquoi je n'ai su beaucoup de ces détails qu'après coup ; voilà pourquoi « je n'ai jamais encore vu le sieur le-Jay au moment où j'écris ce Mémoire, » etc., etc. Renouons le fil de ma narration, que cet éclaircissement a coupé.

Quelques heures après, le sieur Dairolles assura ma sœur que madame Goëzman, après avoir serré les cent louis dans son armoire, avait enfin promis l'audience pour le soir même. Et voici l'instruction qu'il me donna quand il me vit : : « Présentez-vous ce soir à la porte de M. Goëzman. On vous dira encore qu'il est sorti, insistez beaucoup ; demandez le laquais de madame ; remettez-lui cette lettre, qui n'est qu'une sommation polie à la dame de vous procurer l'audience, suivant la convention faite entre elle et le-Jay, et soyez certain d'être introduit. »

Docile à la leçon, je fus le soir chez M. Goëzman, accompagné de maître Falconnet, avocat, et du sieur Santerre. Tout ce qu'on nous avait prédit arriva: la porte nous fut obstinément refusée ; je fis demander le laquais de madame, à qui je proposai de rendre ma lettre à sa maîtresse ; il me répondit niaisement qu'il ne le pouvait alors, « parce que monsieur était dans le cabinet de madame avec elle. » C'est une raison de plus, lui dis-je en souriant de sa naïveté, de porter la lettre à l'instant. Je vous promets qu'on ne vous en saura pas mauvais gré. Le laquais revint bientôt, et nous dit « que nous pouvions monter dans le cabinet de monsieur ; qu'il allait s'y rendre lui-même, par l'escalier intérieur qui descend chez madame. » En effet, M. Goezman ne tarda pas à nous y venir trouver. Qu'on me passe un détail minutieux ; on sentira bientôt comment ils deviennent tous importants. Il était neuf heures du soir lorsqu'on nous fit monter au cabinet ; nous trouvâmes le couvert mis dans l'antichambre et la table servie ; d'où nous conclûmes que l'audience retardait le souper.

La voilà donc ouverte, à la fin, cette porte ; et c'est au moment indiqué par le-Jay : l'agent n'écrit qu'un mot, j'en suis le porteur ; la dame le reçoit, et le juge paraît. Cette audience, si longtemps courue, si vainement sollicitée, on la donne à neuf heures, à l'instant incommode où l'on va se mettre à table. Sans insulter personne, on pouvait, je crois, aller jusqu'à soupçonner que les cent louis avaient mis tout le monde d'accord sur l'audience ; et qu'elle était le fruit de la lettre que madame venait de recevoir en présence de monsieur. Aujourd'hui que l'on plaide, il se trouve que personne ne savait rien de rien ; et que l'audience, au milieu de tant d'obstacles, se trouve octroyée par hasard en ce moment unique. J'en demande bien pardon ; il était, sans doute, excusable de s'y tromper.

L'audience de M. Goëzman s'entama par la discussion de quelques pièces produites au procès. J'avoue que je fus étonné de la futilité de ses objections, et du ton avec lequel il les faisait : je le fus même au point que je pris la liberté de lui dire que je ne le croyais pas assez instruit de l'affaire, pour être en état de la rapporter sous deux jours. Il me répondit qu'il la connaissait assez dès à présent pour la juger ; qu'elle était toute simple, et qu'il espérait en rendre un compte exact à la cour, le lundi suivant. En l'écoutant, je crus apercevoir sur son visage les traces d'un rire équivoque, dont je fus très-alarmé. De retour, je fis part de mes observations à mes amis.

Le sieur Dairolles les fit parvenir à madame Goëzman, en sollicitant une seconde audience. La réponse fut que si M. Goëzman ne m'avait fait que des objections frivoles, c'est qu'apparemment, il n'en avait point d'autres à faire contre mon droit ; et qu'à l'égard du rire qui m'avait alarmé, c'était le caractère de sa physionomie ; qu'au reste, si je voulais lui envoyer mes réponses aux objections de son mari, elle se chargeait volontiers de les lui remettre : ce que je fis, en accompagnant le paquet d'une lettre polie pour la dame.

Nous étions au dimanche, 4 avril : il ne restait plus qu'un jour pour solliciter ; mon affaire devait être rapportée le lendemain. Je priai le sieur Dairolles de savoir au vrai si je ne devais plus espérer d'être entendu ; trouvant qu'on m'avait vendu bien cher l'unique faveur d'une courte audience.

On négocia de nouveau ; mais les difficultés qu'on nous opposa, firent deviner à tout le monde qu'il n'y avait qu'un seul moyen de les résoudre ; autres débats ;

humeur de ma part ; représentations de celle de mes amis. L'avis qui prévalut, fut que l'on saurait positivement, de madame Goëzman, si la seconde audience tenait à un second sacrifice ; et qu'alors, au défaut de cent autres louis qui me manquaient, on lui laisserait une montre à répétition enrichie de diamants. Elle fut aussitôt remise à le-Jay par le sieur Dairolles.

Enfin, je reçus la promesse la plus positive d'une audience pour le soir même : mais le sieur Dairolles, en m'apprenant que la dame avait été encore plus flattée de ce bijou que des cent louis qu'elle avait reçus, ajouta « qu'elle exigeait » en outre quinze louis pour le secrétaire de son mari, à qui elle se chargeait de les remettre. Cela est d'autant plus singulier, monsieur, lui dis-je, que vous savez qu'un de vos amis eut hier toutes les peines du monde à faire accepter, à ce secrétaire, une somme de dix louis, qu'il lui présentait d'office. Cet homme modeste s'obstinait à la refuser, disant qu'il était absolument inutile à mon affaire, qui se traitait dans le cabinet du rapporteur, et sans lui. « Que voulez-vous ? me dit le sieur Dairolles. Toutes ces observations ont été faites à madame Goëzman ; elle n'en a pas moins insisté sur la remise de quinze louis : elle doit ignorer, dit-elle, ce que le secrétaire a reçu d'ailleurs ; enfin, ces quinze louis sont indispensables. »

Ils furent remis de mauvaise grâce, à la vérité. puis portés à madame Goëzman ; puis l'audience assurée de nouveau pour sept heures. Mais ce fut encore vainement que je me présentai : n'ayant pas, cette fois, de passe-port auprès de madame, il fallut revenir sans avoir vu monsieur.

Le lecteur, qui se fatigue, à la fin, de lire autant de promesses vaines, autant de démarches inutiles, jugera combien je devais être outré moi-même de recevoir les unes et de faire les autres.

Je revins chez moi, la rage dans le cœur. Nouvelle course des intermédiaires. Pour cette fois, il ne faut pas omettre la curieuse réponse qu'on me rapporta. « Ce n'est point la faute de la dame, si vous n'avez pas été reçu. Vous pouvez vous présenter demain encore chez son mari. Mais elle est si honnête, qu'en cas que vous ne puissiez avoir d'audience avant le jugement, elle vous fait assurer que tout ce qu'elle a reçu vous sera fidèlement remis. »

J'augurai mal de cette nouvelle annonce. Pourquoi la dame s'engageait-elle alors à rendre l'argent ? Je ne l'avais pas exigé. Quelle raison la faisait tergiverser sur une audience tant de fois promise ? Je fis à ce sujet les plus funestes réflexions. Mais quoique le ton et les procédés me parussent absolument changés, je n'en résolus pas moins de tenter un dernier effort pour voir mon rapporteur le lendemain matin ; seul instant dont je pusse profiter avant le jugement du procès.

Pendant que je déplorais mon sort, un homme d'une probité reconnue, ayant été témoin, et quelquefois confident, des affaires particulières entre M. Duverney et moi, s'intéressait à ma cause, dont il connaissait la justice. Ce motif lui fit trouver moyen de s'introduire chez M. Goëzman, en faisant dire à ce rapporteur, qu'il avait des éclaircissements importants à lui donner sur l'affaire de la succession Duverney, et se gardant bien, surtout, d'articuler qu'il penchât pour moi. Il fut aussi surpris que je l'avais été des objections de M. Goëzman : comme elles sont entrées dans son rapport à la cour, qu'il lui lut en partie, je vais les rappeler en note : elles serviront à montrer dans quel esprit M. Goëzman traitait une affaire aussi grave : elles motiveront mes efforts pour en obtenir des audiences, et justifieront les sacrifices que j'ai faits pour y parvenir (1).

(1) M. Goézman lui dit, entre autres choses, que M. Duverney confiait facilement de ses blanc seings; que lui-même en avait vu et tenu entre ses mains; que je pouvais avoir abusé d'un de ces blanc seings pour y adapter un arrêté de compte. Mon ami, surpris d'une pareille allégation, lui répondit que l'exactitude de M. Duverney avait été trop connue pour qu'on pût le taxer d'une pareille négligence sur sa signature; mais que, quand cette allégation aurait même quelque vraisemblance, ce ne pouvait jamais être relativement à une signature et une date fixe de la main de M. Duverney, apposées au bas du folio verso d'une grande feuille de papier à la Telliere; et qu'en tout état de cause, un pareil soupçon, étant ce qu'on pouvait avancer de plus odieux contre quelqu'un, ne devait jamais être articulé sans preuve.

M. Goezman lui dit ensuite que l'arrêté de compte entre M. Duverney et moi ne pouvait pas être regardé comme un acte sérieux, puisque toutes les sommes y étaient écrites en chiffres : en effet, il lui montrait plusieurs sommes en chiffres sur la page verso de cet arrêté de compte. Mon ami, étonné que j'eusse commis une pareille faute dans une pièce aussi importante, était prêt à passer condamnation, lorsque, quittant M. Goezman, avec lequel il se promenait dans son cabinet, il vint subitement retourner l'arrêté de compte et en examiner la première page, dans laquelle il ne lui fut pas difficile de prouver à M. Goezman que les sommes écrites en chiffres

Mon ami eut beaucoup de peine à se faire écouter dans ses réponses; mais il ne quitta point M. Goëzman qu'il n'en eût au moins arraché la promesse positive de m'ouvrir sa porte et de m'entendre le lendemain matin: il obtint de plus la permission de me communiquer ses objections, et s'engagea pour moi que je les résoudrais à la satisfaction du rapporteur.

Si jamais audience a paru certaine, ce fut sans doute cette dernière, que le rapporteur promettait d'un côté, pendant que sa femme en recevait le prix de l'autre. Cependant, malgré les assurances du mari et de la femme, nous ne fûmes pas plus heureux le lundi matin que les autres jours : mon ami m'accompagnait; le sieur Santerre était en tiers : ils furent aussi outrés que moi, de me voir durement refuser la porte, quoiqu'on ne dissimulât pas que madame et monsieur étaient au logis. J'avoue que ce dernier trait mit à bout ma patience. Nous éclatâmes en murmures; et pendant que mon ami, épuisant toutes les ressources, allait chercher le secrétaire au palais, pour essayer de nous faire introduire, je priai la portière de me permettre au moins d'écrire dans sa loge les réponses que j'avais espéré faire verbalement à son maître. Nous y restâmes

sur le verso, n'étaient que relatées de pareilles sommes écrites plusieurs fois en toutes lettres antécédemment de l'autre part.

M. Goezman lui objecta encore que la déclaration de 1733 exigeait que l'écriture d'un pareil acte fût approuvée de la main de celui qui n'avait fait que le dater et le signer. Mon ami, qui ne connaissait point les termes de cette déclaration, ne put lui repondre que l'acte et les deux contractants étaient precisément dans le cas de l'exception portée par cette même loi.

Il y eut encore d'autres objections aussi frivoles.

une heure et demie, le sieur Santerre et moi. Mon ami revint avec un nouvel introducteur : mais les ordres étaient positifs : nous ne pûmes passer le seuil de la porte : ce ne fut qu'à force d'instances, et même en donnant six francs à un laquais, que nous parvînmes à faire remettre à M. Goëzman mes réponses, et l'extrait d'un acte important pour la recherche duquel un notaire avait passé la nuit.

Le même jour je perdis ma cause ; et M. Goëzman, en sortant du conseil, dit tout haut à mon avocat, devant plusieurs personnes, « qu'on avait opiné du bonnet d'après son avis. » Le fait est cependant que plusieurs conseillers sont restés d'un sentiment contraire au sien.

Quelle cruauté ! N'est-ce pas tourner le poignard dans le cœur d'un homme après l'y avoir enfoncé ? Moins le propos était fondé, plus il montrait de partialité dans le juge, et..... laissons les réflexions : elles aigrissent mon chagrin et retardent mon ouvrage.

Il est temps de tenir parole : opposons la récapitulation de mes courses chez M. Goëzman, au reproche de n'en avoir pas fait assez pour le voir, pendant les quatre jours pleins qu'il a été mon rapporteur ; d'où l'on induit que j'ai pu avoir intention de le corrompre.

1er avril.	Le jour qu'il a été nommé rapporteur, dans l'après-midi et soiree, trois courses inutiles..........................	3
2 avril.	Vendredi matin, une course inutile..	1
	Vendredi, après-midi, course inutile.....	1
	A reporter....	5

	Report.......	5
	Vendredi, au soir, course inutile........	1
3 avril.	Samedi matin, course inutile......... ..	1
	Samedi au soir, audience promise par madame Goezman, et obtenue, *course utile.*	1
4 avril.	Dimanche au soir, audience promise par madame Goèzman, et non obtenue, course inutile..............................	1
5 avril.	Lundi matin, jour du rapport, audience promise d'un côté par M. Goezman, payée de l'autre à madame, et non obtenue, course inutile..................	1
	TOTAL des courses en quatre jours pleins....	10
	Si l'on ajoute les deux qu'un ami de M. Goèzman a faites en même temps pour moi sur le même objet.	2
	Et mes dix courses avant sa nomination..... ..	10
	TOTAL des courses pour avoir audience...	22

Une seule audience obtenue.

En me lavant ainsi du reproche de négligence, je pense avoir beaucoup ébranlé le système de corruption : achevons de l'anéantir par un autre calcul et quelques réflexions fort simples.

Il m'en a coûté cent louis pour obtenir une audience de M. Goèzman. Qu'on suive cet argent à la trace, et qu'on juge si, de la distance où je suis resté du rapporteur, il était possible que j'eusse formé le projet insensé de le corrompre.

En cédant à la nécessité de sacrifier cent louis, je ne les avais pas ; (une personne :) un ami me les a offerts ;

(deux :) ma sœur les a reçus de ses mains ; (trois :) elle les a confiés au sieur Dairolles ; (quatre :) qui les a remis au sieur le-Jay ; (cinq :) pour être donnés à madame Goèzman, qui les a gardés ; (six :) enfin M. Goëzman, que je n'ai vu qu'à ce prix, et qui a tout ignoré ; (sept.)

Voilà donc, de M. Goëzman à moi, une chaîne de sept personnes, dont il prétend que je tiens le premier chaînon comme corrupteur, et lui le dernier comme incorruptible. D'accord. Mais s'il est juge incorruptible, comment prouvera-t-il que je suis un client corrupteur ? A travers tant de personnes on se trompe aisément sur l'intention d'un homme : d'ailleurs un juge corrompu n'a plus besoin d'instructions ; et l'éloigne ment où se tient de lui son corrupteur est le premier égard qu'il lui doit, et le plus sûr moyen d'écarter tout soupçon de leur intelligence. Or, il est prouvé qu'après avoir payé, j'ai montré encore plus d'empressement de voir M. Goëzman qu'avant de donner les cent louis : donc je n'ai pas cru avoir gagné son suffrage en payant ; donc ce n'était pas son suffrage qu'on avait marchandé pour moi ; donc je ne voulais que des audiences ; donc je ne suis pas un corrupteur ; donc il a calomnié mon intention ; donc le procès est malintenté contre moi : donc..... ce qu'il fallait démontrer.

J'avais perdu ma cause ; le mal était consommé. Le soir même du jugement le sieur Dairolles rendit à ma sœur les deux rouleaux de louis, et la montre enrichie de diamants. « A l'égard des quinze louis, dit-il, comme ils avaient été exigés par madame Goëzman pour être remis au secrétaire de son mari, elle s'est crue à bon droit dispensée de les rendre au sieur le-Jay. »

La conduite de ce secrétaire étant une énigme pour moi, je voulus l'éclaircir. Étonné qu'après avoir refusé modestement dix louis, il en retînt vingt-cinq, je priai l'ami qui lui avait fait accepter ces dix louis, d'aller lui demander si quelqu'un lui avait depuis remis quinze autres louis. Non-seulement le secrétaire nia qu'on les lui eût offerts; et il les aurait, dit-il, certainement refusés; mais il offrit à mon ami de lui rendre les dix louis qu'il en avait reçus; en l'assurant de nouveau qu'il n'avait fait aucun travail à ce malheureux procès, qui me coûtait trop d'argent pour qu'on augmentât encore mes pertes par des sacrifices volontaires.

Mon ami, sûr de mes intentions, le pria de les garder, moins comme un honoraire dû à ses peines, que comme un léger hommage rendu à son honnêteté.

Alors, piqué du moyen malhonnête qu'on employait pour retenir mes quinze louis, croyant même que le sieur le-Jay, « que je ne connaissais point du tout, » avait voulu les garder, je lui fis dire par le sieur Dairolles que je voulais savoir ce qu'étaient devenus ces quinze louis.

Le libraire affirma pendant plusieurs jours les avoir en vain demandés à madame Goëzman, qui lui répondait constamment être convenue avec lui que dans tous les cas ces quinze louis seraient perdus pour moi. Il ajouta qu'il ne pouvait souffrir qu'on le soupçonnât de les avoir gardés ; que la dame se faisait céler ; et que je pouvais lui en écrire directement.

Le 21 avril, c'est-à-dire dix-sept jours après le jugement du procès, j'écrivis la lettre suivante à madame Goëzman.

« Je n'ai point l'honneur, Madame, d'être person-
« nellement connu de vous, et je me garderais de vous
« importuner. si, après la perte de mon procès, lors-
« que vous avez bien voulu me faire remettre mes deux
« rouleaux de louis, et la répétition enrichie de dia-
« mants qui y était jointe, on m'avait aussi rendu de vo-
« tre part, quinze louis d'or, que l'ami commun qui a
« négocié, vous a laissés de surérogation.

« J'ai été si horriblement traité dans le rapport de
« monsieur votre époux, et mes défenses ont été tel-
« lement foulées aux pieds par celui qui devait, selon
« vous, y avoir un légitime égard, qu'il n'est pas juste
« qu'on ajoute aux pertes immenses que ce rapport me
« coûte, celle de quinze louis d'or, qui n'ont pas dû
« s'égarer dans vos mains. Si l'injustice doit se payer,
« ce n'est pas par celui qui en souffre aussi cruelle-
« ment. J'espère que vous voudrez bien avoir égard à
« ma demande, et que vous ajouterez à la justice de
« me rendre ces quinze louis, celle de me croire, avec
« la respectueuse considération qui vous est due,

« Madame, votre, etc. »

Ce 21 avril 1773.

Je n'en reçus point de réponse ; mais le lendemain ma sœur vint m'apprendre que le sieur le-Jay était dans sa maison, égaré comme un insensé : madame Goëzman, disait-il, l'avait envoyé chercher, pour se plaindre amèrement de ce que je lui demandais une somme de cent louis et une montre enrichie de diamants, qu'elle m'avait fait rendre. Il ajoutait que cette dame, outrée de colère, l'avait menacé de le perdre, ainsi que moi, en employant le crédit de M. le duc d'.....

Ma sœur me dit que tous ces propos se tenaient chez elle, devant son médecin ; qu'elle avait inutilement essayé de remettre la tête de ce pauvre le-Jay, à qui l'on ne pouvait faire comprendre qu'il ne s'agissait que de quinze louis, égarés entre lui et cette dame, et non de ce qui m'avait été rendu ; que cet homme était si troublé, qu'il assurait avoir lu en propres termes dans ma lettre, que la dame lui avait montrée, la demande des cent louis et du bijou ; qu'enfin, il menaçait de nier la part qu'il avait eue à cette affaire, si elle prenait une mauvaise tournure.

Heureusement j'avais gardé copie de ma lettre : je l'envoyai par ma sœur au sieur le-Jay, qui fut, à ce qu'il dit, sur-le-champ, chez madame Goezman lui faire à son tour ses reproches. Je ne sais s'il tint parole ; mais enfin les quinze louis ne revinrent point. J'ai depuis écrit deux lettres au libraire à ce sujet, qui sont restées sans réponse. Elles ont été jointes au procès.

J'appris alors dans le public, que M. Goëzman, muni d'une déclaration du sieur le-Jay (1), dans laquelle j'é-

(1) Cette declaration porte en substance que le sieur le-Jay, cé-

tais violemment inculpé, avait été chez M. le duc de la Vrillière, et chez M. de Sartine, se plaindre hautement que je calomniais sa personne, après avoir tenté de corrompre sa justice. Je n'en croyais pas un mot : tant de précautions extrajudiciaires, avant qu'il y eût aucune procédure entamée, me paraissaient au-dessous même du moins instruit des criminalistes. Je ne pouvais me figurer qu'un conseiller au parlement, sur des objets relatifs à un procès jugé au parlement, invoquât une autre autorité que celle du parlement, pour avoir raison de qui que ce fût : en tout cas, je me promis bien qu'il ne me serait pas reproché, si je pouvais l'éviter, d'avoir provoqué, par mes discours ou mes écrits, un combat aussi indécent entre M. Goëzman et moi. Résolu que j'étais de me renfermer dans des défenses juridiques, si on allait jusqu'à m'attaquer en forme, j'eus l'honneur d'adresser la lettre suivante à l'un des hommes en place qui jouit au plus juste titre de l'estime et de la confiance universelles.

dant aux sollicitations d'un de mes amis, a reçu cent louis et une montre enrichie de diamants, qu'il a eu la faiblesse de les offrir à madame Goezman pour corrompre la justice de son mari, mais qu'elle a tout rejeté « hautement et avec indignation. » Que depuis la perte du procès, il a tout remis à mon ami, etc... Cette déclaration, qu'on a su depuis avoir été minutée de la main de M. Goezman, ne parle pas « des quinze louis exigés de surplus, et qui sont encore entre les mains de madame Goezman. » Et moi je prie le lecteur de ne les pas perdre de vue. J'ai quelque notion que ces quinze louis influeront beaucoup sur le jugement du procès.

« Monsieur,

« Sur les plaintes qu'on prétend que M. Goëzman, « conseiller au parlement, fait de moi, disant que j'ai « tenté de corrompre sa justice, en séduisant madame « Goezman par des propositions d'argent qu'elle a re- « jetées, je déclare que l'exposé fait ainsi est faux, de « quelque part qu'il vienne. Je déclare que je n'ai « point tenté de corrompre la justice de M. Goëzman « pour gagner un procès, que j'ai toujours cru qu'on « ne pouvait me faire perdre sans erreur ou sans in- « justice.

« A l'égard de l'argent proposé par moi, et rejeté, « dit-on, par madame Goezman ; si c'est un bruit pu- « blic, M. Goëzman ne sait pas si je l'accrédite ou non ; « et je pense qu'un homme dont l'état est de juger les « autres sur des formes établies, ne devrait pas m'in- « culper aussi légèrement, moins encore armer l'auto- « rité contre moi. S'il croit avoir à se plaindre, c'est « devant un tribunal qu'il doit m'attaquer. Je ne re- « doute la lumière sur aucune de mes actions. Je dé- « clare que je respecte tous les juges établis par le roi. « Mais aujourd'hui M. Goëzman n'est point mon juge. « Il se rend, dit-on, partie contre moi : sur cette af- « faire, il rentre dans la classe des citoyens ; et j'espère « que le ministère voudra bien rester neutre entre nous « deux. Je n'attaquerai personne ; mais je déclare que « je me défendrai ouvertement sur quelque point qu'on « me provoque, sans sortir de la modération, de la mo-

« destie et des égards dont je fais profession envers
« tout le monde.

« Je suis, Monsieur,

« avec le plus profond respect, etc. »

Paris ce 5 juin.

Bientôt il courut un autre bruit, que M. Goezman avait été chez M. le chancelier et chez M. le premier président, armé de cette terrible déclaration de le-Jay, porter de nouvelles plaintes contre moi : enfin, j'appris qu'il m'avait dénoncé au parlement, comme calomniateur et corrupteur de juge. Cette attaque étant plus méthodique que la première, j'eus moins de peine à me la persuader. Mais je n'en restai pas moins tranquille sur l'événement; j'engageai même le sieur Marin, auteur de la *Gazette de France*, et ami de M. Goëzman, de représenter à ce magistrat combien un pareil acte d'hostilité tournerait désagréablement pour lui. Je crains peu ses menaces, lui dis-je; il m'a fait tout le mal qui était en sa puissance. Vous pouvez l'assurer que je n'userai point en lâche ennemi de l'avantage des circonstances pour lui causer un désagrément public : mais qu'il ait la bonté de me laisser tranquille. L'ami de M. Goëzman m'assura qu'il lui en avait écrit et parlé déjà plusieurs fois, en lui faisant sentir toutes les conséquences de ses démarches, et qu'il lui en parlerait encore. Sa négociation fut infructueuse.

Peu de jours après, M. le premier président m'envoya chercher pour savoir la vérité des bruits qui couraient. Je m'en tins au refus le plus respectueux de rien déclarer, à moins qu'on ne m'y forçât juridiquement....... « Que mes ennemis m'attaquent s'ils l'osent, alors je parlerai; l'on ne parviendra pas à me faire craindre qu'un corps aussi respectable que le parlement, devienne injuste et partial, pour servir la haine de quelques particuliers. Quant à la déclaration de le-Jay, elle tournera bientôt contre ceux qui l'ont fabriquée. Je n'ai jamais vu le sieur le-Jay; mais on dit que c'est un honnête homme, qui n'a contre lui que le défaut des âmes faibles, de se laisser effrayer facilement et de céder sans résistance à l'impulsion d'autrui : la fausse déclaration qu'on lui a extorquée dans un cabinet, il ne la soutiendra jamais dans un greffe; et la vérité lui sortira par tous les pores à la première interrogation juridique qui lui sera faite. Ainsi, sans inquiétude à cet égard, et plein de confiance en l'équité de mes juges, je perdrais difficilement ma tranquillité. »

J'appris alors que M. le procureur général était chargé d'informer : je me hâtai d'aller lui présenter le nom et la demeure de tous ceux qui avaient eu part à cette affaire. Ils ont été entendus; et je ne crains pas qu'aucun d'eux démente la plus légère circonstance de cette longue narration.

A peine les témoins sont-ils assignés, que le-Jay commence à trembler sur les conséquences de sa fausse déclaration. Dans le trouble de sa conscience, il va consulter M. Gerbier, expose les faits tels qu'ils se sont passés, en reçoit le conseil de revenir à la vérité dans sa déposition, vient faire la même confession à M. le premier président; il la fait à quiconque a la patience de l'écouter. M. Goèzman en entend parler. On envoie chercher le libraire et sa femme ; on commence par leur soutirer la minute de la fausse déclaration, parce qu'elle est de la main de ce magistrat ; on leur reproche ensuite aigrement leur inconstance. La dame le-Jay, plus courageuse que son mari, proteste qu'aucun respect humain ne les empêchera plus de dire la vérité. Grands débats entre eux : enfin on en revient à négocier ; on veut engager le libraire à passer en Hollande, avec promesse de le défrayer de tout, et d'arranger l'affaire pendant son absence. La dame le-Jay refuse, et soutient son mari dans sa résolution. Instruit des démarches de la maison Goëzman, et craignant que le-Jay ne se laisse encore entraîner, je vais chez M. le premier président lui rendre compte de ce qui se passe. « Vous êtes instruit maintenant, lui dis-je, monseigneur : le-Jay vous a tout avoué. J'étais bien sûr que cet homme, qui n'a menti que par faiblesse et par séduction, ne tarderait pas à rendre hommage à la vérité. Mais ce que vous ignorez, c'est qu'on veut le suborner encore et lui faire quitter la France. De peur qu'on ne dise que c'est moi qui l'ai fait sauver, je me hâte d'en donner avis aux premiers magistrats. » En effet, je fus chez M. le procureur général et chez M. de Combault, commissaire rapporteur, articuler les mêmes faits, en les priant de vouloir bien s'en souvenir en temps et lieu. Je cite avec assurance, et ne crains pas aujourd'hui d'invoquer des témoignages aussi respectables.

Bientôt le sieur le-Jay, assigné comme témoin, dépose au greffe cette vérité redoutable à ses suborneurs, et contraire en tout à la déclaration qu'ils lui avaient extorquée. Sa femme et son commis entendus, déposent ainsi que lui, « que la minute de la déclaration a été écrite de la main de M Goëzman ; » que le commis de le-Jay en a tiré plusieurs copies ; que le maître n'a fait que la signer ; mais que depuis peu de jours on leur a retiré adroitement l'original. Madame Goëzman entendue à son tour, dit fort peu de choses, et voudrait écarter par un air d'ignorance, l'idée qu'elle ait eu la moindre part à l'affaire. Je suis le seul qu'on n'assigne point comme témoin, ce qui fait déjà présumer que je suis dénoncé comme coupable. En effet, j'étais dénoncé. L'information achevée, et les témoins entendus, M. Doé de Combault fait son rapport aux chambres assemblées. Il intervient un arrêt, qui décrète le sieur le-Jay de prise de corps, le sieur Dairolles et moi d'ajournement personnel, et madame Goëzman seulement d'assignée pour être ouïe. Je ne me plains point d'une différence qui ne peut venir, sans doute, que d'un égard pour son sexe. Cependant le bruit courait que son mari, la traitant moins bien que le parlement, avait obtenu une lettre de cachet contre elle, l'avait fait enlever et mettre au couvent. Mais la vérité est, que M. Goëzman ne fit pas usage de la lettre de cachet ; et que madame Goëzman n'a été au couvent que depuis ; ce qui réalise aujourd'hui le propos qu'on tenait alors. « Si M. Goëzman, disait-on, fait renfermer sa femme, il la sait donc coupable ; et s'il la sait coupable, comment cherche-t-il à la justifier aux dépens d'autrui ?

Si c'est le parlement qui poursuit, et si madame Goëzman n'est renfermée qu'en vertu du soupçon répandu sur elle, jusqu'au jugement du procès, le soupçon s'étend également sur la femme et sur le mari. Par quel hasard, dans une affaire aussi peu éclaircie, voit-on Beaumarchais décrété d'ajournement personnel, le-Jay de prise de corps, madame Goëzman renfermée, et M. Goëzman sur les fleurs de lis? »

Ces contradictions apparentes excitaient de plus en plus l'attention du public sur l'événement de ce procès. Le sieur le-Jay, retenu au secret pendant plus de huit jours, a été interrogé plusieurs fois; le sieur Dairolles ensuite; enfin moi le dernier, qui ai tâché de tracer dans mon interrogatoire, l'historique exact de tous les faits, tels qu'on les a lus dans ce Mémoire : et certes, j'oserais bien assurer que, de toutes les dépositions des différents témoins, il n'y en a pas une seule qui ne s'accorde exactement avec cet interrogatoire.

Depuis ce temps, un arrêt a rendu la liberté provisoire à le-Jay; un autre a réglé l'affaire à l'extraordinaire : et tel est l'état des choses à l'instant où j'écris.

Avant de passer aux réflexions que cet exposé peut faire naître à tout le monde, il faut placer ici deux épisodes intimement liés au fond du procès, et que nous n'avons détachés du reste des faits, qu'afin que rien ne nuisît à l'attention particulière qu'ils méritent. Le premier lève un coin du voile obscur qui masque encore l'auteur de cette noire intrigue; le second le déchire tout à fait.

Épisode du sieur d'Arnaud de Baculard.

Tandis que tous ceux que le malheur engage dans cette affaire, gémissaient de la nécessité de repousser la calomnie par des défenses légitimes, qui croira qu'un homme absolument étranger au procès, ait été assez ennemi de son repos pour venir imprudemment se jeter dans la mêlée ; y jouer d'abord le rôle de conciliateur ; puis prendre parti contre les accusés, par une lettre signée de sa main ; flotter ensuite dans une incertitude pusillanime ; rétracter cet imprudent écrit, que des contradictions choquantes avaient déjà fait suspecter ; et se donner par tant d'inconséquences en spectacle au public, empressé à juger les acteurs de cette étrange scène ? Un tel homme existe pourtant, et c'est le sieur d'Arnaud de Baculard. Puisqu'il lui a plu de prendre part à la querelle, il faut développer sa conduite aux yeux de la cour ; elle n'est pas sans importance au procès.

Vers l'époque où les premiers travaux de la procédure s'entamaient, le hasard me fit rencontrer dans la rue de Condé, où je demeure, le sieur d'Arnaud. Je prévins toute question de sa part, en lui disant : Monsieur, vous êtes ami du sieur le Jay ; il a donné à M. Goëzman une fausse déclaration ; s'il persiste à en soutenir les termes, un moment arrivera, et c'est celui de la confrontation, où toutes les personnes avec qui il a correspondu, lui reprocheront son mensonge ; il se verra froissé entre son faux témoignage et la vérité qui fondra sur lui de toute part ; elle sortira de sa bouche alors ; mais il ne sera plus temps : l'iniquité, la calomnie, la mauvaise foi lui seront imputées ; et la plus juste punition sera le prix de sa lâche complaisance. Je vous conseille donc, monsieur, par l'intérêt que vous prenez à lui, de le voir, et de l'engager à dire la vérité ; c'est le seul parti qui lui reste, dans l'embarras où il s'est plongé lui-même : les magistrats ne font point le procès à la faiblesse, c'est la mauvaise foi seule qu'on poursuit. Le sieur d'Arnaud m'écoutait d'un air sombre, et ne rompit le silence que pour me reprocher aigrement l'indiscrétion avec laquelle j'avais, dit-il, engagé cette affaire au palais ; l'acharnement que je mettais à sa poursuite, et qui me rendait l'auteur de tous les chagrins prêts à fondre sur la tête de ce pauvre le-Jay.

Je conclus de cette sortie du sieur d'Arnaud, qu'il n'était pas instruit de mon affaire ; et je lui appris que ce n'était pas moi, mais M. Goèzman qui avait intenté le procès et le poursuivait ; que jusqu'alors je n'avais voulu rien faire, rien dire, ni rien écrire à ce sujet : je l'engageai de nouveau à déterminer son ami à revenir à la simple vérité dans sa déposition.

Le sieur d'Arnaud excusa sa vivacité sur son ignorance ; blâma la faiblesse de le-Jay ; condamna la conduite de M. Goèzman ; s'étendit un peu sur la méchanceté des hommes ; et m'assura qu'il allait faire part de mes observations au sieur le-Jay. Qu'est-il arrivé? Que le sieur d'Arnaud a visité M. Goëzman ; que M. Goëzman a visité le sieur d'Arnaud ; et qu'enfin ce dernier a écrit une lettre apologétique au magistrat, dans laquelle, après un éloge de ses vertus, il ajoute qu'il se croit obligé, pour l'honneur de la vérité, de lui apprendre d'office, « qu'un soir, étant chez le sieur le-Jay, » ce dernier lui fit voir une montre enrichie de diamants, très-belle, avec cent louis, « qu'il allait rendre, » lui dit-il, à un ami de M. de Beaumarchais, « qui les lui avait remis » pour les présenter à madame, « qui les avait rejetés avec indignation. » Le sieur d'Arnaud ajoute qu'il ne doute point que le sieur le-Jay ne les ait rendus sur-le-champ, etc., etc., etc.

M. Goëzman a déposé, au greffe de la cour, cette lettre du sieur d'Arnaud, avec la déclaration du sieur le-Jay. Quelles pièces et quelles précautions pour un magistrat! *nimia præcautio dolus.* Soufflons sur ce nouveau fantôme, et détruisons ce frêle appui du système de la corruption. Quand les visites réciproques ne prouveraient pas que ce témoignage est une pièce mendiée; quand le désaveu qu'a fait depuis au greffe le sieur le-Jay, de sa fausse déclaration, ne démontrerait pas que madame Goëzman n'a jamais rejeté, avec « indignation, » les cent louis et la montre; quand le refus opiniâtre que cette dame a fait de rendre les quinze louis qu'elle avait exigés, et qu'elle a encore entre les mains, ne fournirait pas la preuve la plus complète qu'elle a reçu tout le reste avec plaisir; et quand le sieur d'Arnaud ne serait pas depuis convenu lui-même, que c'était uniquement pour l'obliger qu'il avait écrit à M. Goëzman; un court examen de sa lettre et de la comparaison de ces mots « . . . . . un soir. . . . . qu'il allait rendre, etc., » avec ce qui s'est passé le 5 avril, jour auquel les effets m'ont été remis, suffirait pour anéantir le témoignage qu'elle contient. Épargnons cette discussion au lecteur : la rétractation du sieur d'Arnaud la rend inutile. Je voulais me justifier de son accusation, et non le poursuivre. Je l'ai fait, et me borne à le plaindre, si d'autres motifs qu'une complaisance aveugle ont affecté son cœur et dirigé sa plume.

Autre épisode très-important touchant le sieur Marin, auteur de la Gazette de France.

Le sieur Dairolles était assigné pour déposer : la veille de sa déposition, vers une heure après midi, je passai chez ma sœur, que je trouvai avec son mari, son médecin, le sieur Deschamps, négociant de Toulouse, et plusieurs autres personnes. A l'instant arrive le sieur Marin, auteur de la *Gazette de France*, et ami de M. Goèzman. Il nous dit que ce magistrat l'avait accompagné jusqu'à la porte pour chercher le sieur Dairolles, et l'engager à ne faire le lendemain qu'une déposition très-courte, et qui ne compromît ni madame Goëzman ni personne; qu'il nous engageait tous à nous conduire sur ce plan dans nos dépositions; et que lui, Marin, se faisait fort d'arranger l'affaire sous peu de jours; qu'il avait des moyens sûrs pour y réussir; mais qu'il fallait bien se garder, surtout, de parler « de ces misérables quinze louis, » qui ne faisaient qu'embrouiller l'affaire, et me donner un air de mesquinerie, qui me faisait tort dans le monde. « Au contraire, monsieur, lui dis-je avec chaleur, il en faut beaucoup parler : ce n'est pas que ces quinze louis m'intéressent en eux-mêmes ; mais ils sont la clef de toute l'affaire, et le seul moyen d'en résoudre tous les problèmes. Car madame Goëzman, qui nie aujourd'hui d'avoir jamais reçu le prix qu'elle a mis elle-même aux audiences de son mari, reste absolument sans réponse, quand on lui demande comment « ces misérables quinze louis » sont encore entre ses mains, s'il est vrai qu'elle ait rejeté tout le reste « hautement et avec indignation? » Il en faut beaucoup parler, parce que M. Goëzman les a volontairement oubliés dans la déclaration qu'il a minutée de sa main, et que le-Jay n'a fait que copier et signer. Mais, permettez que je ne prenne point le change à cet égard. On conclurait de ce silence général, que le-Jay n'a point remis les quinze louis à madame Goëzman ; qu'il l'a calomniée, en disant qu'elle les avait exigés et retenus ; qu'il a bien pu garder ainsi tout le reste : et l'on perdrait ainsi un malheureux pour sauver les seuls auteurs de l'exaction et de l'odieux procès qui en résulte. — Eh ! que vous importe, répondit le sieur Marin, que ce fripon de le-Jay soit sacrifié ? Ce n'est pas un grand malheur, si vous êtes tous hors d'une affaire qui intéresse aujourd'hui les ministres, et où il n'y a que des coups à gagner. » Chacun s'éleva fortement contre cette barbarie de sacrifier le-Jay, et l'on se sépara. En nous quittant, le sieur Marin pria instamment le sieur Lépine de « lui envoyer Dairolles à quelque heure qu'il rentrât, pour qu'il pût lui parler avant d'aller au palais. »

Le sieur Marin et M. Goëzman passèrent l'après-midi du même jour à chercher le sieur Dairolles dans toutes les maisons où l'on espérait le rencontrer : ce fut en vain. L'auteur de la *Gazette de France*, inquiet, renvoie, le lundi à sept heures du matin, dire au sieur Dairolles qu'il est de la dernière importance qu'il vienne lui parler avant d'aller au palais. Le sieur Dairolles se rend au greffe, et ne va chez l'auteur de la *Gazette* qu'en sortant de déposer. Je m'y rencontre avec lui : la mémoire fraîche encore de tout ce qu'il venait de dicter, le sieur Dairolles nous le rend dans le plus grand détail. Le sieur Marin blâma fort une déposition aussi étendue. « Je vous ai cherché, dit-il, partout hier avec Goëzman (1), pour vous empêcher de faire cette sottise-là. »

« Depuis, je vous ai fait dire de me venir parler ce matin ; il suffisait de quatre mots au greffe, et j'arrangeais l'affaire en deux jours, comme je l'ai dit hier à M. de Beaumarchais chez madame sa sœur. Mais il est encore temps ; vous en serez quitte pour aller faire une autre déposition plus courte et sans détail : on biffera la première : il n'en sera plus question, et l'affaire s'éteindra toute seule. »

Je fis sentir à mon tour au sieur Dairolles, la conséquence d'une pareille conduite. « Si vous allez faire une seconde déposition, ne croyez pas qu'on annule la

(1) Je prie que l'on pardonne la liberté de ce langage, à l'obligation où je suis de citer juste.

première; on les opposera l'une à l'autre, et toutes les deux à vous, qui tomberez précisément dans le cas de le-Jay, d'être contraire à vous-même : voilà mon avis. » Le sieur Marin nous apprit ensuite qu'il allait dîner chez M. le premier président avec monsieur et madame Goëzman, laquelle devait en sortant de table aller faire sa déposition au greffe.

Le même jour, vers les six heures dn soir, je retrouvai le sieur Marin sur le Pont-Neuf. « J'ai dîné avec notre monde, me dit-il; et pendant que la femme est allée au greffe, je suis convenu avec Goëzman que j'engagerais Dairolles à l'aller voir ce soir. Il sera fort bien reçu; et lorsque Dairolles lui aura conté les choses comme elles se sont passées, son intention est d'avoir une lettre de cachet pour enfermer sa femme, et tout sera fini. J'ai vu Dairolles en sortant de chez le premier président, et j'en ai tiré promesse qu'il irait ce soir chez Goëzman; mais j'ai peur qu'il ne nous manque encore. Joignez-vous à moi pour l'y engager. — Pourquoi donc faut-il que ce soit Dairolles, lui dis-je? S'il était possible de supposer que M. Goëzman ignorât ce qui se passe chez lui, et s'il faut croire pieusement qu'il ait besoin de nouvelles instructions à cet égard pour faire enfermer sa femme, que n'envoie-t-il chercher le-Jay, à qui il a fait faire une fausse déclaration, et qui vient de se rétracter? Que ne demandait-il à M. le premier président cette vérité que tout Paris sait que le-Jay lui a confessée depuis peu? Que ne s'adresse-t-il à vous-même, qui savez aussi bien que nous à quoi vous en tenir sur le fond de l'affaire? Au reste, je vais voir M. Dairolles et sonder ses intentions. »

Je me rendis à l'instant chez ma sœur, que je trouvai en conversation animée avec une autre de mes sœurs. Le sieur Marin, me dirent-elles, a parlé de nouveau à Dairolles, cette après-midi; ils ont été longtemps ensemble; le dernier est venu tout échauffé nous dire : Comment trouvez-vous donc Marin, qui veut absolument que j'aille changer ma déposition? Et sur ma résistance opiniâtre : « Vous direz, m'a-t-il ajouté, que c'est toute cette famille Beaumarchais qui vous a suggéré la première (1). Quel bien espérez-vous de tous ces gens-là? Abandonnez leurs intérêts; ne songez qu'aux vôtres. Par votre déposition de ce matin, vous perdez quatre ans de travaux accumulés pour obtenir les bonnes grâces de M. le duc d'... au moment peut-être où vous étiez prêt d'en recueillir le fruit. Allez, mon cher compatriote, allez-vous-en parler à Goëzman ce soir, et surtont promettez-le-moi. » Voilà, m'ajoutèrent mes sœurs, ce que Dairolles vient de nous apprendre : il a dans son premier mouvement raconté les mêmes choses à un de ses amis. Nous lui avons fait connaître le piége dans lequel on veut l'attirer. Il n'ira pas ce soir chez M. Goëzman, quoiqu'il y soit attendu. Et moi, leur dis-je, je vais à l'instant instruire

(1) Il est bon de remarquer ici, qu'en parlant au sieur Dairolles en particulier, l'auteur de la *Gazette* ne se contente plus de dire qu'il faut changer sa première déposition; il veut que Dairolles la tourne contre moi, en déposant qu'elle lui a été suggérée par toute ma famille. Ce trait a totalement dessillé mes yeux sur la conduite du sieur Marin dans toute cette affaire.

M. le premier président de cette nouvelle intrigue. En effet, ce magistrat respectable eut la bonté, la patience d'écouter tout le detail qu'on vient de lire, et finit par me dire : « Comptez que le parlement ne fera d'injustice à personne, et qu'en temps et lieu je me souviendrai de tout ce que vous m'avez dit. »

On avait déjà répandu au palais que le sieur Dairolles, au désespoir de sa déposition du même jour, « qui lui avait été suggérée, » était dans l'intention de se rétracter de tout ce qu'il avait dit. Frappé du rappport de ce bruit, avec les insinuations du sieur Marin, il courut le lendemain au greffe, assurer que, non-seulement il démentait le fait calomnieux de sa rétractation, mais qu'il demandait la permission de confirmer ce qu'il avait dit la veille, et même d'y ajouter quelque chose.

De mon côté, je fus chez le sieur Marin, le prier de vouloir bien ne plus correspondre avec le sieur Dairolles, au sujet de mes affaires ; ce qu'il me promit.

Voilà les faits rendus dans la plus scrupuleuse exactitude. Raisonnons maintenant sur la question qu'ils ont fait naître au parlement.

RÉFLEXIONS

Y a-t-il, dans tout ce qu'on vient de lire, la moindre trace du crime de corruption de juge? Y voit-on que j'aie voulu gagner le suffrage de mon rapporteur par des voies malhonnêtes? Qui osera m'en prêter la coupable intention, lorsque tous les faits parlent en ma faveur, lorsque toutes les dépositions appuient ma dénégation formelle, et lorsque l'instruction du procès ne fournit aucune preuve du contraire ?

Mille raisons éloignaient de moi la pensée de manquer de respect au parlement, en offensant un de ses membres.

1° J'avais, avec tous les jurisconsultes, si bonne opinion de ma cause, que j'aurais cru faire tort aux lumières de mes juges, en doutant un moment de son succès.

2° Je n'ignorais pas qu'un juge intègre ne se laisse point corrompre par de l'argent ; et que c'est le supposer corrompu d'avance et vendu à l'iniquité, que de lui en proposer.

3° J'avais déjà gagné sur délibéré cette cause en première instance aux requêtes de l'Hôtel : et certes on ne supposera pas que ce fût par corruption. Y avait-il donc quelque chose en mon second rapporteur qui dût me le faire soupçonner plus corruptible et moins délicat que le premier ? Je ne connaissais pas M. Goëzman ; et lorsqu'il me dénonce comme son corrupteur, n'est-ce pas lui seul qui fait à sa personne un outrage auquel je n'ai pas songé ? Quel juge honnête a jamais pensé de lui, qu'un client le soupçonnât d'être corruptible ? Si quelqu'un eût dit à Caton : Un tel homme espère acheter votre voix aux prochains comices, n'eût-il pas à l'instant répondu : Vous mentez, cela est impossible ?

4° Quoi ! l'on irait jusqu'à supposer que l'on a mis pour moi le suffrage de M. Goëzman au misérable prix de cinquante louis! En calomniant le plaideur, on verse à pleines mains l'avilissement sur le juge. Si j'avais eu la coupable intention de corrompre mon rapporteur dans une affaire dont la perte me coûte au moins cinquante mille écus, loin de fatiguer mes amis de mes résistances, loin de marchander le prix des audiences, dont je ne pouvais me passer, n'aurais-je pas tout simplement dit à quelqu'un : Allez assurer M. Goëzman qu'il y a cinq cents louis, mille louis à son commandement, déposés chez tel notaire, s'il me fait gagner ma cause? Personne n'ignore que de telles négociations s'entament toujours par une proposition vigoureuse et sonnante. Le corrupteur ne veut qu'une chose, n'emploie qu'un instant, ne dit qu'un mot, est jeté par la fenêtre ou conclut son traité : voilà sa marche.

Mais quel rapport tout cela peut-il avoir avec ce qui m'arrive, et que voit-on ici? Un plaideur désolé de ne pouvoir approcher de son rapporteur, joignant ses efforts aux soins ardents de ses amis, et s'agitant inutilement pour arriver à l'inaccessible cabinet. On y voit des audiences courues, sollicitées ; leur prix débattu ; cent louis partagés en deux fois ; une seule audience obtenue, une autre inutilement espérée; dix louis versés d'un côté, quinze louis exigés de l'autre ; un bijou consommant tous ces sacrifices ; beaucoup de courses inutiles, point d'accès chez le juge ; et le procès perdu. On voit que des demandes successives ont entraîné des sacrifices successifs ; que, plus le besoin est devenu pressant, moins on a pu se rendre économe de sa bourse ; et qu'enfin on n'a fait que céder à la nécessité de payer ce qu'il était indispensable d'obtenir. Il y a bien loin de cette marche à celle d'un corrupteur de juge.

Mais, dira-t-on, c'est payer bien cher une audience que d'en donner cent louis. Certainement, c'est bien cher; et mes débats et les tentatives de ma sœur prouvent assez que nous l'avons pensé comme vous : mais réfléchissez que cinquante louis n'ont pas suffi pour m'obtenir la première audience, et qu'un bijou de mille écus surmonté de quinze louis, n'a pu me procurer la seconde, et vous conviendrez que ce qui vous semble aujourd'hui trop acheté, ne le parut pas encore assez alors. Quel homme, engagé dans les sables d'Afrique, ne payerait pas un verre d'eau cent mille ducats dans un pressant besoin !

« Mais en faisant successivement tous ces sacrifices, il est très-probable que vos demandes d'audience n'ont été qu'un prétexte avec lequel vous avez masqué l'intention de corrompre votre juge. »

Il est très-probable !... Au reste, qu'on ne croie pas que j'invente ici des objections oiseuses pour m'amuser à les résoudre : elles m'ont toutes été faites à l'interrogatoire.

Il est très-probable ! Heureusement, il ne s'agit pas ici de me décider coupable sur des probabilités ; mais seulement de juger sur des preuves si je le suis ou non. Que dirait de moi M. Goëzman, si, repoussant sur lui le bloc dont il veut m'écraser, je m'égarais aussi dans les conjectures, en disant : Lorsque madame Goëzman vendait l'audience de son mari, *il est très-probable* qu'il était de moitié dans le traité; l'impossibilité d'entrer chez lui avant la délivrance des deniers, et le parfait accord du moment indiqué par l'agent de madame pour l'audience, avec celui où monsieur l'accorda, donnent beaucoup de poids à ma conjecture. Si j'ajoutais : Celui qui reçoit de la main droite, étant à bon droit soupçonné de n'avoir pas la main gauche plus pure, *il est très-probable* qu'après qu'on a eu touché mes cent quinze louis de le-Jay, l'enchère s'est trouvée couverte par un autre; d'où, sans doute, est venue l'impossibilité d'obtenir une seconde audience, malgré les promesses du mari et de la femme; d'où est partie l'offre tardive de rendre l'argent à celui qui avait le moins donné; parce qu'en pareille affaire on ne peut tout garder sans qu'un des deux payants ne jette les hauts cris. Si, rapprochant sous un même point de vue la frivolité des objections que M. Goëzman a faites tant à moi qu'à mon ami sur mon affaire; l'odieux soupçon qu'il a répandu, que j'avais pu abuser d'une date et d'une signature en blanc, pour y apposer un arrêté de compte; sa remarque insidieuse que les sommes de mon acte étaient en chiffres sur le verso (tandis qu'elles sont avant, dix fois écrites en toutes lettres sur le recto); le désir qu'il a montré, en sortant du jugement, de faire croire qu'il avait seul décidé la perte de mon procès, lorsqu'il dit tout haut, qu'on avait opiné *du bonnet, d'après son avis;* la précaution de se faire faire une déclaration par le-Jay avant la procédure; la lettre du sieur d'Arnaud, la mission du sieur Marin, etc., etc. Si, dis-je, embrassant tous ces faits, j'en concluais qu'il *est très-probable*... ne m'arrêteriez-vous pas tout court, en me disant, qu'en une affaire aussi grave, il n'est pas permis de donner des vraisemblances pour des vérités; que le parlement est juge des faits, et non des intentions ; que ce n'est pas à moi à diriger ses idées, ni les conséquences qu'il doit tirer; et qu'enfin il est calomnieux d'avancer ce qu'on ne peut légalement prouver? Faites-moi donc au moins la justice que vous exigeriez de moi; et ne supposez pas que j'aie eu l'intention de corrompre un juge, lorsque tout concourt à porter jusqu'à l'évidence, que je n'ai fait que céder à la dure nécessité de payer des audiences indispensables (1).

« Mais, donner de l'argent à la femme de son rapporteur pour arriver jusqu'à lui, est une espèce de corruption détournée, très-digne aussi des regards sévères de la justice. »

Eh! monsieur, un homme qui ne peut se reconnaître

(1) Si par hasard on doutait que M. Goëzman eût fait à mon ami l'étrange objection que j'avais pu abuser d'un blanc seing de M. Duverney, qu'on lise l'interpellation suivante : elle est tirée de mon interrogatoire.

« Interpellé de nous dire si l'on ne lui a pas rendu de la part de madame Goezman qu'il perdrait son procès, parce que son mari le soupçonnait d'avoir rempli un blanc seing de M. Duverney,

« A répondu que personne ne lui a rendu un propos aussi absurde qu'il est outrageant, que la mission de M. Goezman n'ayant pas été de se rendre vérificateur d'écritures, mais seulement d'examiner si un acte fait double et librement entre deux majeurs, pouvait s'annuler autrement que par lettres de rescision ou inscription de faux, seuls moyens que la loi autorise, un si odieux soupçon, supportable au plus dans une instruction criminelle, aurait indiqué la plus grande partialité de la part du juge en une cause civile. »

en un dédale obscur, qu'en semant l'or de tout côté sur son chemin, n'est-il pas assez malheureux d'y être engagé, sans qu'il ait encore le chagrin d'en essuyer le reproche? Eh quoi! toujours de la corruption? Une victime est-elle donc si nécessaire ici, qu'il faille la désigner à quelque prix que ce soit!

Si le suisse de mon juge m'a barré dix fois sa porte, pressé que je suis d'entrer, m'accuserez-vous d'être un corrupteur pour avoir amadoué le cerbère avec deux gros écus?

Arrivé dans l'intérieur, si deux louis d'or glissés dans la main du valet de chambre me font pénétrer au cabinet de son maître, aurai-je donc commis un crime de lèse-équité *magistrale*, en les lui abandonnant?

Forcez la progression jusqu'au secrétaire; allez même jusqu'à quelqu'un plus intimement attaché à mon juge; ne conviendrez-vous pas que la somme ne fait plus rien à la chose, parce que les sacrifices sont toujours en raison de l'état de celui qui nous sert?

Sans doute, il est malheureux pour un plaideur d'être obligé de parcourir, l'or à la main, le cercle entier de tant de vexations subalternes, avant que d'arriver au juge qui en occupe le centre, et le plus souvent les ignore. Mais, qu'on puisse être inculpé pour avoir cédé à la plus tyrannique nécessité, c'est, je crois, ce qu'on peut hardiment nier avec tous les casuistes et jurisconsultes de l'univers.

Observez encore que l'on tomberait dans une contradiction puérile en attaquant un plaideur en corruption, pour avoir été forcé d'acheter de la femme de son juge, des audiences à prix d'or, lorsqu'il est reçu, reconnu, avoué, qu'on doit en offrir à tous les secrétaires des rapporteurs, dont le revenu serait trop borné sans la générosité des clients.

En vain me direz-vous que le travail des secrétaires est au moins un prétexte aux largesses des plaideurs : et voilà précisément d'où naît l'abus. Les deux contendants n'étant pas plus exempts de payer l'un que l'autre ce travail au secrétaire, il n'en est que plus exposé à la tentation de subordonner la besogne au prix qu'il en reçoit. Alors il faut convenir que les dix, vingt-cinq, quarante ou cinquante louis qu'on lui ferait accepter, deviendraient un genre de corruption bien plus dangereux autour d'un rapporteur, que celui d'intéresser sa femme. Il frapperait également sur l'homme et sur la chose, sur le juge et sur son travail. Car, enfin, sa femme peut au plus lui recommander l'affaire ; mais celui qui en fait l'extrait, est souvent le maître de la lui présenter à son gré ; de faire valoir ou d'atténuer les moyens, selon qu'il veut favoriser ou nuire. L'équité d'un juge peut bien le tenir en garde contre la séduction de sa femme ; les choses qu'elle recommande étant étrangères à son état, en demandant, elle avertit de se méfier d'elle, et son projet doit échouer, par les moyens mêmes qu'elle prend pour le faire réussir ; au lieu que tout paraît se réunir pour attirer un juge très-occupé dans le piége que lui tendrait un secrétaire infidèle, et vendu à l'une des parties.

Nous ne voyons pourtant pas de nos jours qu'on accuse personne de vouloir corrompre les rapporteurs, quoique chaque plaideur soit toujours disposé, près des secrétaires, à couvrir l'enchère de son concurrent

C'est donc sur la main qui reçoit que la justice doit avoir l'œil ouvert, et non sur la main qui donne. La faute de celle-ci n'est qu'un accident éphémère et peu dangereux; au lieu que l'avidité toujours subsistante de celle-là peut multiplier le mal à l'infini.

Je me fais d'autant moins de scrupule d'indiquer ici l'abus qui peut résulter de laisser aux plaideurs à payer le travail des secrétaires, que j'ai prouvé par le témoignage honorable rendu à l'un d'eux en ce Mémoire, avec quel plaisir je rends justice à des hommes très-honnêtes, aussi studieux qu'éclairés. Abstractivement parlant, un reproche général peut être bien fondé contre telle manière d'exister d'un corps, sans qu'on entende en faire d'application personnelle à aucun de ses membres actuels.

Maintenant, qu'un gazetier (1) joigne à la plus insidieuse annonce sa ridicule réflexion, qu'un plaideur est *très-punissable* de chercher à corrompre son juge, et le juge *répréhensible* de se prêter à ses menées; on perd patience à redresser de pareilles bévues : aussi n'est-ce pas pour le gazetier qu'on répond qu'il fallait dire précisément le contraire.

L'action *répréhensible* d'offrir de l'or, peut au moins s'excuser dans un plaideur emporté par un violent intérêt. Comme il ne plaide que pour gagner sa cause, et qu'on lui crie de toute part : *Payez*, *payez*, *ne vous*

(1) *Gazette de la Haye*, du vendredi 23 juillet 1773, nº 89.

lassez pas; peut-il savoir au juste, à quel point, à quelle personne il doit s'arrêter? Qui posera la barrière, et lui montrera la borne finale? Et si la nécessité le force à passer les limites, quel homme assez pur osera lui jeter la première pierre?

Mais le juge, organe de la loi silencieuse, le juge impassible et froid comme elle, pour les intérêts sur lesquels il doit prononcer, fera-t-il sans crime, de la balance de Thémis, un vil trébuchet de Plutus? L'intention du plaideur qui donne, est au moins sujette à discussion, et peut s'interpréter de mille manières; mais le juge qui reçoit, est sans excuse aux yeux de la loi. Si le premier doit acheter mille choses en plaidant, le second n'a rien à vendre en jugeant; il est donc le vrai coupable, le seul *punissable*; l'autre est tout au plus *répréhensible*.

Mais ce n'est pas de cela qu'il s'agit ici. Où la corruption n'existe point, il n'y a point de coupable à démêler, point de corrupteur à punir. En vain irait-on chercher dans *Papon*, dans *Néron*, ou tel autre compilateur d'ordonnances, quelque ancien arrêt du treizième ou quatorzième siècle, pour l'appliquer à la question présente, aucun ne peut certainement lui convenir. Les temps sont changés, les mœurs sont différentes, et l'espèce ne saurait être aujourd'hui la même sur rien. Tout se faisait alors plus simplement : les plaideurs n'avaient point d'avocats; les juges point de secrétaires : tel jugement dont les frais épuisent une bourse de louis, ne coûtait alors qu'un cornet d'épices; et telle autre chose était un crime aux yeux de l'équité, qui s'est tournée depuis en usage aux yeux de la justice.

Et quand toutes ces raisons n'existeraient pas, aucun arrêt n'a certainement prévu le cas où je me trouve; aucune loi n'a défendu de payer des audiences indispensables, quand on ne peut les obtenir autrement. S'il est peu généreux de les vendre, il y a bien loin du malheur de les acheter, aux délits sur lesquels la loi prononce des peines; et si elle n'en a point prononcé, fera-t-on une jurisprudence rétroactive, exprès pour appliquer une punition à tel fait, dont l'usage et le silence de la loi semblaient autoriser l'abus, nuisible aux seuls plaideurs?

Si l'on parvenait même à rencontrer quelque ancienne ordonnance à peu près applicable à la question présente, faudrait-il donc en tordre le sens, en étendre les dispositions, pour la faire cadrer à cet événement? Il est une maxime de jurisprudence criminelle dont on ne peut s'écarter; c'est qu'en toute loi pénale, les cas de rigueur ne reçoivent jamais d'extension, à cause du danger extrême des conséquences.

Mais indépendamment d'un danger applicable à tous les cas, les juges ont certainement prévu celui qui résulterait en particulier d'un arrêt, lequel, au lieu de décharger de l'accusation un plaideur qui n'a fait que céder, en payant, à la plus tyrannique nécessité, sévirait contre lui dans un prononcé foudroyant. Serait-ce comme corrupteur? Nous avons prouvé qu'il ne l'est ni n'a voulu l'être. Comme payeur d'audience? Dans le fait et dans le droit il n'y a pas de sa part l'ombre d'un délit.

On sent que le désir de mettre un frein, par un exemple, à la corruption, pourrait seul dicter un pareil arrêt ; mais les magistrats sont bien convaincus que cet arrêt prouverait mieux leur sévérité qu'il n'honorerait leur prévoyance : ils savent qu'en en faisant porter la rigueur sur la partie déjà souffrante, et qu'en se trompant ainsi sur le choix de la victime, au lieu de couper le mal dans sa racine, on courrait le danger de l'accroître à l'infini.

Osons le dire avec liberté : si jamais il existait un juge avide et prévaricateur, chargé de l'examen d'un procès, ne deviendrait-il pas le maître à l'instant d'abuser d'un pareil arrêt, comme d'une permission enregistrée, pour dépouiller impunément les plaideurs ? L'arrêt à la main : Donne-moi cent louis, pourrait-il dire à son client, si tu veux avoir audience ; mais, quand tu l'auras payée, soit que je te l'accorde ou non, lis cet arrêt, et tremble de parler.

Caron de Beaumarchais.

M. Doé de Combaut, *rapporteur*.

Me Malbeste, *avocat*.

SUPPLÉMENT

AU MÉMOIRE A CONSULTER.

Pressé d'établir mon innocence par l'exposé des faits, j'ai hasardé mon premier Mémoire. Mais avoir dit la vérité dans un commencement d'affaire, est un engagement pris envers les juges et le public de continuer à la leur offrir sans relâche et sans déguisement jusqu'à sa conclusion.

J'ai trop appris, aux dépens de mon repos, combien il est dangereux d'avoir un ennemi qualifié ; j'ai pensé payer d'une partie de ma fortune le malheur de combattre un adversaire en crédit. Aujourd'hui ce qui devait me faire trembler me rassure.

Moins obligé d'avoir du talent, parce que j'ai du courage, la nécessité d'écrire contre un homme puissant est mon passe-port auprès des lecteurs. Je ne m'abuse point : il s'agit moins pour le public de ma justification, que de voir comment un homme isolé s'y prend pour soutenir une aussi grande attaque et la repousser tout seul.

Quant à mes juges, être bien persuadé que je n'aurai pas moins de faveur à leurs pieds que mon adversaire assis au milieu d'eux ; m'y présenter avec la plus grande confiance, est rendre au parlement ce que je lui dois. Ce principe adopté, l'on sent que tout ménagement qui m'eût empêché de me défendre contre un juge, ne m'eût paru qu'une insulte au corps entier des magistrats.

Et tel était mon argument auprès des gens de loi, quand j'y cherchais un défenseur. Mais je parlais à des sourds ; ils fuyaient tous en me criant de loin : C'est un de ces *Messieurs*, ne m'approchez pas. D'où vient donc tant d'effroi? Je ne demande que justice. *Dieu et mon droit*, n'est-il plus le cri de réclamation qui rend tous les sujets d'un roi juste également recommandables aux yeux de la loi? ou mon adversaire est-il l'arche du Seigneur, et sacré au point qu'on ne puisse y toucher sans être frappé de mort? Mes ennemis sont nombreux, et je suis seul ; mais au tribunal de l'équité, le plus ferme appui de l'innocence est de n'en avoir aucun. Vos terreurs ne m'arrêteront donc point ; je me défendrai moi-même. Vous ne voyez que des hommes où je parle à des juges. Vous craignez leurs ressentiments ; moi, j'espère en leur intégrité. Qui de nous deux les honore mieux, à votre avis ? Mais y eût-il du danger pour moi, je préférerais de m'y exposer par un excès de confiance, à la bassesse de les outrager par une défiance malhonnête. Et s'il faut me montrer enfin tel que je suis, j'aimerais mieux trébucher même en ce combat avec leur estime et celle des honnêtes gens, que de chercher, en le fuyant, ma sûreté dans un mépris universel (1).

Mon premier Mémoire a laissé le procès seulement réglé à l'extraordinaire. C'était poser la plume à l'instant où il devenait intéressant de la prendre. Ce nouvel aspect des choses annonçant que le parlement voulait traiter l'affaire au plus grave, abattait le courage de mes amis ; il a relevé le mien. Si l'on avait voulu juger légèrement, disais-je, étouffer le fond en étranglant la forme, et ne pas peser chaque chose au poids de la plus exacte équité, tout n'est-il pas connu sur ce qui me regarde ? Ce qui ne l'est pas de même est la branche du procès qui touche M. et madame Goëzman. Le règlement à l'extraordinaire peut seul éclaircir cette importante partie de ma justification ; il est donc beaucoup plus en ma faveur que contre moi.

Si j'ai bien ou mal raisonné, c'est ce que la suite va nous apprendre. Je supplie le lecteur de m'accorder autant d'attention que d'indulgence. Quand je n'avais à raconter qu'une suite de faits non disputés, j'ai pu soutenir un moment sa curiosité par mon empres-

(1) Ma confiance en l'équité de mes juges paraîtra bien plus courageuse encore, quand on saura que, par une bizarrerie remarquable dans tous les événements de ma vie, à l'instant même où je suis aux pieds du parlement pour lui demander justice contre M. Goezman, je suis forcé de solliciter au conseil du roi la cassation de l'arrêt du parlement rendu sur le rapport *et d'après l'avis de M. Goëzman*, qui m'a fait perdre cinquante mille écus ; quand on saura que ma requête est admise, et que j'ai déjà obtenu au conseil un arrêt de *soit communiqué* . Mais c'est ainsi que des juges doivent être honorés. Si la loi permet de se pourvoir en cassation d'arrêt, ce n'est pas que les tribunaux soient iniques, c'est que les affaires ont deux faces, et que les juges sont des hommes.

sement à la satisfaire, et sauver l'aridité du sujet par la rapidité de la marche ; mais aujourd'hui qu'il me faut discuter lentement les moyens de mes adversaires, les éplucher phrase à phrase, et me traîner après eux dans le caveau de la mine où ils ont cru m'ensevelir, on sent que ma marche en deviendra pesante, et qu'il me faut ici plus de méthode que d'esprit, plus de sagacité que d'éloquence.

Ce n'est pas le fond du procès que je vais examiner; il est connu par mon premier Mémoire. J'examinerai seulement la manière dont mes adversaires ont engagé l'affaire et l'ont soutenue contre moi jusqu'à ce jour. C'est une espèce de second procès dans le premier, comme l'épisode du sieur Marin et toutes ses nouvelles menées en donneront bientôt un troisième dans le second.

Surtout, appliquons-nous à bien effacer la tache de corruption qu'on a voulu m'imprimer; forçons madame Goëzman à se rétracter ; car si M. Goëzman est mon véritable adversaire, il ne faut pas oublier que sa femme est mon unique contradicteur. C'est sur la foi de ce seul témoin qu'il m'a dénoncé comme ayant voulu le « corrompre et gagner son suffrage. »

Quant à ce dernier nœud, le plus difficile de tous, madame Goëzman l'a coupé au moment qu'on s'y attendait le moins, en dictant dans son récolement, auquel elle s'est toujours tenue depuis, cette phrase remarquable et qui juge le procès : Je déclare que jamais le-Jay ne m'a présenté d'argent pour gagner le suffrage de mon mari, qu'on sait bien être incorruptible, mais qu'il sollicitait seulement des audiences pour le sieur de Beaumarchais.

On en connaît assez déjà, pour être certain que mes ennemis ne s'étaient pressés de s'emparer de l'attaque, que par la frayeur d'être chargés du poids de la défense; mais ils ont beau faire, il faudra toujours y revenir, parce qu'en acceptant le défi j'ai pris pour devise : *Courage et vérité.*

Se plaindront-ils que je me suis trop pressé de parler? Leurs déclarations étaient fabriquées; la lettre de d'Arnaud les appuyait; les soins de Marin en promettaient le succès; j'étais dénoncé au parlement; les témoins entendus; les chambres assemblées; l'arrêt intervenu; le-Jay emprisonné; moi décrété; les interrogatoires accumulés; les bruits les plus funestes répandus; les diffamations les plus indécentes admises; et moi j'étais muet et tranquille. Qu'ils s'agitent, qu'ils cabalent et me dénigrent sans relâche : ils ont tort, disais-je, c'est à eux de se tourmenter. Si la vigilance est utile à la vertu, elle est bien plus nécessaire au vice. Un moment viendra où j'éclaircirai tout. Il est arrivé. Parler plus tôt eût été fomenter un débat inutile; attendre plus tard aurait compromis mon droit : je le fais et continuerai à le faire, avec le respect et la confiance dus à mes juges. Heureux si mes défenses obtiennent la sanction du suffrage public.

Je passe sous silence mes confrontations avec les témoins, avec le sieur Baculard d'Arnaud, conseiller d'ambassade; avec le sieur Marin, gazetier de France; en un mot, ce qu'on pourrait appeler la petite guerre, que je réserve pour un mémoire particulier; pour arriver bien vite aux objets intéressants, qui sont mes confrontations avec madame Goëzman, l'examen des déclarations attribuées à le-Jay, et la dénonciation de M. Goëzman au parlement (1).

La première partie de ce Mémoire, en montrant de quel ridicule le conseil de madame Goëzman l'a forcée de se couvrir dans ses défenses, va porter ma justification au plus haut degré d'évidence.

La seconde, en éclairant le fond de la scène, nous met sur la trace du principal acteur, et découvre enfin la main qui fait jouer tous les ressorts de cette noire intrigue.

PREMIÈRE PARTIE

MADAME GOEZMAN

Avant d'entamer les confrontations de madame Goëzman avec moi, il est bon de dire un mot de son

(1) J'attends en ce moment quatre ou cinq Mémoires contre mo annoncés dans les papiers publics. Il en a déjà paru deux, l'un du sieur Baculard d'Arnaud ; l'autre du gazetier de France. Dans ce dernier, après quelques plaintes sur *la fausseté des calomnies et l'indécence des outrages*, répandus dans un libelle signé, dit-on, *Beaumarchais Malbête*, le gazetier de France entreprend de se justifier par un petit manifeste, signé Marin, qui n'est pas Malbête. M. Goezman les distribue tous deux : c'est chez lui que j'ai fait prendre les exemplaires que j'en ai.

plan de défense, le meilleur de tous, s'il était aussi sûr qu'il est commode.

A mesure qu'il se présentait un témoin, madame Goëzman commençait par le reprocher, le récuser, l'injurier avant même qu'il eût parlé, puis le laissait dire.

C'est ainsi que le sieur Santerre, chargé de m'accompagner partout, en fut très-maltraité, parce qu'il s'était trouvé présent à l'audience que j'avais obtenue de son mari, et m'avait vu remettre à son laquais la lettre qui me l'avait procurée. Il eut beau représenter que, s'il n'eût pas été avec moi, il ne pourrait certifier ce qu'il n'aurait pas vu, et qu'en aucune affaire il n'y aurait pas de temoins écoutés, si on les récusait en vertu même de l'action qui les admet à témoigner; la dame assura qu'il était « de la clique infâme qui voulait flétrir sa réputation et celle du magistrat le plus vertueux, » et s'en tint à sa récusation. C'était son thème; il lui était défendu de s'en écarter; rien ne put l'en faire sortir.

Me Falconnet vint ensuite, et fut traité comme le sieur Santerre. — Mais, madame, entendez donc que je suis l'avocat, et que j'ai dû accompagner mon client chez son juge. Assigné depuis pour déposer ce que j'ai vu, puis-je refuser à la vérité le témoignage qu'on me force de lui rendre? — C'était un parti pris; il fut récusé comme les autres : enfin tout autant qu'il s'en présenta se virent reprochés, récusés, injuriés sans pitié; chacun disait en sortant : Quelle femme! je plains Beaumarchais; s'il n'est que souffleté dans sa confrontation, il pourra se vanter d'en être quitte à bon marché.

Un seul témoin parut redoutable à madame Goëzman; autant elle avait été fière avec tous les hommes, autant elle fut modeste avec la dame le-Jay; soit qu'elle comptât moins sur les égards d'une personne de son sexe, ou que leur ancienne liaison lui donnât quelque inquiétude; et cette différence est d'autant plus remarquable, que la dame le-Jay la charge expressément dans sa déposition, d'avoir reçu cent louis pour une audience, d'en avoir exigé et retenu quinze autres, d'avoir sollicité le-Jay, en sa présence, de nier tout ce qui s'était fait entre eux, et de l'avoir voulu faire passer chez l'étranger pendant qu'on accommoderait l'affaire à Paris; d'avoir dit, en parlant de M. Goezman devant plusieurs personnes : « Il serait impossible de se soutenir honnêtement avec ce qu'on nous donne; mais nous avons l'art de plumer la poule sans la faire crier (1). » La dame le-Jay même ajoutait verbalement que madame Goëzman leur avait dit au sujet des quinze louis qu'elle se promettait bien de ne pas rendre : « Tout ce que je regrette, c'est de n'avoir pas aussi gardé la montre et les cent louis; il n'en serait aujourd'hui ni plus ni moins; » mais que ne pouvant engager le-Jay à vaincre son horreur pour un faux serment, elle lui avait dit enfin : « Je trouve un remède à vos répugnances; nous nierons hardiment; puis le len-

(1) Je rétablis ici le propos dans toute sa pureté. Je ne le savais que par ouï-dire lors de mon premier Mémoire. Aujourd'hui j'ai lu. Il faut citer juste.

demain nous ferons dire une messe au Saint-Esprit, et tout sera réparé. »

Un pareil témoin méritait bien le démenti, la récusation, l'injure et le reproche. Au lieu de l'apostrophe ordinaire, madame Goëzman rougit, se tait, rêve longtemps, se fait lire une seconde fois la déposition : on croit qu'elle veut la mieux comprendre, afin de la mieux combattre : elle rougit de nouveau, se trouble, demande un verre d'eau, et finit par dire en tremblant : « Madame, nous sommes ici pour avouer la vérité ; dites si je me suis jamais comportée indécemment dans votre boutique en badinant avec les gens qui y étaient lorsque je vous ai visitée ? — Non, madame ; aussi n'ai-je pas dit un mot de cela dans ma déposition. — Dites, je vous prie, madame, si j'ai jamais monté seule avec M. le-Jay dans sa chambre, et si j'y suis restée enfermée avec lui de manière à donner à rire et faire jaser sur mon compte ? — Eh ! mon Dieu ! madame, vous m'étonnez beaucoup avec vos étranges questions ; tout ce que vous demandez a-t-il aucun rapport à l'affaire qui nous rassemble ? Il s'agit de cent louis que vous avez reçus, de quinze louis que vous avez dans vos mains, et non de vos tête-à-tête avec mon mari, dont personne ne se plaint. — Madame, je proteste devant qui il appartiendra que j'ai rendu les cent louis et la montre. A l'égard des quinze louis, cela ne regarde personne ; c'est une affaire entre M. le-Jay et moi. » Et cette étonnante explication est entièrement consignée au procès.

Remarquez bien que l'accusée ne nie pas au témoin

les quinze louis, et qu'elle se contente d'écarter avec soin tout ce qui peut en amener la discussion : « A l'égard des quinze louis, c'est une affaire entre M. le-Jay et moi. » Pas un mot sur les faits de la déposition; nulle autre interpellation : des larmes furtives seulement qui font présumer qve le témoignage qu'elle invoque sur sa conduite avec le sieur le-Jay se rapporte à quelques chagrins domestiques, dont elle ne juge pas à propos de rendre compte à la cour. Le greffier attend ses interpellations sur le fond de l'affaire; mais madame Goezman, au grand étonnement des spectateurs, borne là toutes ses questions, proteste qu'elle n'a rien de plus à dire, et ferme la séance.

Je me réserve à faire mes observations sur cette conduite, quand j'aurai montré madame Goëzman dans toute sa force avec moi. On va la voir en me parlant prendre un ton bien différent; mais ce rapprochement, loin de nuire à la vérité que nous cherchons, la montrera peut-être mieux à des yeux non prévenus, que tous les arguments que j'emploierais pour la mettre au grand jour.

Confrontation de moi à madame Goëzman.

On n'imaginerait pas combien nous avons eu de peine à nous rencontrer, madame Goezman et moi; soit qu'elle fût réellement incommodée autant de fois qu'elle l'a fait dire au greffe, soit qu'elle eût plus besoin d'être préparée pour soutenir le choc d'une confrontation aussi sérieuse que la mienne. Enfin nous sommes en présence.

Après les serments reçus et les préambules ordinaires sur nos noms et qualités, on nous demanda si nous nous connaissions. « Pour cela non, dit madame Goëzman, je ne le connais ni ne veux jamais le connaître. » Et l'on écrivit. — « Je n'ai pas l'honneur non plus de connaître madame; mais en la voyant je ne puis m'empêcher de former un vœu tout différent du sien. » Et l'on écrivit.

Madame Goëzman, sommée ensuite d'articuler ses reproches, si elle en avait à fournir contre moi, répondit : « Écrivez que je reproche et récuse monsieur, parce qu'il est mon ennemi capital, et parce qu'il a une âme atroce connue pour telle dans tout Paris, etc. »

Je trouvai la phrase un peu masculine pour une dame; mais en la voyant s'affermir sur son siége, sortir d'elle-même, enfler sa voix pour me dire ces premières injures, je jugeai qu'elle avait senti le besoin de commencer l'attaque par une période vigoureuse pour se mettre en force; et je ne lui en sus pas mauvais gré.

Sa réponse écrite en entier, on m'interroge à mon tour. Voici la mienne : « Je n'ai aucun reproche à faire à madame, pas même sur la petite humeur qui la domine en ce moment; mais bien des regrets à lui montrer de ne devoir qu'à un procès criminel l'occasion de lui offrir mes premiers hommages. Quant à l'atrocité de mon âme, j'espère lui prouver par la modération de mes réponses, et par ma conduite respectueuse, que son conseil l'a mal informé sur mon compte. » Et l'on écrivit. Tel est en général le ton qui a régné entre cette dame et moi pendant huit heures que nous avons passées ensemble en deux fois.

Le greffier lit mes interrogatoires et récolements, après lesquels on demande à madame Goëzman si elle a quelques observations à faire sur ce qu'elle vient d'entendre. « Ma foi non, monsieur (répond-elle en souriant au magistrat) ; que voulez-vous que je dise à tout ce fatras de bêtises? Il faut que monsieur ait bien du temps à perdre pour avoir fait écrire autant de platitudes. » Je ne fus pas fâché de la voir un peu adoucie sur mon compte : car enfin des bêtises ne sont pas des atrocités.

Faites vos interpellations, madame, lui dit le conseiller-commissaire. Je suis obligé de vous prévenir qu'après ce moment, il ne sera plus temps. — « Eh mais sur quoi, monsieur? Je ne vois pas, moi... Ah !... écrivez qu'en général toutes les réponses de monsieur sont fausses et suggérées. »

Je souriais. Elle voulut en savoir la raison : « C'est, madame, qu'à votre exclamation, j'ai bien jugé que vous vous rappeliez subitement cette partie de votre leçon, mais vous auriez pu l'appliquer plus heureusement Sur une foule d'objets qui vous sont étrangers dans mes interrogatoires, vous ne pouvez savoir si mes réponses sont *fausses* ou vraies. A l'égard de *la suggestion*, vous avec certainement confondu, parce qu'étant regardé par votre conseil comme le chef *d'une clique* (pour user de vos termes), on vous aura dit que je suggérais les réponses aux autres ; et non que les miennes m'étaient *suggérées*. Mais n'auriez-vous rien à dire de particulier sur la lettre que j'ai eu l'honneur de vous écrire, et qui m'a procuré l'audience de M. Goëzman ? — Certainement, monsieur... attendez... écrivez... quand à l'égard de la soi-disante audience... de la soi-disante... audience... »

Tandis qu'elle cherche ce qu'elle veut dire, j'ai le temps d'observer au lecteur que le tableau de ces confrontations n'est point un vain amusement que je lui présente : il m'est très-important qu'on y voïe l'embarras de la dame, pour lier à des idées très-communes les grands mots de palais dont son conseil avait eu la gaucherie de les habiller. « La soi-disante audience..... envers et contre tous... ainsi qu'elle avisera... un commencement de preuve par écrit... » et autres phrases où l'on sent la présence du dieu qui inspire la prêtresse, et lui fait rendre ses oracles en une langue étrangère qu'elle-même n'entend point.

Enfin madame Goèzman fut si longtemps à chercher, répétant toujours *la soi-disante audience*... le greffier la plume en l'air, et nos six yeux fixés sur elle, que M. de Chazal, commissaire, lui dit avec douceur : « Eh bien ! madame, qu'entendez-vous par *la soi-disante audience ?* Laissons les mots : assurez vos idées : expliquez-vous, et je rédigerai fidèlement votre interpellation. — Je veux dire, monsieur, que je ne me mêle point des affaires ni des audiences de mon mari, mais seulement de mon ménage ; et que si monsieur a remis une lettre à mon laquais, ce n'a été que par excès de méchanceté : ce que je soutiendrai envers et contre tous. » — Le greffier écrivait. — « Daignez nous expliquer, madame, quelle méchanceté vous entendez trouver dans l'action toute simple de remettre une lettre à un valet ? » Nouvel embarras sur ma méchanceté ; cela devenait long... et si long... que nous laissâmes là ma méchanceté ; mais, en revanche, elle nous dit : « S'il est vrai que monsieur ait apporté chez moi une lettre, auquel de nos gens l'a-t-il remise ? — A un jeune laquais blondin, qui nous dit être à vous, madame. — Ah ! voilà une bonne contradiction ! Écrivez que monsieur a remis la lettre à un blondin ; mon laquais n'est pas blond, mais châtain-clair. (Je fus atterré de cette réplique.) Et si c'était mon laquais, comment est ma livrée ? » Me voilà pris : cependant me remettant un peu, je répondis de mon mieux : Je ne savais pas que madame eût une livrée particulière. — Écrivez, écrivez, je vous prie, que monsieur, qui a parlé à mon laquais, ne sait pas que j'ai une livrée particulière, moi qui en ai deux, celle d'hiver et celle d'été. — Madame, j'entends si peu vous contester les deux livrées d'hiver et d'été, qu'il me semble même que ce laquais était en veste de printemps du matin, parce que nous étions au 3 avril. Pardon, si je me suis mal expliqué. Comme en vous mariant il est naturel que vos gens aient quitté votre livrée pour ne plus porter que celle de la maison Goëzman, je n'aurais pu distinguer à l'habit si le laquais était à monsieur ou à madame. Il a donc bien fallu sur ce point délicat m'en rapporter à sa périlleuse parole : au reste, qu'il soit blond ou châtain-clair ; qu'il portât la livrée Goëzman ou la livrée

Jamar (1), toujours est-il vrai que devant deux témoins irréprochables, Me Falconnet et le sieur Santerre, un laquais *soi-disant* à vous a été chargé par moi, sur le perron de votre escalier, d'une lettre qu'il ne voulait pas porter alors, parce que monsieur, disait-il, était avec madame ; qu'il porta cependant quand je l'eus rassuré, et dont il nous rendit bientôt cette réponse verbale : « Vous pouvez monter au cabinet de monsieur ; il va s'y rendre à l'instant par un escalier intérieur. » En effet, M. Goëzman nous y joignit peu de temps après.

— Tout ce bavardage ne fait rien, reprit madame Goëzman. Vous n'avez pas suivi mon laquais sur l'escalier, par-devant témoins, ainsi vous ne pouvez attester qu'il m'ait remis la lettre en mains propres : et moi, « je déclare que je n'ai jamais reçu une lettre de monsieur, ni de sa part ; et que je ne me suis mêlée nullement de lui faire avoir cette audience. Écrivez exactement. »

— Eh ! Dieu ! madame, à quel soupçon vous livrez-vous ? C'est bien pis, si vous n'avez pas reçu la lettre des mains du laquais : comme il est prouvé au procès que cet homme l'a prise des miennes, et que l'apparition de M. Goëzman s'accorde en tout avec la réponse verbale du châtain-clair, il en faudrait conclure que ce perfide laquais de femme aurait remis la lettre à votre

(1) Madame Goezman, étant fille, s'appelait mademoiselle Jamar ; mais il n'est pas vrai qu'elle fût comédienne a Strasbourg quand M. Goezman l'épousa, comme le dit faussement le gazetier de la Haye, qui n'épargne pas plus les juges que les plaideurs.

mari; cette lettre, madame, par laquelle vous étiez sommée, « suivant votre accord avec le-Jay, de me procurer l'audience ; » il en faudrait conclure que cet époux, non moins honnête que curieux, se serait cru, en galant homme, obligé de tenir les engagements de sa femme, et... achevez la phrase, madame ; en honneur, je n'ai pas le courage de la pousser plus loin : décidez lequel des deux époux ouvrit la lettre qui produisit l'audience ; mais si vous persistez à soutenir que ce n'est pas vous, ne dites plus au moins que je compromets M. Goëzman dans cette affaire ; il est bien prouvé pour le coup que c'est vous-même qui le compromettez. »

« Laissez-moi tranquille, monsieur, reprit-elle avec colère : s'il fallait répondre à tant d'impertinences, on resterait sur cette sotte lettre jusqu'à demain matin : « Je m'en tiens à ce que j'ai dit, et n'y veux pas ajouter un mot davantage. »

Comme c'était sur mon interrogatoire qu'on argumentait, et que madame Goëzman ne poussa pas plus loin ses observations, ma confrontation avec elle fut close à l'instant. Alors il fut question de la sienne avec moi ; car pour l'instruction de ceux qui sont assez heureux pour n'avoir pas encore été dénoncés par M. Goëzman sur des audiences payées à sa femme, il est bon d'observer que, quand deux accusés sont confrontés l'un à l'autre, celui dont on a lu l'interrogatoire n'a pas le droit d'interpeller ; il ne fait que répliquer, observer ; mais il prend sa revanche, il interpelle à son tour, à la lecture des pièces de son coaccusé.

Il en résulte que, lorsqu'un accusé a fait le tour entier des confrontations actives et passives, il connaît le procès à peu près aussi bien qui ceux qui doivent le juger.

Je puis donc attester de nouveau que tout ce que j'ai avancé dans mon premier Mémoire, sur la seule conviction de mon innocence, est exactement conforme aux pièces du procès : je m'en suis convaincu à leur lecture ; et ce n'est pas sans raison que je pèse là-dessus. Il se répand dans le public, que la seule réponse due à mon Mémoire est d'assurer que c'est un tissu de faussetés naïvement débitées.

Laissons cette faible ressource à l'iniquité : ne lui disputons pas ce triomphe d'un moment. Elle n'en aura point d'autre.

O mes juges ! c'est à vous que j'ai l'honneur d'adresser ce que j'écris. Vous lirez, vous comparerez tout ; et vous me vengerez de ces nouvelles calomnies. C'est votre jugement qui m'en fera raison. Voudrais-je en imposer sous vos yeux au public ? On entend partout mes ennemis crier contre moi, s'agiter, menacer. En me ménageant plus, ils me serviraient moins. Aux yeux de l'équité, le mal qu'on veut à l'innocence est la mesure du bien qu'on lui fait. Ils voudraient m'effrayer sur le procès et sur les juges, m'amener à redouter l'injustice de ceux à qui je viens demander raison de la leur, et me faire puiser la terreur dans le sein même où je viens chercher la paix. O mes juges ! ma confiance en vous se ranime et s'accroît par les efforts accumulés pour l'éteindre. Echauffés sur la saintelé de votre ministère, vous saisirez cette occasion de vous honorer aux yeux de la nation qui vous attend : elle se souviendra surtout qu'en vengeant un faible citoyen, vous n'avez pas oublié que son adversaire était conseiller au parlement.

Confrontation de madame Goëzman à moi.

Il était tard ; à peine eut-on le temps ce jour-là de lire les interrogatoires et récolements de madame Goèzmam. Ah ! grand Dieu ! quels écrits ! figurez-vous un chef-d'œuvre de contradictions, de maladresse et de turpitude, et vous n'en aurez pas encore une véritable idée. Je ne pus m'empêcher de m'écrier : « Quoi ! madame, il y a quelqu'un au monde assez ennemi de lui-même, pour vous confier son honneur et le secret d'une intrigue aussi sérieuse à défendre ! Pardon ; mon étonnement ici porte moins sur vous que sur le conseil qui vous met en œuvre. — Eh ! qu'y a-t-il donc, monsieur, s'il vous plaît, dans tout ce qu'on vient de lire ? — Que vous êtes, madame, une femme très-aimable ; mais que vous manquez absolument de mémoire : et c'est ce que j'aurai l'honneur de vous prouver demain matin. »

Je demande pardon au lecteur, si mon ton est un peu moins grave ici, qu'un tel procès ne semble le comporter. Je ne sais comment il arrive qu'aussitôt qu'une femme est mêlée dans une affaire, l'âme la plus farouche s'amollit et devient moins austère ; un vernis d'égards et de procédés se répand sur les discussions les plus épineuses ; le ton devient moins tranchant ; l'aigreur s'atténue ; les démentis s'effacent, et, tel est l'attrait de ce sexe, qu'il semblerait qu'on dispute moins avec lui pour éclaircir des faits, que pour avoir occasion de s'en rapprocher.

Eh ! quel homme assez dur se défendrait de la douce compassion qu'inspire un trop faible ennemi, poussé dans l'arène par la cruauté de ceux qui n'ont pas le courage de s'y présenter eux-mêmes ? Qui peut voir sans s'adoucir une jeune femme jetée entre des hommes, et forcée par l'acharnement des uns de se mettre aux prises avec la fermeté des autres ; s'égarer dans ses fuites ; s'embarrasser dans ses réponses ; sentir qu'elle en rougit, et rougir encore plus, de dépit de ne pouvoir s'en empêcher ?

Ces greffes, ces confrontations, tous ces débats virils ne sont point faits pour les femmes : on sent qu'elles y sont déplacées : le terrain anguleux et dur de la chicane blesse leurs pieds délicats : appuyées sur la vérité même, elles auraient peine à s'y porter : jugez quand on les force à y soutenir le mensonge ; aussi malheur à qui les y poussa. Celui qui s'appuie sur un faible roseau ne doit pas s'étonner qu'il se brise et lui perce la main.

Que, dans le principe, on ait fait nier à madame Goëzman qu'elle a mis à profit son influence sur le cabinet de son mari, il n'y avait pas encore un grand mal ; mais lorsque les décrets lancés ont suspendu l'état et coupé la fortune des citoyens ; lorsque les cachots sont remplis, et que des malheureux y gémissent ; qu'on ait le honteux courage d'exposer une femme, aussi troublée par le cri de sa conscience qu'effrayée sur les suites de sa démarche, à se défendre en champ clos contre la force et la vérité réunies... c'est presque moins une atrocité qu'une maladresse insoutenable.

Aussi madame Goëzman, au lieu de se trouver au greffe le lendemain à dix heures du matin, comme elle l'avait promis, eut-elle bien de la peine à s'y rendre sur les quatre heures après midi. Je m'aperçus néamoins que de nouveaux confortatifs avaient remonté son âme à peu près au même point de jactance et d'aigreur où je l'avais vue en commençant la veille avec moi. Mais j'avais lu ses défenses. Les rires, les propos forcés, les éclairs de fureur, les tonnerres d'injures étaient devenus sans effet.

Pour prévenir un nouvel orage, je pris la liberté de lui dire : « Aujourd'hui, madame, c'est moi qui tiens l'attaque, et voici mon plan. Nous allons repasser vos interrogatoires et récolements ; je ferai mes observations ; mais chaque injure que vous me direz, permettez que je m'en venge à l'instant, en vous faisant tomber dans de nouvelles contradictions. — De nouvelles, monsieur ? Est-ce qu'il en a dans tout ce que j'ai dit ? — Ah ! bon Dieu, madame, elles y fourmillent ; mais j'avoue qu'il est encore plus étonnant de ne pas les apercevoir en relisant, que de les avoir faites en dictant. »

Je pris les papiers pour les parcourir. « Comment

donc ! est-ce que monsieur a la liberté de lire ainsi tout ce qu'on m'a fait écrire ? — C'est un droit, madame, dont je ne veux user qu'avec toutes sortes d'égards. Dans votre premier interrogatoire, par exemple, à seize questions de suite sur un même objet c'est à savoir « si vous avez reçu cent louis de le-Jay, pour procurer une audience au sieur de Beaumarchais ; » je vois, au grand honneur de votre discrétion, que les seize réponses ne sont chargées d'aucun ornement superflu.

« Interrogée, si elle a reçu cent louis en deux rouleaux ? A répondu : *Cela est faux.* Si elle les a serrés dans un carton de fleurs ? *Cela n'est pas vrai.* Si elle les a gardés jusqu'après le procès ? *Mensonge atroce.* Si elle n'a pas promis une audience à le-Jay pour le soir même ? *Calomnie abominable.* Si elle n'a pas dit à le-Jay : L'or n'était pas nécessaire, et votre parole m'eût suffi ? *Invention diabolique*, etc., etc. Seize négations de suite au sujet des cent louis. »

Et cependant au second interrogatoire, pressée sur le même objet, on voit que madame Goëzman a répondu librement : « qu'il est vrai que le-Jay lui a présenté cent louis ; qu'il est vrai qu'elle les a serrés et gardés dans son armoire un jour et une nuit ; » mais uniquement par complaisance pour ce pauvre le-Jay, parce que c'est un bon homme, qui n'en sentait pas la conséquence, qui d'ailleurs lui est utile pour la vente des livres de son mari ; et parce que cet argent pouvait le fatiguer dans des courses qu'il allait faire. (Quelle bonté ! la somme était en or.)

Comme ces réponses sont absolument contraires aux premières, je vous supplie, madame, de vouloir bien nous dire auquel des deux interrogatoires vous entendez vous tenir, sur cet objet important? « Ni à l'un ni à l'autre, monsieur; tout ce que j'ai dit là ne signifie rien; et je m'en tiens à mon récolement qui est la seule pièce contenant vérité. » Tout cela s'écrivait.

Il faut convenir, lui dis-je, madame, que la méthode de récuser ainsi son propre témoignage après avoir récusé celui de tout le monde, serait la plus commode de toutes, si elle pouvait réussir. En attendant que le parlement l'adopte, examinons ce qui est dit sur ces cent louis dans votre récolement. Madame Goëzman y assure qu'elle était à sa toilette lorsque le-Jay lui a présenté les cent louis; elle assure qu'elle l'a prié de les remporter (mais sans indignation pourtant), et « que, lorsqu'il a été parti, elle a été tout étonnée de les retrouver dans un carton de fleurs au coin de sa cheminée; » et qu'elle a envoyé « trois fois » dans la journée dire à ce pauvre le-Jay de venir reprendre son argent; ce qu'il n'a fait que le lendemain.

Observez, madame, que d'un côté vous avez rejeté les cent louis avec indignation; que de l'autre, vous les avez serrés avec complaisance; et que de l'autre enfin, c'est à votre insu que l'or est resté chez vous. Voilà trois narrations du même fait, assez dissemblables : quelle est la bonne, je vous prie? « Je vous l'ai dit, monsieur, je m'en tiens à mon récolement. » Oserais-je vous demander, madame, pourquoi vous rejetez les réponses de votre second interrogatoire, qui me paraît s'approcher davantage de la véritable vérité?

« Je n'ai rien à répondre : mes raisons sont dans mon récolement : vous pouvez les y lire. »

En effet, j'y lus, non sans étonnement : « Madame Goezman, interpellée de nous déclarer si son second interrogatoire contient vérité, si elle entend s'y tenir, et si elle n'y veut rien changer, ajouter ni retrancher, a répondu que son second interrogatoire contient vérité, qu'elle entend s'y tenir et n'y veut rien changer, ajouter ni retrancher; fors seulement que tout ce qu'elle y a dit est faux d'un bout à l'autre. » On y lit ensuite ces propres mots : « Parce que ce jour-là, madame Goezman prétend qu'elle ne savait ce qu'elle disait et n'avait pas sa tête à elle, ÉTANT DANS UN TEMPS CRITIQUE. » Critique à part, madame, lui dis-je en baissant les yeux pour elle, cette raison de vous démentir me paraît un peu bien singulière, et...(1)—«Vous me croirez si vous voulez, monsieur; mais, en vérité, il y a des temps où je ne sais ce que je dis, où je ne me souviens de rien : encore l'autre jour... » et elle nous enfila une de ces petites histoires dont tout le mérite est de rassurer la contenance de celui qui les fait.

Pour l'honneur de la vérité, il faut avouer qu'en parlant ainsi, l'éclair des yeux ne brillait plus, la physionomie était modeste, le ton doux, plus de jactance,

(1) Sans l'extrême importance de cette citation, j'aurais omis par décence l'étrange moyen de madame Goezman, et je me garderais bien de peser sur des détails que mon respect pour les dames désavoue.

plus d'injures : pour le coup, je reconnus le langage aimable d'une jeune femme.

Eh bien, madame, je n'insisterai pas sur ce point, qui paraît vous mettre à la gêne et vous oppresser. Ce que vous ne débattrez pas aigrement vous sera toujours accordé par moi. La plus forte arme de votre sexe, madame, est la douceur ; et son plus beau triomphe est d'avouer sa défaite. Mais daignez au moins nous expliquer pourquoi vous avez nié dans votre premier interrogatoire, seize fois de suite, le séjour que les cent louis ont fait chez vous, et dont vous convenez dans votre récolement. Pardon, si j'entre ici dans des détails un peu libres pour un adversaire; mais les intimes confidences que vous venez de faire au parlement semblent m'y autoriser : à en juger par la date de ce premier interrogatoire, il ne paraît pas que vous eussiez alors la tête troublée par les embarras d'un aussi pénible aveu que le jour du second ; et cependant vous n'y êtes pas moins contraire en tout à votre récolement. — « Si j'ai nié, monsieur, ce jour-là, que j'eusse reçu et gardé l'argent, c'est qu'apparemment je l'ai voulu ainsi ; mais, comme je l'ai déjà dit et le répète pour la dernière fois, je n'entends m'en tenir, sur ce fait, qu'à mon récolement; je suis fâchée que cela vous déplaise. » — A moi, madame? au contraire; on ne peut pas mieux répondre, et je vous jure que cela me plaît à tel point qu'en l'écrivant, je serais désolé qu'on y changeât un mot.

Le ton, comme on voit, était déjà remonté d'un degré. Puisque votre dernier mot, madame, est de vous en tenir sur ces cent louis à votre récolement, me permettez-vous de proposer encore une observation? — Ah! pardi, monsieur, avec vos questions, vous m'impatientez, vous êtes bavard comme une femme. — Sans adopter les qualités pour les dames ni pour moi, ne vous offensez pas si j'insiste, madame, à vous prier de nous dire quelle personne vous avez envoyée trois fois dans la journée chez ce pauvre le-Jay, pour qu'il vînt reprendre les cent louis; ces perfides cent louis qu'il avait furtivement glissés parmi vos fleurs d'Italie, pendant que vous aviez le dos tourné, et que vous ne pouviez au plus voir ce qu'il faisait que dans votre miroir de toilette? — « Je n'ai pas de compte à vous rendre : écrivez que je n'ai pas de compte à rendre à monsieur, et qu'il ne me pousse ainsi de questions que pour me faire tomber dans quelques contradictions. » — Écrivez, monsieur, dis-je au greffier : la réponse de madame est trop ingénue pour qu'on doive la passer sous silence.

Cependant, pressée de nouveau par le conseiller-commissaire de répondre plus catégoriquement sur l'homme qui avait fait les trois commissions, elle lui dit, avec un petit dépit concentré : « Eh bien, monsieur, puisqu'il faut absolument le nommer; c'est mon laquais que j'y ai envoyé : il n'y qu'à le faire entrer. »

Pendant qu'on écrivait sa réponse, M. de Chazal reprit très-sérieusement : Observez, madame, que si votre laquais, interrogé sur ce fait, allait dire qu'il n'a pas été chez le-Jay, cela tirerait à conséquence pour vous : voyez, rappelez-vous bien. — « Monsieur, je n'en sais rien ; écrivez, si vous voulez que ce n'est pas mon laquais, mais un Savoyard. Il y a cent crocheteurs sur le quai Saint-Paul où je demeure ; monsieur peut y aller aux enquêtes, si le jeu l'amuse. » (Ce qui fut écrit aussi.)—Je n'irai point, madame, et je vous rends grâces de la manière dont vous avez éclairci les cent louis : j'espère que la cour ne sera pas plus embarrassée que moi, pour décider si vous les avez « rejetés hautement et avec indignation, » ou si vous les avez serrés discrètement et avec satisfaction.

Passons à un autre article non moins intéressant, celui des quinze louis. —N'allez-vous pas dire encore, monsieur, que je conviens de les avoir reçus? —Pour des aveux formels, madame, je n'ai pas la présomption de m'en flatter : je sais qu'on n'en obtient de vous qu'en certains temps, à certains jours marqués..... Mais j'avoue que je compte assez sur de petites contradictions, pour espérer qu'avec l'aide de Dieu et du greffier, nous dissiperons le léger brouillard qui offusque encore la vérité.

Alors je la priai de vouloir bien nous dire nettement et sans équivoque, si elle n'avait pas exigé de le-Jay quinze louis pour le secrétaire, et si elle ne les avait pas serrés dans son bureau, quand le-Jay les lui remit en argent. — « Je réponds, netttement et sans équivoque, que jamais le-Jay ne m'a parlé de ces quinze louis, ni ne me les a présentés. »

— Observez, madame, qu'il y aurait bien plus de mérite à dire : « Je les ai refusés, » qu'à soutenir que vous n'en avez eu aucune connaissance.—« Je soutiens, monsieur, qu'on ne m'en a jamais parlé : y aurait-il le sens commun d'offrir quinze louis à une femme de ma qualité? à moi, qui en avais refusé cent la veille! » — De quelle veille parlez-vous donc, madame? — « Eh! pardi, monsieur, de la veille du jour... » (Elle s'arrèta tout court en se mordant la lèvre.)—De la veille du jour, lui dis-je, où l'on ne vous a jamais parlé de ces quinze louis, n'est-ce pas?

— Finissez, dit-elle en se levant furieuse, ou je vous donnerai une paire de soufflets..... J'avais bien affaire de ces quinze louis! Avec toutes vos mauvaises petites phrases détournées, vous ne cherchez qu'à m'embrouiller et me faire couper; mais je jure, en vérité, que je ne répondrai plus un seul mot. (Et l'éventail apaisait, à coups redoublés, le feu qui lui était monté au visage.)

Le greffier voulut dire quelque chose; il fut rembarré d'importance. Elle était comme un lion de sentir qu'elle avait manqué d'être prise.

Le sage conseiller, pour apaiser le débat, me dit alors : Ce que vous demandez là vous paraît-il bien essentiel? Madame a déjà fait écrire tant de fois qu'elle n'a pas reçu ces quinze louis! Qu'importe qu'on les lui ait offerts ou non, dès qu'elle s'en offense?

Je ne sais, monsieur, pourquoi madame en est blessée; ces mots « exigés pour le secrétaire, » que j'ai eu soin d'ajouter à ma phrase, devraient lui prouver que je n'entends point l'obliger à rougir ici sur une demande de quinze louis, qu'elle n'était pas censée alors faire pour elle-même. A la bonne heure : ne parlons plus des cent louis « rejetés la veille du jour..... où on ne lui a jamais parlé de ces quinze louis, » puisque cela trouble la paix de notre conférence : mais je demande pardon et faveur pour ma question; on ne connaît souvent la valeur des principes que quand les conséquences sont tirées. Je vous prie donc de vouloir bien au moins faire écrire exactement « que madame Goëzman assure qu'on ne lui a jamais parlé des quinze louis, ni proposé de les accepter.» (Ce qui fut écrit, et elle se remit sur son siége.)

Alors certain de mon affaire, je priai le greffier de représenter à madame Goèzman la copie de la lettre que je lui avais écrite le 21 avril, telle qu'on l'a pu lire page 21 de mon premier Mémoire, et qui a été annexée au procès par le-Jay, où l'on voit cette phrase entre autres :

« Je me garderais de vous importuner, si, après la perte de mon procès, lorsque vous avez bien voulu me faire remettre mes deux rouleaux de louis et la répétition enrichie de diamants qui y était jointe, *on m'avait aussi rendu de votre part les quinze louis que l'ami commun, qui a négocié, vous a laissés de surérogation.* »

N'est-ce pas là, madame, lui dis-je, la copie de ma lettre qui vous fut apportée par le-Jay, le 21 avril, et que vous confrontâtes ensemble avec l'original dont vous étiez si fort irritée? Madame Goèzman, après l'avoir lue, la rejette avec colère et dit : « Je ne connais point du tout ce chiffon de papier, qu'on ne m'a jamais montré ; je soutiens, au contraire, que la lettre que je reçus alors de monsieur n'avait aucun rapport à cette copie, et qu'elle n'était qu'un autre chiffon qui ne signifiait rien, et que j'ai jeté au vent. » (Ce que je fis écrire très-exactement.)

— Avant d'aller plus loin, j'ai l'honneur d'observer à madame, que je lui tiens fidèlement ma parole de ne me venger de ses injures, qu'en la forçant à se contredire. « Elle convient aujourd'hui qu'elle a reçu une lettre de moi ; » et je vois dans son premier interrogatoire, « qu'elle y a nié onze fois de suite qu'elle eût reçu aucune lettre de moi. »

Madame Goezman, après avoir longtemps rêvé, répond enfin que, « si elle a d'abord nié cette lettre, c'est qu'elle ne se souvenait plus alors d'un chiffon de papier qui ne signifiait rien, n'était de nulle importance, et qu'elle a jeté au vent. »

Sa réponse écrite, je lui observe qu'il s'en faut de beaucoup qne cette lettre lui ait paru d'aussi peu d'importance qu'elle veut le faire entendre, et qu'elle l'ait jetée au vent comme un chiffon inutile, puisque, dans son second interrogatoire, que j'ai sous les yeux, elle s'en explique à peu près en ces termes :

« Tout ce dont madame Goëzman se souvient, c'est qu'elle a reçu une lettre du sieur de Beaumarchais, et qu'en la lisant, *elle s'est mise dans une si grande colère,* « croyant y voir qu'il répétait les cent louis et la montre » *avec les quinze louis,* « qu'elle a envoyé chercher le-Jay sur-le-champ, pour savoir de lui s'il n'avait pas rendu la montre et les cent louis qu'on lui redemandait » *avec les quinze louis;* « que le-Jay, de retour chez elle, en lui montrant la copie de la lettre du sieur de Beaumarchais, l'avait assurée qu'elle se trompait à la lecture; qu'il ne s'agissait dans cette lettre « *que des quinze louis,* » et non de tout le reste qu'il avait rendu devant de bons témoins; qu'alors en y confrontant la présente copie, « *qu'elle reconnaît bien pour être celle de la lettre du sieur de Beaumarchais,* » elle avait vu qu'elle était littérale, et avait déchiré la lettre après » (1).

Sommes-nous quittes, madame? Comptons, vous et moi; je vois ici deux, trois, quatre bonnes contradictions.

D'abord vous n'avez jamais reçu de lettre de moi; ensuite vous en avez reçu une, mais qui n'était de nulle importance, un chiffon qui ne signifiait rien; puis tout à coup voilà ce chiffon transformé en une lettre fort irritante, et qui produit une scène entre vous et le-Jay, et cette lettre était, selon vous, alors conforme à la copie qu'on en présentait; cependant aujourd'hui vous assurez que vous ne connaissez point cette copie, ce chiffon de papier, et qu'il n'a nul rapport à la lettre que vous avez reçue de moi. Cela vous paraît-il assez clair, assez positif, assez contradictoire?

Mais n'en parlons plus; aussi bien n'était-ce pas de cela qu'il s'agissait, quand la querelle s'est élevée entre nous. — Et de quoi donc s'agissait-il, monsieur? (Me

(1) Toutes ces citations sont des efforts de mémoire, et le fruit des notes que j'ai faites en sortant de chaque confrontation, où toutes les pieces m'ont passé sous les yeux. Peut-être y a-t-il quelques différences entre les paroles; mais je certifie que le sens y est conservé avec la plus grande fidélité.

regardant avec inquiétude.) — Vous nous avez bien certifié tout à l'heure, madame, que « jamais le-Jay ne vous avait parlé de ces quinze louis, ni ne vous les avait présentés le lendemain de cette veille..... » sur laquelle notre débat a commencé; ainsi vous ignoriez parfaitement, quand ma lettre vous est parvenue le 21 avril, qu'il y eût eu quinze louis déboursés par moi, pour le secrétaire, en sus des cent louis donnés pour l'audience? — *Certainement, monsieur.* — Cela va bien, madame. Mais comment arrive-t-il que ces quinze louis ne fussent pas du tout de votre connaissance, et qu'ils en fussent en même temps si bien, qu'on vous les voit rappeler deux ou trois fois, comme chose très-familière, dans l'aveu de tout ce qui se passa le 21 avril, que nous venons de lire, et qui est entièrement de vous ? On y voit que, dans ma lettre, ce n'est pas la demande *des quinze louis* qui vous étonne et vous met en fureur; mais seulement celle que vous croyez que je vous fais des cent louis et de la montre que vous aviez rendus; on y voit que le-Jay ne dit pas pour vous calmer : Ce sont des fripons à qui je ferai bien voir qu'ils n'ont jamais donné *ces quinze louis qu'ils redemandent;* mais qu'il vous apaise en vous disant, au contraire : Vous vous êtes trompée, madame, en lisant cettre lettre qui vous irrite si fort : voyez donc qu'on ne vous y demande point les cent louis et la montre, que j'ai bien rendus devant témoins, *mais seulement les quinze louis* dont M. de Beaumarchais veut être éclairci, parce qu'il sait que le secrétaire ne les a pas reçus ; qu'alors confrontant la copie avec la lettre, et reconnaissant qu'il n'y est, en effet, question que des quinze louis, votre fureur s'apaise et que tout finit là.

Si ce détail, que je n'aurais pu raccourcir sans le rendre obscur; si vos réponses, vos fuites, vos aveux, vos contradictions, combinés avec les dires de le-Jay, ne prouvent pas clair comme le jour que vous avez les quinze louis, il faut jeter la plume au feu, et renoncer à rien prouver aux hommes.

J'entends fort bien pourquoi vous niez aujourd'hui que le-Jay vous ait jamais parlé de ces quinze louis ; c'est afin de couper court, par un seul mot, à toute question embarrassante; mais la dénégation sèche d'avoir eu connaissance d'un fait, sur lequel vous êtes entrée antérieurement dans d'aussi grands détails, madame, n'est qu'une preuve de plus pour moi, que ce fait est aussi vrai que son examen vous paraît redoutable . et voilà mon dilemme achevé. Qu'avez-vous à répondre?

— « Rien de si simple à expliquer que tout cela, monsieur. Ne vous ai-je pas dit que, le jour de mon second interrogatoire, où je suis convenue d'avoir reçu et serré les cent louis, et où j'ai fait étourdiment cette histoire de la lettre et des quinze louis, je n'avais pas ma tête à moi, et que j'étais dans un état?..... » — Eh ! daignez, madame, en sortir quelquefois; si ce n'est par égard pour nous, que ce soit au moins par respect pour vous-même ! N'avez-vous pas de moyen plus modeste et moins bizarre de colorer vos défaites ? — Madame Goëzman, un peu confuse, soutint néanmoins que, sa réponse étant dans la procédure, je n'avais pas droit d'en exiger une autre.

Détrompez-vous, madame; avant que le parlement accepte vos confidences et s'arrête à vos étranges déclarations il faut qu'un nouvel article ajouté au Code criminel, ait rendu l'examen des matrones un prélude nécessaire à chaque interrogatoire des femmes accusées : jusque-là vous implorez en vain, pour la mauvaise foi, l'indulgence qui n'est due qu'à la mauvaise santé.

D'ailleurs on sait que ces fumées, ces vapeurs et tous ces petits désordres de tête, qui rendent les jeunes personnes plus malheureuses et non moins intéressantes, ne les affectent qu'en des temps de fermentation et de plénitude, et jamais dans ceux où la nature bienfaisante leur vend, au prix d'une légère indisposition, la beauté, la fraîcheur et tous les agréments qui nous charment en elles : les doctes vous diront que la tête en est plus saine, que les idées en sont plus nettes; et vous concevez que je ne joins ici ma consultation à la leur, que pour couvrir d'avance d'un ridicule ineffaçable le parti qu'on entend vous faire tirer d'un si puéril motif de rétractation.

Quoi qu'il en soit, il n'est pas hors de propos d'observer que la seule fois sur quatre où madame Goëzman ait parlé *sans savoir ce qu'elle disait*, elle a fait *par inspiration*, sur la lettre et les quinze louis, un historique exactement conforme à celui déjà consigné au procès, dans les dépositions et interrogatoires, dont on se rappellera qu'elle ne pouvait avoir alors connaissance. O pouvoir de la vérité sur une belle âme!

Mais, puisque vous prétendez, madame, à l'honneur de perdre, assez souvent, la tête et la mémoire, ne vaudrait-il pas mieux user de cette innocente ressource pour entrer dans le sentier de la vérité, que de la rendre criminelle en l'employant à vous écarter de plus en plus ?

A sotte demande point de réponse, répliqua sèchement madame Goëzman. Cela ne fut pas écrit. Mais suppliée de nous dire quelque chose de plus conséquent à mes observations, elle répondit que, *quand tout ce qu'elle avait avoué dans un second interrogatoire serait vrai, cela ne prouverait pas encore qu'elle eût reçu les quinze louis*. (Ce qui fut écrit.)

Beaucoup plus que vous ne pensez, madame; car on voit très-bien que vous ne fuyez l'éclaircissement sur la lettre et les quinze louis, que pour écarter le soupçon que vous les ayez jamais exigés, reçus et gardés. Mais comme il est plus aisé de nier ces quinze louis, que d'échapper à la foule de preuves qui vous convainquent de les avoir reçus, je quitterai le ton léger que vos injures m'avaient fait prendre un moment, pour vous assurer que votre défense, plus déplorable encore que risible sur cet objet, vous met ici dans le jour le plus odieux. Garder quinze louis, madame, est peu de chose ; mais en verser le blâme sur ce malheureux le-Jay, dont vous avez tant à vous louer (car il ne vous a manqué qu'un peu plus d'adresse pour le perdre entièrement), c'est un crime, une atrocité qui n'étonnerait point dans certains hommes, mais qui effrayera toujours, sortant de la bouche d'une femme, à qui l'on suppose, avec raison, qu'une méchanceté réfléchie devrait être étrangère.

Et si par hasard tout ce qu'on vient de lire fournissait la preuve complète que vous avez encore ces quinze louis dans vos mains !.... Je vous livre en tremblant, madame, aux plus terribles réflexions ; voilà ce qui doit vous troubler; voilà ce que ne replâtrera point le ciment puéril et déshonnête dont vous avez voulu lier tant de contradictions.

Mais, à quoi bon, je vous prie, ces déclarations de le-Jay, ces dénonciations au parlement, ces attaques en corruption de juge, dont on faisait tant de bruit, si votre conseil devait finir par vous faire articuler dans votre récolement ces mots sacramentels qu'on ne doit jamais oublier : « Je déclare que le-Jay ne m'a point présenté d'argent pour gagner le suffrage de mon mari, qu'on sait bien être incorruptible; mais seulement *qu'il sollicitait* auprès de moi *des audiences* pour le sieur Beaumarchais ? »

Voilà comme un mot souvent décide un grand procès. Qu'aurait dit de plus mon défenseur ? Mais dans cette excès de bonté, madame, il y a du luxe ; et je vous aurais tenue quitte à moins. Voyons d'où peut naître un procédé si généreux, *timeo Danaos*..... Quoique je ne sois pas de votre conseil, je sens sa marche à travers vos discours, comme un machiniste, au jeu des décorations, devine les leviers et les contre-poids qui les font mouvoir.

Quand ils ont su, que, livrée à vous-même, vous aviez tout avoué à votre second interrogatoire, et les cent louis reçus, et la lettre aux quinze louis, etc., ils ont bien senti que l'on conclurait de ces aveux tardifs, que les déclarations, dénonciations, dépositions, interrogations antérieures ne contenaient pas vérité. Si nous n'abandonnons pas l'attaque en corruption, le peu d'adresse d'une femme la fera tourner contre nous-mêmes, il vaut mieux nous relâcher de notre vengeance que d'y être enveloppés, renoncer à prendre l'ennemi que de voir le piége se fermer sur le bras qui le tend. En un mot, il faut s'exécuter et faire avouer à cette femme qu'on ne lui a demandé que *des audiences*, puisqu'il paraît aujourd'hui prouvé au procès que le prix en a été convenu et reçu par elle.

Et ceci, madame, n'est pas une conjecture légère : il n'y a personne qui ne juge au style de vos défenses, à quelques soudures près, que ce sont des pièces étudiées par vous, comme les fables de votre enfance, et débitées de même. Par exemple, est-ce bien vous qui avez dicté : Il faut voir d'abord s'il est prouvé que l'on ait remis les quinze louis à le-Jay, et jusque-là *il n'y a point de corps de délit ?* (Corps de délit, grand Dieu!) Est-ce que vous avez dicté : Nous avons déjà un commencement de preuves par écrit; et tant d'autres belles choses qu'on n'apprend point au couvent? N'est-il pas clair que je suis trahi? l'on m'annonce une femme ingénue; et l'on m'oppose un *Publiciste allemand* (1) !

(1) Il est bon de savoir qu'aussitôt que le décret a eté lancé contre madame Goëzman, son mari a cru qu'il ne pouvait plus honnêtement communiquer avec une femme accusée (car, comme dit le sieur Marin, d'après ce magistrat : « Il ne faut pas que la femme de César soit soupçonnée »), et il a jugé qu'il était de sa délicatesse qu'elle fut releguée au couvent.

Quant aux repas que la *femme de César* va prendre chez son mari

Mais c'est assez combattre des ridicules ; occupons-nous d'objets plus importants. Pendant que l'auteur estime son ouvrage sur la peine qu'il lui coûte, le lecteur sur le plaisir qu'il y prend, le juge impartial ne le prise que sur les preuves et les vérités qu'il contient, et c'est lui surtout qu'il importe de convaincre : avançons.

SECONDE PARTIE

M. GOEZMAN

Les gens instruits se rappellent avec plaisir par quel heureux artifice un savant antiquaire de Nîmes a retrouvé l'inscription du monument appelé Maison Car-

rois ou quatre fois la semaine, ces réunions légitimes ne prouvent qu'une tendresse conjugale supérieure aux obstacles et qui sait tout aplanir. Et quant aux belles phrases du récolement, elles ne sont que le fruit d'un commerce habituel avec un savant homme, sans qu'on doive induire ni des visites de la femme, ni des apophthegmes du mari, qu'ils aient eu ensemble aucune communication, arrangement, conseil ni préparation relativement au procès : car il ne faut pas oublier que la *femme de César* n'a été renfermée au couvent par son mari, à l'instant de son décret, que pour qu'on ne pût jamais soupçonner *César* de se concerter avec elle.

Autre trait de délicatesse, qui ne dépare pas le premier. M. et madame Goëzman, ayant lu dans mon Mémoire que j'avais donné six livres à un domestique dans une des vingt-deux stations que j'ai faites à leur porte, ont fait monter le mari de leur portière et lui ont dit : « Si c'est votre femme ou vous qui avez reçu ces six livres, nous vous ordonnons de les reporter à M. de Beaumarchais, ou d'en aller exiger une attestation que vous n'avez rien reçu. Nous ne voulons pas qu'il se fasse de *petites* vilenies dans notre maison. » Tel est rée, sur la seule indication des trous laissés au frontispice par les pointes qui attachaient jadis les lettres de bronze dont cette inscription fut formée. On conçoit quelle sagacité, quelle connaissance de l'histoire, quel esprit de calcul, quelle méthode, et surtout quelle patience il a fallu pour nous donner le vrai sens de cet obscur hiéroglyphe qu'un silence de dix-sept siècles avait rendu impénétrable. Telle est la tâche que je m'impose aujourd'hui.

Tout ce que je vois jusqu'à présent, c'est une noire intrigue dont l'auteur m'est inconnu. Forcé de rassembler quelques faits épars, de les lier par des conjectures

le compte fidèle que cet homme est venu me rendre. Touche d'un procédé si noble, et ne voulant pas surtout en ravir l'honneur a qui il appartient, j'ai commencé par exiger de cet homme une déclaration par écrit, qu'il venait de la part de ses maîtres. Alors ne doutant plus que mon attestation ne fût d'une grande utilité a M. Goezman, en ennemi généreux, la voici telle que je l'ai donnée :

« Je déclare que le nommé Le Riche, soi-disant portier de M. et de madame Goezman, s'est présenté chez moi, avec ordre de ses maîtres de me rendre ce qu'il avait reçu de moi, dans le nombre de fois que j'ai assiégé la porte de M. Goezman lorsqu'il etait mon rapporteur, ou de me demander l'attestation qu'il n'en a rien reçu. Je la lui remets volontiers, parce que j'ai seulement dit dans mon Mémoire que j'avais donné six francs a un domestique, etc. Comme ce fut M. de..... qui les remit, je ne pourrais pas reconnaître celui qui les a reçus, et à qui je les laisse ; observant qu'il est bien singulier que madame Goezman mette une affectation puérile de délicatesse à me faire rendre *six francs* par un domestique, à qui je ne les demande pas, elle qui en nie *trois cent soixante* qu'elle a exigés et reçus de Le-Jay, et que je lui demande sans pouvoir les obtenir.

« Signé CARON DE BEAUMARCHAIS

« A Paris, ce 1er octobre 1773. »

raisonnables, de comparer ce qui est écrit avec ce qu'on a dit, de m'aider même de ce qu'on a tu, et de débrouiller ainsi peu à peu le chaos de tant de choses incohérentes, en m'aidant de quelque connaissance du cœur humain ; ces faits isolés sont pour moi comme autant de lettres que je dois rassembler avec soin pour en former, sous les yeux du public et de mes juges, le nom du véritable auteur de cette intrigue. Essayons.

Mais, avant d'entamer ce pénible ouvrage, est-il tellement nécessaire à ma justification d'inculper M. Goezman que l'on ne puisse impunément séparer ces deux objets, ni supprimer le second sans nuire au premier? Je n'en sais rien. Aussi n'est-ce pas cela que je dis. Ce que je sais et dis seulement, c'est qu'il faut que tout soit connu pour que tout soit jugé.

Pour que ma justification soit aussi prompte qu'elle est certaine, il faut que les preuves tirées de ma conduite soient renforcées par les preuves que me fournit celle de mon accusateur ou dénonciateur ; car les deux mots sont ici justement confondus. Dans les mains de la justice nous sommes à l'égard l'un de l'autre comme les plateaux de la balance, dont l'un doit remonter doublement vite allégé de son poids, si l'on en surcharge encore son voisin.

Qu'on ne me taxe donc de vengeance ni de haine, si je me vois forcé de scruter M. Goëzman : la nécessité d'une défense légitime, et sa qualité d'accusateur me donnent le droit d'éclairer sa conduite. Je n'accuse point ; je me défends et j'examine. Que si mon inquisition venait à verser quelque défaveur sur ce magistrat, il ne faudrait pas me l'imputer : ce serait un mal pour lui, non un tort à moi; la faute des événements, et non la mienne. Pourquoi descend-il de la tribune, et vient-il se mêler dans l'arène aux athlètes qui combattent? lui que son bonheur avait élevé jusqu'au rang de ceux qui jugent des coups qu'ils se portent!

Voyons toutefois si sa qualité de juge est un obstacle à ma recherche, et si je dois me taire et ménager, par respect pour son état, celui qui me poursuit sans respect pour l'équité. Certes, si la disproportion des grades est de quelque poids dans les querelles, c'est seulement quand le moindre des contendants s'y rend agresseur, mais jamais lorsqu'il se défend. Je me range ici dans la classe inférieure, afin qu'on ne me conteste rien : car si je suis forcé de m'armer contre M. Goëzman, je veux vivre en paix avec le reste du monde. Mais ce n'est pas de cela qu'il s'agit.

Supposons donc qu'un homme se trouvât traduit au parlement comme corrupteur de juge, par le juge même qui déclare n'avoir pas été corrompu : la première chose qu'il y aurait à faire, sur cette singulière accusation, ne serait-ce pas d'examiner la pièce qui lui sert de point d'appui?

Et si cette pièce était une déclaration extrajudiciaire, faite au juge par l'agent de la prétendue corruption, ne devrait-on pas commencer par entendre cet agent sur les vrais motifs de sa déclaration?

Et si l'agent, effrayé des suites sérieuses d'un acte dont on lui aurait masqué les conséquences en le lui arrachant, se rétractait publiquement et déposait au greffe que sa déclaration est fausse et suggérée par le magistrat; dans l'incertitude où l'on serait de savoir laquelle des pièces contient vérité, ne devrait-on pas s'assurer de la personne de l'agent, surtout si le juge avait joint à la déclaration la lettre d'un tiers non encore suspecté, qui lui servît d'appui?

Renfermé au secret, bien verrouillé, soustrait à tout conseil, et dans l'effroi d'un avenir funeste, si cet agent, interrogé sous toutes les faces en six temps différents, soutenait constamment que, non-seulement sa fausse déclaration a été demandée, sollicitée, suggérée ; mais qu'elle a été entièrement minutée de la main du juge, et qu'il n'a fait que la copier telle qu'il avait plu au juge de la fabriquer; faudrait-il manquer à s'éclaircir de ces faits importants, sous prétexte qu'il serait désagréable qu'un homme honoré d'un grave emploi vînt à se trouver, par l'événement de la recherche, auteur d'un délit mal imputé, d'un scandale public, et surtout de l'accusation et du décret d'un innocent? et toute la question ne se réduirait-elle pas alors à découvrir si la déclaration est fausse ou véritable, naturelle ou suggérée : surtout s'il est vrai qu'elle ait été minutée de la main de celui à qui seul il importait qu'elle fût faite ainsi?

Et si l'attestation du prisonnier ne suffisait pas pour prouver qu'il a emporté la minute du magistrat, et l'a gardée dix-sept jours pour en faire des copies; ne faudrait-il pas assigner en témoignage tous ceux qu'il déclarerait avoir lu, tenu et copié cette précieuse minute?

Et si trois témoins entendus ne paraissaient pas encore suffisants pour achever de convaincre les magistrats, l'accusé n'aurait-il pas le droit d'en indiquer d'autres, et de demander qu'on les entendît, pour renforcer la preuve du fait par l'amoncellement des témoignages ?

Enfin si l'on avait bien constaté au procès quel est le véritable auteur de cette déclaration, ne serait-il pas permis à l'accusé, si durement décrété, de raisonner tout haut devant les juges et le public sur les motifs et les conséquences de la fabrication d'un pareil titre ?

Maintenant vous savez l'affaire aussi bien que moi. Tout ce que vous venez de lire est l'histoire du procès. Je fus victime de la déclaration dont le-Jay fut le copiste et M. Goëzman l'auteur. — L'auteur? — Oui l'auteur. Le mot est lâché : ce n'est pas sans réflexion que je l'ai dit : je m'y tiens. — Mais lorsque M. Goëzman nie d'avoir fait cette minute, êtes-vous bien certain de pouvoir le prouver? — Loin que son désaveu nuise à ma preuve, il la rendra plus importante : et c'est ce que j'ai déjà dit plus haut à madame Goëzman au sujet des quinze louis : la dénégation sèche d'un fait prouvé d'ailleurs au procès, non-seulement sert à mieux l'établir, mais encore à montrer combien on redoutait de le voir discuter. C'est pourtant ce que je vais faire.

Je pourrais mettre au rang de mes preuves la déposition et les interrogatoires de le-Jay, où il affirme que M. Goezman lui a présenté la déclaration minutée de sa main à copier, et que, pour aller plus vite, madame Goëzman, tenant la minute de son mari, dictait pendant qu'il écrivait. Je veux bien ne m'en pas servir.

Je pourrais y réunir la déposition de Donjon, commis de le-Jay, qui déclare avoir copié la déclaration sur une minute d'une écriture que ce denier lui a dit être celle de M. Goëzman; ce qu'il reconnaîtra bien, si on lui montre de l'écriture de ce magistrat. Je consens à ne pas l'employer.

Je pourrais tirer encore un grand avantage du mot excellent de la dame le-Jay à sa confrontation, quand on lui a montré la déclaration de son mari : « C'est bien là l'écriture de mon mari; mais je suis très-certaine que ce n'est pas son style : mon mari n'a pas assez d'esprit pour faire toutes ces belles phrases-là. » Et l'on voit ici que la vérité s'exprime avec l'honnête simplicité des bons vieux temps; c'est la main d'Ésaü, mais j'entends la voix de Jacob. Et quand nous donnerons la copie littérale de cette déclaration, on en sentira mieux la force de l'observation de la dame le-Jay. — Mais je laisse encore cela de côté.

Enfin voici mes preuves : elles sont muettes et en cela plus éloquentes; elles sont au procès ; et c'est M. Goëzman lui-même qui les fournit : il est vrai que j'ai eu la peine de les y démêler; mais je ne regretterai pas le soin que j'ai pris, si je prouve à ce magistrat que ce qu'il a de mieux à faire aujourd'hui est de convenir tout uniquement qu'il a présenté à le-Jay sa propre minute à copier. Prouvons donc,

PREUVES MORALES

M. Goëzman s'est présenté avec un papier au parlement, et a dit : Voici une déclaration que le-Jay m'a écrite ; elle n'est pas sortie de mes mains ; je la remets au greffe avec l'original de ma dénonciation dont elle prouve la véracité. — Rien de plus clair assurément.

Madame Goèzman est venue ensuite avec un autre papier au parlement, et a dit : Voilà une déclaration de le-Jay que je remets au greffe. Quoiqu'elle soit de l'écriture d'un commis de le-Jay, j'atteste qu'elle est signée de lui, et parfaitement conforme à l'original que le-Jay a écrit en ma présence, et que mon mari a déposé ; et j'atteste qu'il n'y a jamais eu d'autre minute écrite de la main de mon mari. — On ne peut pas mieux s'énoncer.

Mais, monsieur et madame, avant de vous répondre, qu'était-il besoin de déposer chacun une déclaration, puisqu'elles disent toutes deux la même chose ? — C'est que nous sommes des gens véridiques, et que nous ne voulons rien d'équivoque : l'original est de la main de le-Jay ; la copie est de celle de son commis. Ce qui abonde ne vicie pas. — Peut-être.

Mais s'il n'y a eu qu'une seule déclaration écrite par le-Jay chez M. Goèzman, restée entre les mains de M. Goèzman, soigneusement gardée par M. Goezman, et déposée au greffe par M. Goézman ; sur quelle minute le commis de le-Jay a-t-il donc copié la déclaration que madame Goëzman nous représente aujourd'hui? Car encore faut-il que ce commis ait fait sa copie sur une minute quelconque; et ce ne peut pas être sur celle de le-Jay, puisque, selon vous-même, elle est restée à M. Goëzman, et que ce commis n'a jamais eu l'honneur d'entrer chez vous.

Diriez-vous que, de retour, le-Jay a eu la mémoire assez bonne pour rendre exactement chez lui ce qu'on lui avait dicté ailleurs? Ceux qui connaissent l'honnête, le bon sieur Edme-Jean le-Jay, savent bien que M. Goëzman ne pourrait donner une aussi pauvre défaite, sans déshonorer entièrement ses défenses.

Et puis, quel intérêt aurait eu le-Jay, de remettre aux mêmes personnes une copie signée de la déclaration qu'il leur avait laissée en original, s'ils ne l'avaient pas expressément exigée? et s'ils l'ont exigée, ils n'ont pas dû s'en fier à sa mémoire. Lorsqu'on veut une copie, on la veut exacte. Ils ont dû lui confier une minute : et cette minute qu'il emporte ne peut pas être en même temps la sienne qu'il laisse à M. Goëzman; et je demande, encore une fois, sur quoi donc ce commis a-t-il fait la copie que madame Goëzman représente?

Si l'on m'objecte que M. Goëzman n'avait pas plus besoin d'exiger une copie signée dont il avait l'original, que le-Jay n'avait intérêt de la lui envoyer, je réponds que du fait à la possibilité, la conséquence est toujours bonne. Madame Goëzman dépose la copie du commis; donc elle existe; donc elle a été envoyée; donc elle a été exigée ; donc surtout elle a été faite sur une minute ; et ma première question revient toujours : sur quelle minute ce commis de le-Jay a-t-il donc tiré la copie que madame Goezman représente?

Mais madame Goèzman a peut-être subtilement dérobé la minute de le-Jay à son mari, et l'a remise à ce libraire en cachette, pour qu'il la fît copier, voulant en avoir une expédition ? — Non pas, s'il vous plaît ; quand elle n'aurait pas déclaré positivement que la minute de le-Jay n'est point sortie des mains de son mari, voici ma réplique : c'est que la copie écrite par le-Jay, sous la dictée de madame Goezman tenant la minute de son mari, est aussi inexacte qu'on devait l'attendre de pareils secrétaires. Que n'ai-je pu la copier ? Des mots oubliés qui détruisent le sens ; d'autres mots oubliés qui ne font que gâter le style ; d'autres enfin oubliés, qui ne font rien au style ni au sens, mais qui se trouvent parfaitement rétablis dans celle du commis.

Or, si la copie dn commis eût été faite sur celle de le-Jay, on y verrait les mêmes fautes ; ou si elle ne les portait pas, elle serait au moins libellée de même : la copie de le-Jay a une date ; elle en aurait une aussi : loin de cela, cette copie du commis est claire et suivie ; on voit qu'elle a été faite par un homme exact, sur la minute d'un homme instruit, sur celle de l'auteur, enfin, qui ne l'avait pas datée, parce que ce n'était pas son affaire ; ce qui fait que le commis n'a pas daté non plus sa copie. Elle n'a donc pas été écrite sur une minute de le-Jay. Et quand vous devriez vous mettre en colère, jusqu'à ce que vous m'ayez répondu, je demanderai toujours, sur quelle minute le commis de le-Jay a-t-il donc tiré sa copie?

D'ailleurs, le libraire et son commis ont déclaré qu'ils avaient gardé cette minute énigmatique dix-sept jours chez eux. Ce nombre de jours indifférent, quand ils l'attestaient, ne l'est pas aujourd'hui, que nous discutons. Observez qu'on lit au dos de la déclaration de le-Jay, une seconde déclaration (dont nous parlerons en son lieu) écrite aussi par le-Jay, dix jours après la première, dans la chambre de madame Goëzman, sous la dictée de son mari. Or, ce papier, qui n'est pas sorti des mains de M. Goëzman, qui se trouvait chez lui dix jours après la première déclaration, lorsqu'on écrivait la seconde sur son « verso, » ne peut pas être en même temps la minute inconnue qui est restée dix-sept jours chez le-Jay, et nous avons beau tourner pour fuir, semblables à Enguerrand, que toutes les routes ramenaient au palais de Strigilline, nous retombons toujours dans ma premiere question : sur quelle minute ce commis de le-Jay a-t-il donc copié la déclaration que madame Goëzman représente?

Mais ne serait-ce pas sur une certaine minute emportée par le-Jay de chez M. Goëzman? minute qu'il déclare être de la main de M. Goëzman, minute que son commis déclare être d'une écriture étrangère, qu'on lui a dit être celle de M. Goëzman ; minute, enfin, qu'ils déclarent tous deux leur avoir été lestement soutirée au bout de dix-sept jours par M. Goëzman. Il y a quelqu'un de pris ici : pour le coup, le piége s'est subitement fermé, comme on l'avait craint, sur le bras qui le tendait pour me prendre. Nous y laisserons l'imprudent jusqu'à ce qu'il lui plaise de nous apprendre qui a fait la minute de cette déclaration; ou qu'il nous explique autrement l'énigme de la copie du commis de le-Jay.

Mais pendant que je fatigue et mon lecteur et moi pour prouver quel est l'auteur de la déclaration, on prétend que M. Goëzman ne nie point du tout qu'il en ait fait la minute; je n'en sais rien : qu'il la nie ou l'avoue aujourd'hui, cela est indifférent à la question que je traite; car s'il nie, sa dénégation même prête une nouvelle force à ma preuve tirée de la copie du commis; en s'obstinant à nier un fait prouvé au procès, il n'en montre que mieux qu'il était instruit, et sentait toute l'iniquité de la pièce qu'il composait; et s'il avoue, il devient contraire à lui-même et à madame Goëzman, qui a constamment nié, au nom des deux, que son mari eût jamais fait de minute : il ne peut donc éviter un mal sans tomber dans un pire; et c'est le juste partage réservé à la mauvaise foi.

J'entends quelqu'un se récrier sur l'amertume de mon plaidoyer, en accuser la forme à défaut de moyens contre le fond : « Le partage réservé à la mauvaise foi! » Ce n'est pas ainsi, dit-il, qu'on plaide au barreau, surtout contre un magistrat. Cela se peut. L'œil qui voit tout ne se voit pas lui-même, et je suis trop près de moi pour être frappé de mes défauts; mais prenez garde aussi de vous placer trop loin pour les bien juger. Considérez que je suis injustement accusé, rigoureusement décrété, sans secours, sans appui, seul, percé à jour, aigri par le malheur, et chargé du pénible emploi de me défendre moi-même.

Il lui est bien aisé de se modérer, à cet orateur paisible, qui, ne forgeant qu'à froid, et compassant ses périodes à loisir, exhale un courroux qui n'est pas le sien, et montre une chaleur empruntée dont le foyer, loin de lui, réside au cœur de son client. Ses idées s'arrangent froidement dans sa tête, quand mille ressentiments brûlent ma poitrine et voudraient s'échapper à la fois. Il se bat les flancs pour s'échauffer en composant, quand j'applique à mon front un bandeau glacé pour me tempérer en écrivant. Mais vous qui me relevez ainsi, ne seriez-vous pas M. Goëzman? Je crois vous reconnaître à la nature, au ton de ce reproche. Eh! monsieur, à quoi vous arrêtez-vous ? Un mémoire au criminel se juge-t-il sur les principes d'un discours académique ? A la parade on regarde au vain éclat des armes; ou les prise au combat sur la bonté de leur trempe. Accordez-moi les choses et j'abandonne les phrases Il s'agit pour moi de vaincre et non de briller; ou plutôt, monsieur, il me suffit de n'être pas vaincu : car malgré votre acharnement, je confesse avec vérité que je cherche moins à préparer votre perte, qu'à vous empêcher de consommer la mienne.

PREUVES PHYSIQUES.

Après avoir porté les preuves de raisonnement jusqu'à l'évidence, acquérons la même certitude sur les preuves de fait; et que leur ensemble soit la démonstration parfaite que non-seulement la minute était bien de la main de M. Goëzman, mais que ce magistrat a fait la déclaration comme il avait intérêt qu'elle fût, exprès pour me nuire, et sans que le-Jay y ait eu la moindre part. C'est le sieur le-Jay qui va nous l'apprendre; écoutons parler dans tous ses interrogatoires cet homme honnête et simple.

Enfermé au secret, sans communication, et n'ayant pour conseillers que la mémoire qui rappelle les faits, le bon sens qui les met en ordre et la candeur qui les produit au jour, c'est ici que la simplesse d'un homme ordinaire est plus pressante que toute l'habileté du plus subtil rhéteur. Ses réponses sont d'une vérité qui saisit; nulle précaution; nulle prévoyance des suites; les faits les plus graves y sont articulés aussi naïvement que les choses les plus inutiles. Je préviens qu'il va porter de furieux coups à mes adversaires, et répandre un terrible jour sur leur conduite; et je les en préviens, afin qu'ils regardent de plus près à ce que je vais dire; car je déclare que je n'entends mettre de surprise à rien. Je me défends à force ouverte.

Le-Jay, interrogé, s'il a été de lui-même chez M. Goëzman pour y faire une déclaration, a répondu qu'on l'avait envoyé chercher de la part de ce magistrat le trente mai dernier.

Interrogé, quelle question lui a faite M. Goëzman, relativement à la déclaration qu'il a écrite? a répondu que M. Goëzman ne lui a pas fait d'autre question que celle-ci: « N'est-il pas vrai, monsieur le-Jay, que madame a refusé les cent louis et la montre que vous lui avez présentés? » Qu'ayant été vivement sollicité par madame Goëzman de répondre affirmativement, il a dit pour toute réponse : « Oui, monsieur; » qu'alors le magistrat a écrit à son bureau la déclaration tout d'un trait; que madame Goèzman l'a prise et dictée à lui répondant, pendant qu'il l'écrivait, pour que cela marchât plus rondement; qu'il a mis ensuite la minute de M. Goëzman dans sa poche pour la faire copier par son commis; et que sans perdre de temps, madame Goëzman l'a conduit chez M. de Sartine; qu'en montant en fiacre il a dit à la dame : Nous sommes bien heureux que votre mari ne m'ait pas parlé des quinze louis; je n'aurais pas pu dire que je les ai rendus, puisque vous les avez encore; et que la dame a répondu (avec le plus gaillard adjectif) : « Vous seriez bien une tête à perruque d'aller parler de ces quinze louis : puisqu'il était convenu que je ne devais pas les rendre, on peut bien assurer que je ne les ai pas reçus. »

PREMIÈRE DÉCLARATION

ATTRIBUÉE A LE-JAY.

Pourquoi première? Parce qu'on en a fait écrire une seconde au libraire, également curieuse : nous montrerons chacune en son lieu; ainsi donc :

PREMIÈRE DÉCLARATION (1).

« Je soussigné Edme-Jean le-Jay, pour rendre hommage à la vérité, déclare que le sieur Caron de Beaumarchais, ayant un procès considérable devant M. Goëzman, conseiller de grand'chambre, m'a fait très-instamment prier par le sieur Bertrand (2) son ami, de parler à madame Goëzman en sa faveur, et même de lui offrir cent louis et une montre *garnie* en diamants pour l'engager à intercéder auprès de monsieur son mari, pour le sieur de Beaumarchais ; ce que j'ai eu la faiblesse de faire, uniquement pour obliger le sieur Bertrand. Mais je déclare que cette dame a rejeté hautement et avec indignation ma proposition, en disant que, non-seulement elle offensait sa délicatesse, mais qu'elle était de nature à *lui* attirer les plus fâcheuses disgrâces de la part de son mari, s'il en apprenait quelque chose : *en conséquence*, j'ai gardé la montre et les rouleaux jusqu'au moment où je les ai rendus. Je déclare, en outre, qu'après la perte du procès, le sieur de Beaumarchais, piqué de

(1) Tous les mots imprimés en italique dans cette déclaration, figurée sur la copie du commis, sont ceux qui manquent à celle de le-Jay ; ce qui sera discuté dans un moment.

(2) Le sieur Bertrand, dont il s'agit ici, est le même qui n'a consenti à être désigné dans mon premier Mémoire que sous le nom de d'Airolles. En répondant au sieur Marin, nous aurons occasion de nous expliquer sur cette fantaisie du sieur Bertrand d'Airolles, qui a précédé de quelques jours le service qu'il a rendu au sieur Marin, de lui accorder une lettre dont celui-ci espère tirer le plus grand avantage contre moi : ce qu'il faudra voir.

son mauvais succès, m'a écrit une lettre fort impertinente, comme si *j'avais* négligé ou *trahi* ses intérêts dans cette affaire ; attestant *que* tout ce qui pourrait être dit de contraire à la présente déclaration est faux et calomnieux : ce que je soutiendrai envers et contre tous. En foi de quoi j'ai signé, approuvé l'écriture. le-Jay, ce trente mai 1773. »

Si je pouvais montrer à la suite de cette déclaration la copie que le-Jay en a faite sous la dictée de madame Goëzman, tenant la minute de son mari ; indépendamment du style et d'une foule de grands mots qui ne sont point à l'usage du sieur le-Jay, la manière inexacte dont elle est libellée, et les fautes d'orthographe dont elle fourmille, convaincraient bientôt que celui qui l'a écrite, n'a jamais pu la composer. Au défaut de cette première preuve, qui, en frappant les yeux, porterait à l'esprit la conviction irrésistible de ce que j'avance, j'observe :

1° Que si le-Jay eût fait cette déclaration, il n'aurait pas manqué d'y parler des quinze louis ; parce que c'était ce qui avait engagé la querelle, le seul objet en litige ; et parce qu'il avait un grand intérêt d'en parler : car il craignait dès lors qu'on ne le taxât de les avoir réservés pour lui. Mais comme M. Goëzman avait un plus grand intérêt encore à les taire, la déclaration n'en dit pas un mot.

2° Si le-Jay eût composé cette déclaration, il n'y aurait pas dit : « Piqué de la perte de son procès, le sieur de Beaumarchais m'a écrit une lettre impertinente, comme si j'avais négligé ou trahi ses intérêts dans cette affaire ; » parce que le-Jay savait bien que ma lettre, qu'il a déposée au greffe, loin d'être « impertinente, » est non-seulement polie, mais obligeante ; parce qu'il savait bien qu'elle ne porte nullement sur des reproches de négligence ou d'abandon de mes intérêts dans l'affaire, mais uniquement sur les quinze louis, dont M. Goëzman avait tant d'intérêt de ne pas parler. Aussi la déclaration n'en dit-elle pas un mot.

3° Si l'on se rappelle que la seule question que M. Goëzman ait faite à le-Jay avant que d'écrire la minute de la déclaration, est celle-ci : « N'est-il pas vrai, monsieur le-Jay, que madame a refusé les cent louis et la montre que vous lui avez présentés? — Oui, monsieur. » Et si l'on compare ce texte si simple avec le commentaire insidieux qui en est résulté, l'on sera convaincu que M. Goëzman avait combiné d'avance avec sa femme toutes les phrases de cette déclaration, pour qu'elle pût servir de base à la dénonciation qu'il voulait faire au parlement contre moi, et dont nous allons bientôt parler.

4° Observez que M. Goëzman, en relisant depuis la phrase où il avait fait ainsi parler le-Jay dans la déclaration : « Cette dame a rejeté hautement et avec indignation ma proposition, en me disant, que non-seulement elle offensait sa délicatesse, mais qu'elle était de nature à lui attirer les plus fâcheuses disgrâces de la part de son mari, s'il en apprenait quelque chose ; » observez, dis-je, que M. Goëzman s'est aperçu qu'il n'avait pas dû faire dire à sa femme, que « refuser de l'argent était propre à LUI attirer sa disgrâce, s'il l'apprenait; » parce que c'était se faire son procès à soi-même.

Comment changer cela? Sa minute était chez le-Jay, il n'avait en main que la copie de ce libraire : il voulait la déposer tout à l'heure au parlement. Mais rien n'embarrasse une bonne tête; et voici comment il a usé sans façon des droits d'un auteur sur son propre ouvrage.

Il a tout uniment rayé le mot *lui*, et a fait précéder le mot *attirer* par la lettre *m*, intercalée de sa main; de sorte que, par cet innocent artifice, le sens de la phrase qui présentait d'abord madame Goëzman comme exposée au ressentiment de son mari pour avoir refusé de l'argent, fait porter le ressentiment aujourd'hui sur le-Jay pour avoir osé l'offrir.

Voici le sens, suivant la première leçon : « Madame Goëzman m'a dit que mes propositions rejetées étaient propres à *lui* attirer la disgrâce de son mari, s'il en apprenait quelque chose, etc. » Et voilà le sens, suivant la seconde : « Madame Goëzman m'a dit que mes propositions rejetées étaient propres à *m*'attirer la disgrâce de son mari, s'il en apprenait quelque chose. » Ce qui est bien différent.

Or, si la copie de la main de le-Jay eût été la vraie minute de la déclaration, on sent qu'un criminaliste éclairé comme M. Goëzman n'aurait jamais voulu commettre le faux d'y changer le sens, en effaçant un mot, et y substituant une lettre de sa main.

Que si M. Goëzman prétend nier la liberté qu'il s'est donnée sur une déclaration à laquelle il dit n'avoir aucune part, nous lui opposerons une réponse à deux tranchants que nous le supplions de vouloir bien examiner avant de nous blâmer de l'avoir écrite : c'est que l'addition de la lettre *m*, susbstituée au mot *lui*, est faite avec si peu de précaution, que le-Jay, sa femme, le rapporteur, le greffier et moi, nous avons tous facilement reconnu cette correction d'auteur, lorsque j'ai fait l'examen de la pièce en leur présence aux confrontations.

Dira-t-il que, s'étant aperçu sur-le-champ de cette imprudence qui le jugulait, il a changé la phrase au moment ou elle venait d'être écrite? Voici le second tranchant de ma réponse : s'il eût fait ce changement à la copie de le-Jay tout de suite et en sa présence, il n'eût pas manqué de le faire de même à la minute, que le-Jay emportait pour que son commis en tirât copie : mais dans cette copie aussi authentique que celle déposée par M. Goëzman, puisque c'est madame qui la dépose, la méprise est restée tout entière ; on y lit la phrase écrite ainsi suivant la première leçon : « Madame Goëzman m'a dit que ma proposition rejetée était de nature à *lui* attirer la disgrâce de son mari, etc. » Cette correction, qui met une telle difference entre le sens des deux copies, prouve que celle de le-Jay est demeurée au magistrat, pendant que la copie du commis se faisait chez le-Jay, sur la minute non corrigée de M. Goèzman ; ce qui renforce de plus en plus les preuves que j'ai données qu'il existait une minute de la main du magistrat.

Et mes remarques sur cette correction d'auteur s'appliquent également à toutes les différences qui se trouvent entre la déclaration dictée à le-Jay par madame Goëzman, et celle de la main de M. Goezman copiée par le commis de le-Jay.

C'est ainsi qu'en les confrontant on voit (dans celle de le-Jay) « une montre GARNIE en diamants,» (dans celle du commis) «une montre à diamants, » (dans celle de le-Jay) « les plus fâcheuses disgrâces de la part de son mari, s'il en apprenait quelque chose, j'ai gardé la montre, etc.,» ce qui présente un sens fort niais, (dans celle du commis) « les plus fâcheuses disgrâces de la part de son mari, s'il en apprenait quelque chose. EN CONSÉQUENCE, j'ai gardé la montre, etc.; » « en conséquence » est une liaison très-nécessaire entre les deux phrases : (dans celle de le-Jay) « le sieur de B. m'a écrit une lettre impertinente comme si négligé, ou tri ses intérêts, » ce qui n'a nul sens; mais à quoi M. Goëzman en a donné un, en écrivant de sa main sans mystère en interligne au-dessus des mots *si* et *négligé*, le mot *j'eus*, et en chargeant le mot *tri* dont il a fait à peu près *trahi*, et la phrase marche ainsi corrigée, « le sieur de B. m'a écrit une lettre impertinente, comme si j'eus négligé ou trahi ses intérêts, etc. » ce qui devient au moins intelligible : *j'eusse négligé* eût été plus correct; mais enfin on l'a corrigé comme cela. (La copie du commis porte) : « le sieur de B. m'a écrit une lettre impertinente, comme si *j'avais* négligé ou trahi ses intérêts, etc. » Le mot *j'eus*, interligné par M. Goèzman, complète la preuve que ce magistrat n'a corrigé la copie de le-Jay que pendant l'absence de sa propre minute; au lieu d'écrire *j'eus*, il n'aurait pas manqué d'écrire *j'avais*, comme le porte la copie du commis fidèlement transcrite sur sa minute : (le-Jay) « soutenant tout ce qui pourrait être dit.... est calomnieux, etc. ;» (le commis) « soutenant *que* tout ce qui pourrait être dit... est calomnieux, etc. »

Voilà donc sept endroits qui diffèrent essentiellement dans les deux déclarations, dont un mot ajouté, un mot effacé, un mot substitué, un mot interligné et un mot chargé, dans celle de le-Jay, par une main étrangère : et c'est sur une pareille pièce mendiée, sollicitée, suggérée, minutée, dictée, corrigée, surchargée et niée par ce magistrat, qu'il établit une dénonciation en corruption de juge et en calomnie contre un homme innocent !

Quelle étrange opinion aviez-vous donc de votre pouvoir, monsieur, si vous avez pensé qu'il vous suffit pour me faire condamner au parlement, de m'y dénoncer sur la foi d'un tel titre ? Avez-vous présumé que ce tribunal m'empêcherait d'opposer à la fausseté de votre attaque la vérité de mes défenses ; la force de mes preuves à la ruse de vos moyens ? Détrompez-vous, monsieur ; la vivacité de ses recherches prouve l'austérité de ses principes, et non sa complaisance pour vos ressentiments. C'est à vous de vous justifier, homme cruel ! qui, après avoir opiné si durement à ce qu'on m'enlevât ma fortune, m'avez ensuite injurieusement dénoncé ; car je vous préviens que cet argument ne convaincra personne : Je suis conseiller au parlement ; donc j'ai raison.

Mais n'anticipons rien : avant de parler de la dénonciation de M. Goëzman, nous avons une seconde déclaration aussi importante que la première à examiner.

J'écarte en vain une foule de moyens, pour me renfermer dans les principaux, leur abondance m'accable. O M. Goëzman! que de mal vous me donnez! Mais je veux m'en venger en vous démasquant si bien aux yeux du public, que désormais vous deviendrez plus réservé dans vos attaques. Avançons.

Le-Jay, toujours au secret, interrogé de nouveau, répond qu'environ dix jours après sa première déclaration, M. Goëzman l'a encore envoyé chercher, et lui a dit uniquement : « N'est-il pas vrai, monsieur le-Jay, que vous avez rendu la montre et l'argent devant témoins, et qu'on n'avait rien soustrait des deux rouleaux? » — Cela est vrai, monsieur. — « Écrivez donc au dos de votre première déclaration, ce que je vais vous dicter. » Et il assure que le magistrat lui dicta, sans en faire de minute, la déclaration suivante.

SECONDE DÉCLARATION

ATTRIBUÉE AU SIEUR LE-JAY.

« Je déclare, en outre, que jamais Bertrand ni Beaumarchais ne m'ont accompagné chez madame Goëzman, et qu'ils ne la connaissent point du tout. Je déclare que j'ai rendu la montre et les rouleaux devant » (telles et telles personnes, etc. qu'il nomme). « Et si Beaumarchais osait dire qu'on a soustrait quelque chose des rouleaux pour des secrétaires ou autrement, je lui soutiendrais qu'il est un menteur et un calomniateur, et que les rouleaux étaient bien entiers ; ce que le sieur Bertrand lui soutiendra comme moi, etc, etc., sans date. Siné : le-Jay. »

Pour l'honneur du sieur le-Jay remarquons d'abord que, dans ces interrogatoires, il dit également ce qui sert et ce qui peut nuire. Nous l'avons vu assurer intrépidement que M. Goëzman lui avait confié la minute de la première déclaration écrite de sa main. A cette seconde il avoue ingénument que M. Goëzman n'a point fait de minute, et qu'il a seulement dicté. Prouvons que la seconde n'est pas plus l'ouvrage du sieur le-Jay que la première.

Indépendamment des preuves morales et de discussion, la pièce en présente elle-même une de fait (le dirai-je ?), la plus comique. Tout le monde connaît la scène des plaideurs, où le souffleur lassé de l'ineptie de l'avocat Petit-Jean, lui dit : Oh ! le butor ! et où Petit-Jean qui se croit soufflé et non injurié, répète : *Le butor !* Ici M. Goëzman finissant de dicter, a dit apparemment telle et telle chose, etc. Signé : le-Jay. Et le bon le-Jay, trop occupé du mot qui est sous sa plume, pour se fatiguer à en lier le sens dans sa tête avec les précédents, a écrit exactement comme on le lui disait, à l'orthographe près : *Siné : le-Jay.*

Malgré cette naïveté, qui montre assez que l'écrivain n'est ici que le commis à la plume, voyons par l'examen impartial et sérieux de la pièce, s'il est possible que le-Jay l'ait composée lui-même. Je voudrais bien pouvoir épargner à quelqu'un cette fâcheuse discussion ; parce que je sens que ce quelqu'un est ici sur des charbons. Mais quelque respect que j'aie pour lui, je respecte encore plus la vérité : tout ce que je puis, est de le tenir le moins de temps possible dans une aussi cruelle situation.

J'observe d'abord que le-Jay, ayant toujours dit, quand il a parlé des 15 louis, qu'il les avait laissés, *en argent blanc*, dans un sac à madame Goëzman, s'il eût fait la déclaration, n'aurait jamais imaginé de l'aller alambiquer de sorte qu'on pût en induire, que la demande des 15 louis portait sur la fausse supposition que madame Goëzman avait soustrait quelque chose des rouleaux.

L'obscurité de tout cet entortillage prouve déjà qu'il n'appartient point au sieur le-Jay : si cet homme simple eût voulu ou mentir ou dire la vérité, en un mot s'expliquer sur les 15 louis, il l'eût fait à sa manière, c'est-à-dire, tout simplement et d'une façon qui se rapportât au moins à ce qui s'était passé devant lui. Dès qu'il ne s'agissait dans cette déclaration que d'y parler des 15 louis, dont la première n'avait rien dit ; aurait-il pris la plume une seconde fois, exprès sur ces 15 louis, pour finir encore par n'en rien dire du tout ? Cela n'est ni vrai, ni naturel, ni possible.

Mais quel est donc le fin de cette déclaration ? Le voici.

Monsieur et madame Goëzman, qui avaient évité de dire un seul mot des 15 louis, dans la première, voyant que les regards du public étaient fixés sur ces 15 louis, seul objet apparent de la querelle, ont calculé qu'il paraîtrait bien étonnant qu'ils eussent une déclaration de le-Jay contre moi, et qu'elle ne traitât en aucune façon de ces 15 louis; ils ont senti que ce silence absolu pourrait à la fin devenir suspect.

Mais l'embarras était de le rompre sans se compromettre, et de parler des 15 louis sans en rien dire. Ce le-Jay leur donnait encore une autre sueur froide; il est si simple, si simple! que s'il entend seulement prononcer en dictant, le mot de 15 louis, il ne manquera pas d'entrer à l'instant dans des explications fort embarrassantes pour le candide magistrat, qui ne veut pas, vis-à-vis du libraire, avoir l'air d'être du secret. Il faut donc courir là-dessus comme chat sur braise; imaginer une phrase obscure et courte, sur laquelle le public puisse prendre le change. Il faut surtout que cette phrase soit telle, que le mot de 15 louis n'aille par frapper l'oreille de le-Jay. On se rappelle que cet homme, aussi droit que simple, a dit à madame Goëzman en allant chez M. de Sartine: « Il est bien heureux que votre mari n'ait pas parlé des 15 louis; je n'aurais pas pu dire que je les ai rendus, puisque vous les avez encore; » et la réponse de la dame, et tête à perruque, et l'adjectif, etc., etc.

Toutes ces réflexions rendaient ce point délicat, très-difficile à traiter : mais enfin la déclaration, telle qu'on vient de la lire, fut le fruit du conseil auquel je viens de faire assister mon lecteur.

Et croyez-vous que ce soit sans y avoir bien réfléchi,

que la déclaration commence par cette phrase : « Je déclare que Bertrand ni Beaumarchais... » En voyant ainsi ces deux noms dénués du plus mince égard, en songeant à cette façon de s'exprimer : « Bertrand, Beaumarchais, Lafleur, Larose ; » je reconnais le style aisé d'un homme supérieur aux gens qu'il veut bien honorer de ses mauvais traitements. Je sens que la main du très-familier libraire n'est ici que la patte du chat ; et son écrit, que le manteau du conseiller. Jamais le sieur le-Jay, le plus modeste des hommes, n'eût traité avec cette légèreté le sieur Bertrand d'Airolles, qui l'a quelquefois aidé de son crédit ; moins encore moi, chétif, qui n'avais point l'honneur d'en être connu.

Mais laissons les grâces du style ; allons au fait :

« Je déclare que Bertrand ni Beaumarchais ne m'ont jamais accompagné chez madame Goëzman, et qu'ils ne la connaissent point du tout. » A quoi tend cette phrase isolée, absolument hors d'œuvre, et sans nul rapport aux quinze louis, ni même à rien de ce qui la suit ; sinon à se retourner en cas d'accident et de désaveu de la part de le-Jay « *Testis unus, testis nullus* » dit la loi : ce qu'on a sans doute expliqué à madame Goëzman ; mais qu'elle ne s'est pas souvenue de placer avec « il n'y a pas de corps de délit...... nous avons déjà un commencement de preuve par écrit, » etc., etc.

Cette sage précaution prise a tout événement, on a grand soin de faire écrire à le-Jay dans la déclaration, les noms, surnoms, qualité des personnes devant qui les deux rouleaux ont été remis ; autant on glissera sur le principal, autant on va s'appesantir sur les accessoires. C'est la dame le Franc; elle est sœur du sieur de Lins, premier échevin; c'est la demoiselle sa fille; ce sont des dames de Lyon; c'est un jeune homme que l'on croit fils du sieur de Lins, etc., etc. Car on se flatte que ces honnêtes gens assignés, certifieront en temps et lieu, que les deux rouleaux étaient bien entiers quand on les a rendus en leur présence.

Cela va bien. Reste toujours la phrase épineuse à composer sur ces quinze louis, dont il faut avoir l'air de parler, quoique bien résolu de n'en pas dire un mot. Enfin la voici du mieux qu'on a pu: « Et si Beaumarchais osait dire qu'on a soustrait quelque chose des rouleaux pour des secrétaires ou autrement, je lui soutiendrais qu'il est un menteur et un calomniateur, » etc., etc..... Nous en voilà tirés, Dieu merci.

Mais que ces mots: « soustrait quelque chose des rouleaux,» pour ne pas nommer quinze louis en argent blanc, sont bien imaginés! et ceux-ci » pour des secrétaires ou autrement, « pour ne pas dire que madame Goëzman a exigé quinze louis pour le secrétaire, et les a gardés pour elle; comme cela est ingénieux! A l'égard des injures, on sent ici qu'elles ne sont que le saut de joie qui termine un ouvrage pénible; c'est la bravoure de Panurge, qui se met en vigueur quand le danger est passé: ainsi finit la déclaration, sans date, etc. « Siné le-Jay, » comme nous l'avons dit.

Et c'est ainsi qu'un magistrat se joue de la vérité, pour donner le change! C'est ainsi qu'il arme un malheureux contre une chimère, et lui fait combattre insidieusement ce que personne n'avait dit, pour éluder de lui faire écrire ce qu'il craignait de voir déclarer ! Et c'est ainsi que la faiblesse est toujours un instrument souple et dangereux entre les mains de la malignité !

Que de gens faibles elle a su tourner contre moi dans cette affaire ! N'est-ce pas par faiblesse que la flottante madame Goëzman dissimule la vérité, pour se prêter aux vues de son mari qui voulait m'attaquer en corruption de juge ? N'est-ce pas par faiblesse que ce pauvre le-Jay copie, sur des minutes du magistrat, des déclarations dont il n'entend ni les mots, ni la forces des phrases ? N'est-ce pas par faiblesse que ce pauvre conseiller d'ambassade, Arnaud Baculard, qui ne dit jamais ce qu'il veut dire, et ne fait jamais ce qu'il veut faire, accorde une misérable lettre mendiée, pour appuyer une plus misérable déclaration mendiée ? N'est-ce pas par faiblesse que ce pauvre d'Airolles, qui ne veut pas être nommé Bertrand, après avoir dit la vérité, perd tout à coup la mémoire, et donne à son compatriote le gazetier de France, une lettre, qui ne peut faire aujourd'hui de tort qu'à lui-même ? N'est-ce pas par faiblesse que ce pauvre M. Marin... Mais non, la chaleur m'emporte, et j'allais faire le tort au sieur Marin de le ranger dans la classe des simples. Il faut être juste (1).

(1) La réponse la plus désolante à la *déploration* du sieur Baculard d'Arnaud, conseiller d'ambassade, est d'y opposer sa confrontation avec moi : j'attends pour le faire que le sieur Marin, gazetier de France, ait publié son Mémoire et la lettre qu'il s'est fait écrire par

D'autre part, j'entends M. Goëzman qui me dit : Pourquoi me taxez-vous de malignité, si je ne suis coupable que d'ignorance ? Quand j'ai dicté à le-Jay, dans la déclaration, qu'on n'avait pas « soustrait quelque chose des rouleaux, pour des secrétaires ou autrement, » je croyais que ce bruit de 15 louis n'était fondé que sur la fausse supposition que ma femme les eût retranchés d'un rouleau, et je voyais que les rouleaux avaient été rendus bien entiers. Je ne pouvais dicter à le-Jay que ce que je savais moi-même.

— Je vous arrête, monsieur. Avez-vous si peu de mémoire, ou me croyez-vous si mal instruit ? Vous oubliez que, quelques jours avant l'époque de cette déclaration, M. le premier président avait envoyé chercher le-Jay, et que devant vous il l'avait interrogé sans ménagement sur ces quinze louis, en lui disant : « Avouez-nous, monsieur le-Jay, tout ce qui s'est passé. Bertrand prétend qu'il vous a remis, dans un fiacre à la porte de madame Goëzman, quinze louis en argent blanc qui ont même été comptés dans le chapeau de votre fils alors présent ; que vous êtes monté chez madame Goëzman avec cet argent dans un sac, et qu'en descendant, vous n'aviez plus ni sac ni argent ; et qu'enfin vous avez dit à lui, Bertrand, qu'elle avait pris et serré les quinze louis dans son secrétaire. Tout cela est-il véritable ? »

Vous oubliez, monsieur, que le-Jay, tremblant, effrayé par votre fier aspect, n'osa convenir de rien

le sieur Bertrand d'Airolles, négociant marseillais, afin qu'ils aient chacun ce qui leur est dû, dans un seul Mémoire qui ne se fera pas attendre : on peut y compter.

chez M. le premier président, mais qu'à peine il pouvait parler.

Quittons la feinte; elle est inutile; et convenez enfin que c'est bien sciemment et non par ignorance, que, quelques jours après cet interrogat, vous confondez, en dictant à le-Jay, quinze louis d'argent blanc gardés, avec les deux rouleaux rendus, auxquels ils n'ont aucun rapport.

C'est encore par une suite d'espoir d'embrouiller les idées de plus en plus sur les quinze louis, et de fixer l'attention du public sur des rouleaux entiers, et non sur de l'argent blanc, qu'on a fait assigner en témoignage les personnes devant qui ces rouleaux ont été rendus; on espérait que leur déposition sur la netteté des deux rouleaux, augmenterait la persuasion que toute espèce de demande des quinze louis n'était qu'une histoire controuvée, une infamie : d'autre part on comptait que le sieur Marin nous déterminant à ne rien articuler sur *ces misérables* 15 *louis*, dans nos dépositions, l'opinion du faux bruit se fortifierait à tel point par notre silence, que nos efforts tardifs ne pourraient plus après la détruire.

Mais on ne peut avoir en tout un égal succès. Les choses allaient assez bien : le-Jay avait écrit sans faire d'explication; Marin travaillait en dessous, et se flattait de réussir; lorsque tout à coup ces honnêtes gens, sur la déposition de qui l'on avait fait un si grand fond pour embrouiller l'histoire des 15 louis, après avoir déposé que la montre et les rouleaux ont été rendus très-entiers devant eux, s'avisent d'ajouter, sans qu'on les en prie, qu'à l'égard des 15 louis, on a certifie que la dame avait refusé de les rendre, en disant que, les ayant demandés pour le secrétaire, elle n'était pas tenue d'en faire compte au sieur de Beaumarchais.

La soie une fois rompue, toutes les perles se défilent. Marin, qui devait réussir, me rencontre par malheur, à l'instant où il vient endoctriner les faibles; me parle de ces *misérables* 15 *louis;* veut m'engager devant cinq personnes à ne pas en ouvrir la bouche : je lui prouve que c'est le seul article sur lequel on doit appuyer dans les dépositions : chacun y appuie : le-Jay qu'on voulait sacrifier se rétracte ; et voilà toutes les peines perdues. Il n'en reste d'autre fruit qu'une triste déclaration, qui par malheur encore, se trouvant attachée au dos de la première, ne peut plus que nuire désormais ; surtout si un démon d'accusé parvient un jour à en avoir connaissance, et s'avise de la discuter aux yeux des juges et du public.

J'ai promis de faire le dépouillement de toute cette noire intrigue : il est bien avancé : les deux déclarations de le-Jay sont maintenant connues ; il ne reste plus que la dénonciation de M. Goezman au parlement à examiner. Encore un moment, ô mes juges ! vous touchez à la fin de votre ennui et moi à celle de mes peines. Encore un moment, lecteur, et mon adversaire est enfin démasque.

Que ne puis-je en dire autant de vous tous, ennemis non moins absurdes que méchants, qui me déchirez sans relâche ! Sur la foi de votre inimitié, beaucoup d'honnêtes gens me font injure et ne m'ont jamais vu.

Mais vous, qui comblez la mesure de l'atrocité, vous qui l'avez portée..... il faut le dire, jusqu'à faire insérer dans des gazettes étrangères (1) qu'on s'apprête à me rechercher enfin sur la mort un peu précipitée de trois femmes, dont j'ai, dites-vous, successivement hérité ! Lâches ennemis ! Ne savez-vous qu'injurier bassement, machiner en secret et frapper dans les ténèbres ? Montrez-vous donc une fois ; ne fût-ce que pour me dire en face, qu'il ne convient à nul homme de faire son apologie. Mais les honnêtes gens savent bien que votre acharnement m'a rangé dans une classe absolument privilégiée : ils m'excuseront d'avoir saisi cette occasion de vous confondre, où forcé de défendre un instant de ma vie, je vais répandre un jour lumineux sur tout le reste. Osez donc me démentir. Voici ma vie, en peu de mots. Depuis 15 ans je m'honore d'être le père et l'unique appui d'une famille nombreuse : et loin que mes parents s'offensent de cet aveu qui m'est arraché, tous se font un plaisir de publier que j'ai toujours partagé ma modique fortune avec eux, sans ostentation et sans reproche. O vous qui me calomniez sans me connaître ! venez entendre autour de moi le concert de bénédictions d'une foule de bons cœurs ; et vous sortirez

(1) Ces horreurs furent envoyées au gazetier de la Haye, pendant le fort des plaidoiries du légataire de M. Duverney contre moi. On dit que toutes ces gazettes sont soumises à l'inspection du sieur Marin, auteur de celle de France. Puisque l'équité, même d'un tel censeur, ne peut purger ces écrits de pareilles infamies, il ne reste de ressources aux gens outragés, que de déférer les méchants à l'indigna tio publique.

détrompés. Quant à mes femmes, j'en ai eu deux, et non trois, comme le dit le perfide gazetier. Faute d'avoir fait insinuer mon contrat de mariage, la mort de ma première me laissa nu, dans la rigueur du terme, accablé de dettes, avec des prétentions dont je n'ai voulu suivre aucune, pour éviter de plaider contre ses parents, de qui jusque-là, je n'avais eu qu'à me louer. Ma seconde femme, en mourant, depuis peu d'années, a emporté plus des trois quarts de sa fortune, consistant en usufruits et viager ; de sorte que mon fils, s'il eût vécu, se fût trouvé beaucoup plus riche du bien de son père que de celui de sa mère. Maintenant voulez-vous savoir comment je les perdis ?

Sur la mort de ma première femme, indépendamment des sieurs Bouvart, Pousse et Renard qui la voyaient en consultation dans la fièvre putride qui l'enleva, interrogez le sieur Bourdelin, son médecin ordinaire, le plus estimable des hommes, et qui (je le dis à son éloge) refusa constamment le légitime honoraire que je lui offrais, en me disant : Vous êtes ruiné par cette perte : le payement des soins que j'ai rendus à votre femme m'est dû, non par vous, mais par ses héritiers.

Sur la mort de la seconde, interrogez les sieurs Tronchin et Lorry médecins, Péan son accoucheur, Goursault son chirurgien et son ami, Becqueret un des plus honnêtes pharmaciens, qui par zèle ne la quittait ni jour ni nuit, tous mes parents et la foule d'amis qui venaient habituellement dans ma maison ; qui l'ont tous vue s'avancer lentement à la mort des poitrinaires, par une dégradation de santé de plus d'une année de souffrance également douloureuse à l'un et à l'autre.

Interrogez les honnêtes gens que sa mort a fait rentrer en possession de tout le bien qui est sorti de mes mains à cette époque.

Interrogez MM. Momet, le Pot-d'Auteuil, Rouen, notaires ; Chevalier, procureur, gens de loi, gens d'affaires, et conciliateurs, qui tous m'ont vu procéder en ces occasions avec un désintéressement supérieur à la simple équité.

Et si tant de témoignages ne balancent pas en vous les plus absurdes calomnies, gens honnêtes ! interrogez enfin mon intérêt, qui voulait que je conservasse avec soin mes femmes, si l'amour d'une plus grande aisance était le motif qui me les avait fait choisir. Eh ! comment celui-là serait-il un ingrat époux, ou plutôt un monstre, qui fait son bonheur constant d'être le nourricier de son respectable père, et s'honore d'être le bienfaiteur et l'appui de tous ses collatéraux !

Et vous qui m'avez connu, vous qui m'avez suivi sans cesse ! ô mes amis ! Dites si vous avez jamais vu autre chose en moi qu'un homme constamment gai, aimant avec une égale passion l'étude et le plaisir ; enclin à la raillerie, mais sans amertume ; et l'accueillant dans autrui contre soi quand elle est assaisonnée ; soutenant peut-être avec trop d'ardeur son opinion quand il la croit juste, mais honorant hautement et sans envie tous les gens qu'il reconnaît supérieurs ; confiant sur ses intérêts jusqu'à la négligence ; actif quand il est aiguillonné, paresseux et stagnant après l'orage ; insouciant dans le bonheur, mais poussant la constance et la sérénité dans l'infortune jusqu'à l'étonnement de ses plus familiers amis.

Si j'ai jamais barré quelqu'un en son chemin de faveur, de fortune ou de considération, qu'il me le reproche. Si j'ai fait tort à quelqu'un, qu'il se présente et m'accuse hautement, je suis prêt à lui faire justice. Que si la haine qui me poursuit a quelquefois altéré mon caractère ; que celui que j'ai pu offenser sans le vouloir, dise de moi que je suis un homme malhonnête, j'y consens ; mais qu'il ne dise pas que je suis un malhonnête homme : car je jure que je le prendrai à partie, si je puis le découvrir, et le forcerai, par la voie la plus courte, à prouver son dire, ou à se rétracter publiquement.

Comment donc arrive-t-il qu'avec une vie et des intentions toujours honorables, un citoyen se voie aussi violemment déchiré ? Qu'un homme gai, sociable hors de chez lui, solide et bienfaisant dans ses foyers, se trouve en butte à mille traits envenimés ? C'est le problème de ma vie ; je voudrais en vain le résoudre. Je sais que les plus augustes protections m'ont jadis attiré les plus dangereux ennemis qui me poursuivent encore, et cela est dans l'ordre ; que quelques essais dramatiques et plusieurs querelles d'éclat m'ont trop fait servir d'aliment à la curiosité publique, et c'est souvent un mal ; que mon profond mépris pour les noirceurs a pu acharner les méchants qui ne veulent pas qu'on les croie ainsi sans conséquence, en effet, ils ne le sont pas ; qu'une vaine réputation de très-petits talents a peut-être offensé de très-petits rivaux qui sont partis de là pour me contester les qualités solides. Peut-être, un juste ressentiment augmentant ma fierté naturelle, ai-je été dur et tranchant dans la dispute, quand je croyais n'être que nerveux et concis. En société, quand je pensais être libre et disert, peut-être avait-on droit de me croire avantageux. Tout ce qu'il vous plaira, Messieurs : mais si j'étais un fat, s'ensuit-il que j'étais un ogre? Et quand je me serais enrubané de la tête aux pieds ; quand je me serais affublé, bardé de tous les ridicules ensemble ; faut-il pour cela me supposer la voracité d'un vampire ? Eh ! mes chers ennemis ; vous entendez mal votre affaire ; passez-moi ce léger avis : si vous voulez me nuire absolument, faites au moins qu'on puisse vous croire.

Au reste, il est peut-être moins étonnant que des ennemis cachés poursuivent sourdement un honnête homme, que de voir un grave magistrat lui intenter un procès aussi bizarre que celui-ci, et l'appuyer sur des déclarations comme celles que je viens d'examiner, et sur une dénonciation comme celle dont je vais rendre compte.

Mais, direz-vous, je vois bien des déclarations suggérées, une conduite, en général, fort extraordinaire dans un magistrat : pour ses motifs, ils m'échappent absolument. — Donnez-moi la main, je vais vous y conduire, nous sommes sur la voie : car en matière criminelle, c'est par les faits qu'on doit remonter aux intentions, et non en devinant les intentions, qu'il est permis d'aggraver les faits. Ainsi, l'on raisonnerait fort mal, et l'on ferait la plus vicieuse pétition de principe, en disant, comme mon adversaire : « Le sieur de Beaumarchais se croyait une mauvaise cause, il a donné de l'argent à la femme de son juge; donc il a voulu le corrompre. »

Nous tâcherons d'être plus conséquents. Il est bien prouvé, dirai-je, que voilà deux déclarations extorquées à le-Jay par M. Goëzman, dont l'une est fausse, l'autre insidieuse, et toutes deux fabriquées en connaissance de cause : quel en est le principe? le voici :

M. Goëzman savait fort bien avec quelle clef sa femme m'avait ouvert son cabinet; et sur ce fait, il me croyait auteur de quelques propos fâcheux pour lui, qui couraient le monde. Si je l'étais ou non, ce n'est pas ce que j'examine ici : mais, comme il le croyait, il a voulu s'en venger cruellement : Pour s'en venger, il fallait commencer par s'en plaindre : Pour avoir ce droit, il fallait pouvoir les donner pour calomnieux : Pour y parvenir, il fallait me conduire à nier que j'eusse fait un sacrifice d'argent : Pour m'y amener, il fallait m'effrayer par une plainte en corruption de juge : Pour la former, il fallait me dénoncer au parlement : Pour me dénoncer, il importait d'avoir une déclaration qui m'inculpât : Enfin, pour l'obtenir, il était nécessaire de tromper madame Goëzman sur les conséquences de sa dénégation, et le-Jay, sur celle de ses déclarations : c'est ce qu'on a fait; et nous voilà, vous et moi, parvenus au point d'où l'on est parti, pour me dénoncer au parlement comme corrupteur de juge et calomniateur.

Et le dilemme dont on espérait que je ne pourrais jamais sortir, est celui-ci. S'il nie d'avoir donné de l'argent, on lui dira : Vous avez donc calomnié en répandant qu'on l'a reçu? S'il avoue les sacrifices : Vous avez donc voulu corrompre en les faisant? Ainsi enveloppé d'un double filet, il ne pourra s'échapper de la corruption, qu'en tombant dans la calomnie, et réciproquement; et nous le tenons, et nous le ferons punir.

Et puis ils se dépitent, ils piétinent comme des enfants de ce que je ne me tiens pas pour battu par ce mauvais raisonnement; et de ce que j'ai l'audace d'en faire un meilleur devant mes juges, où, sans nier l'argent ni les propos, je vais droit à ma justification, par le chemin le plus court, celui de la vérité.

Vous étiez mon rapporteur, il me fallait absolument des audiences; on les mettait à prix chez vous. J'ai ouvert ma bourse; on a tendu les mains. Les audiences ont manqué; l'argent a été rendu. Quinze louis sont restés égarés, on s'est chamaillé : cela s'est su, parce qu'il n'y a point de mouvement sans un peu de bruit : on en a ri, parce que la perte de mon procès n'intéressait personne; et là-dessus vous avez fait tout ce que je viens de prouver que vous avez fait.

Et parce que je discute publiquement une affaire que vous espériez faire juger secrètement, vous me donnez partout pour un homme odieux, turbulent, à qui l'autorité devrait interdire, sinon le feu et l'eau..... du moins l'encre et la presse. Certes, monsieur, nous nous faisons, vous et moi, des reproches bien contraires, à la vérité dans des cas très-différents. L'exemple que je vous donne ici, je l'aurais reçu de vous avec reconnaissance; et quand vous fûtes mon rapporteur, si vous eussiez étudié mon procès comme vous me reprochez d'éplucher votre conduite, je n'aurais pas perdu cinquante mille écus « d'après votre avis, » et vous ne seriez pas aujourd'hui dans l'embarras de me répondre. Que faire donc? M'arrêter parce que j'ai raison! ceci n'est pas une affaire d'autorité; supprimer mon Mémoire, parce qu'il est conséquent! il faudrait toujours en venir à discuter ce qu'il contient, puisque nous sommes en justice réglée; et, comme dit un grave auteur : « Brûler n'est pas répondre; » quoi donc? recourir à l'autorité, pour me réduire au silence? Allez, monsieur, je suis trop votre ennemi pour ne pas vous conseiller de le tenter. Après vous avoir bien démasqué, j'aurais le plaisir d'entendre dire de vous, à tous les honnêtes gens : « Il a trouvé l'adversaire meilleur à écarter qu'à combattre, et ses objections plus faciles à étouffer qu'à résoudre. »

En attendant, passons à l'examen de votre dénonciation contre moi.

Je ne donnerai la pièce qu'en substance, parce que je n'ai pu que la parcourir, rapidement encore, pendant que le greffier écrivait mes dires sur vos déclarations attachées à la même liasse, que j'avais l'air d'examiner uniquement.

Mais le sens m'en a trop frappé pour que je craigne de l'altérer en la rapportant. La voici :

DÉNONCIATION DE M. GOEZMAN AU PARLEMENT.

Après un préambule inutile à mon affaire, il continue ainsi :..... Je me vois forcé de dénoncer à la cour une de ces voies de séduction que la mauvaise foi des plaideurs met en usage pour corrompre les juges ou ceux qui les entourent, etc., etc.

Ayant appris que le sieur Caron de Beaumarchais répandait des bruits calomnieux sur mon compte, et voulant m'en éclaircir par moi-même, j'ai reconnu en interrogeant ma femme, que ledit Caron, après avoir essayé de la séduire par une offre de présents considérables, pour « parvenir à gagner mon suffrage » dans le procès dont j'étais rapporteur, et qu'il a perdu d'après mon avis, a empoisonné dans le public le mépris et l'indignation avec lesquels ma femme a rejeté ses offres malhonnêtes. J'ai fait venir ensuite l'agent qui avait eu la faiblesse de se rendre négociateur de ces présents, et qui, peut-être moins armé contre la séduction que ma femme, a tout déclaré devant moi et devant d'autres personnes respectables, etc., etc.

Comme je sais que le pardon des offenses est une des premières vertus des magistrats, « je ne me rends point l'accusateur » du sieur de Beaumarchais, pour qu'on ne me taxe pas d'avoir fait cette dénonciation par esprit de vengeance ou de ressentiment; mais si la cour se trouvait offensée qu'un plaideur eût tenté de *corrompre* un de ses membres « pour gagner son suffrage » et l'eût ensuite *calomnié*, elle serait la maîtresse, etc., etc. *Signé :* GOEZMAN.

Ainsi donc vous ne m'accusez pas, monsieur ; vous me dénoncez seulement à la Cour, comme « corrupteur et calomniateur : » c'était bien le moins que pût faire un homme généreux comme vous l'êtes, mais aussi grièvement offensé.

En vous rendant grâces de cet excès d'honnêteté, je vais procéder avec vous d'une façon plus noble encore ; car je ne vous dénoncerai ni ne vous accuserai ; et cependant vous allez voir s'il y a lieu à l'un et à l'autre.

Quoi, monsieur, « j'ai voulu vous corrompre ! »

Est-ce bien sérieusement que vous l'avez dit ? Eh ! mais, l'intervalle de sept personnes entre vous et moi que j'ai établi dans mon premier Mémoire, et le raisonnement qui le suit, ne vous ont donc pas convaincu que je n'ai pu ni dû, d'aussi loin, former l'absurde projet de vous corrompre ?

« J'ai voulu gagner votre suffrage ! Moi ! »

Ceci vaut la peine d'être examiné. Lorsque vous avez *voulu* savoir si j'avais cherché à vous corrompre ou non, qui avez-vous *interrogé ?* Madame Goëzman. « Voulant m'en éclaircir par moi-même, j'ai reconnu, en interrogeant ma femme, etc..... » C'est donc uniquement sur la foi de madame Goëzman que vous m'avez dénoncé « pour avoir voulu gagner votre suffrage ? » Mais cette même dame, dans son récolement que vous lui avez dicté, auquel elle entend se tenir, comme ayant eu, ce jour-là de prédilection, l'esprit aussi net que le corps, la tête aussi libre que la démarche, a fait écrire cette phrase remarquable : « Je déclare que le-Jay ne m'a pas présenté d'argent pour gagner le suffrage de mon mari qu'on sait bien être incorruptible, mais qu'il sollicitait seulement des audiences pour le sieur de Beaumarchais. »

Or, si elle a dit vrai dans le récolement, vous avez donc dit faux dans la dénonciation ? Si elle avait sa tête à elle en dictant au greffier « que le-Jay ne sollicitait que des audiences, » elle ne l'avait donc pas en vous assurant qu'il « cherchait à vous corrompre » en mon nom, par son canal ? Mais vous êtes le mari de cette dame : Eh ! qui doit savoir aussi bien que vous quand on peut compter ou non sur ses paroles ? Dans l'hypothèse raisonnable d'un ménage aussi bien uni que le vôtre, un mari peut-il s'y tromper ? Que n'attendiez-vous quelques jours pour minuter cette fatale dénonciation ? Vous n'auriez pas compromis votre équité devant la cour. Il est dur aujourd'hui de ne pouvoir vous sauver de la mauvaise foi, qu'en avouant une imprudence également impardonnable à l'époux et au magistrat.

Vous dites « qu'elle a rejeté l'or avec indignation et mépris ? »

Il ne vous souvient donc plus qu'il est prouvé au procès que, loin d'avoir montré mépris, ni indignation pour les rouleaux, elle est convenue les avoir reçus, serrés et gardés au moins un jour et une nuit ? Cette dénonciation-là ne brille pas par l'exactitude et cependant c'est d'après elle que je suis décrété !

« Et le-Jay vous a, dites-vous, certifié les mêmes choses que madame Goëzman? »

Mais lui en se rétractant, et moi en vous discutant, nous avons assez bien établi, ce me semble, que vous aviez instigué ce malheureux à publier, à son escient et au vôtre, une horrible fausseté verbalement et par écrit? Cependant vous êtes libre et je suis décrété!

Ensuite « vous prétendez que je vous ai calomnié? »

Quand j'aurais dit à tout le monde ce qui s'était passé entre mademe Goezman et le-Jay, n'est-il pas prouvé maintenant que je n'aurais calomnié personne? Mais lorsque vous m'avez dénoncé, vous ne pouviez savoir si j'en avais parlé, puisque aujourd'hui que l'instruction est finie, « ce fait n'a pas même été articulé une seule fois au procès; « ainsi, soit que j'en eusse parlé ou non, en me dénonçant comme calomniateur, il est bien prouvé que « c'est vous qui m'avez calomnié. » Oh! la miserable dénonciation!

Enfin, avec une ostentation de générosité qui n'en impose à personne, vous faites remarquer à la cour que vous ne voulez pas vous rendre mon accusateur : lorsque sur-le-champ vous m'accusez devant elle, en disant : « Mais si la cour se trouvait offensée qu'un plaideur eût tenté de corrompre un de ses membres pour gagner son suffrage, elle serait maîtresse, etc., etc. » Pour le corrompre! pour gagner son suffrage! cette phrase a bien de l'attrait pour vous! je croyais vous en avoir dégoûté. Mais qu'est-ce que je dis? votre dénonciation était faite avant la procédure, et je vous rends bien la justice de croire que si elle était à faire aujourd'hui, vous vous en abstiendriez ; vous rougiriez au moins d'y faire parade de cette première vertu des magistrats, le pardon des offenses ; vous qui, pour prendre un homme innocent, osez lui supposer des crimes ! Avant d'être généreux, monsieur, il faut être juste.

Eh ! depuis quand le droit de juger les autres dispenserait-il d'être juste soi-même (disait Cicéron, plaidant contre Verrès devant le peuple romain) ? Si vous ne réprimiez pas de pareils abus, sénateurs, le puissant ne se mettant au-dessus des lois que pour traiter les faibles comme s'ils étaient au-dessous, il n'y aurait plus de lois pour personne. On verrait le pouvoir substitué au droit, l'arbitraire à la règle ; ou si l'on retenait encore un vain simulacre de justice, ce serait pour en abuser plus sûrement à la faveur des formes. Les procès se termineraient encore ; mais on ne jugerait plus, on déciderait. Ce désordre, né de la corruption, l'engendrant bientôt à son tour, on verrait l'avidité pressurer la crainte, et l'argent tenir lieu de tous moyens ; on verrait les suffrages vendus au plus offrant, et les raisons de chacun évaluées au poids de son or : on ne compterait plus les voix, mais les sesterces (1) : le péculat effronté siégerait sans pudeur, et la frayeur de perdre, ou l'espoir de dépouiller y soumettant également les bons et les méchants, on serait enfin parvenu au dernier degré de la corruption universelle, et l'État serait dissous.

(1) Monnaie romaine.

Le Sénat entendit l'orateur. Il condamna Verrès, et tout le peuple applaudit. Mais Verrès n'attendit pas son jugement. Que manque-t-il à ma cause? Un défenseur plus éloquent : elle est juste et semblable à celle des Siciliens : Le parlement écoute mon plaidoyer, et les Français ont des mains pour applaudir comme le peuple de Rome.

Puisque le Sénat, le parlement, Cicéron, Verrès, vous et moi, nous convenons tous qu'il faut être juste, nous expliquerez-vous enfin, monsieur, la conduite que le-Jay, dans ces interrogatoires, assure que vous avez tenue envers lui, depuis qu'il vous a fait ces deux monstrueuses déclarations? Écoutons-le encore parler lui-même. Sa naïveté a une grâce qui me charme toujours. Hélas! c'est elle qui a touché le parlement. Aussi éclairés qu'équitables, les juges ont reconnu, même avant les preuves, au ton simple et vrai qui règne dans ses réponses, qu'elles étaient dépouillées d'artifice, et ils l'ont remis en liberté.

Le-Jay interrogé, s'il n'a pas été, depuis la seconde déclaration, chez M. Goezman, a répondu : « que ce « magistrat l'a envoyé chercher une troisième fois; « que le lendemain matin, il rencontra le magistrat au « coin de la rue de l'Étoile, à pied, venant au palais, « suivi d'un seul domestique, et qu'il lui dit : « Mon- « sieur, je venais à vos ordres; » qu'à cela M. Goëzman, « toujours marchant, répondit d'un ton amical : « Mon « cher monsieur le-Jay, je vous ai envoyé chercher, « pour vous dire que vous soyez sans inquiétude. *J'ai « arrangé les choses de manière que vous ne serez en-*

« *tendu au procès que comme témoin, et non comme* « *accusé;* que lui accusé, répliqua : « *Monsieur, je vous* « *suis obligé :* mais je venais aussi pour vous dire la « vérité comme elle est. La vérité est que je n'ai con- « senti à mentir dans les deux déclarations, que pressé « par les vives sollicitations de madame, en l'assurant « bien que si l'on me faisait aller en justice, je ne sou- « tiendrais jamais le mensonge qu'on me faisait faire ; et « qu'elle m'a toujours répondu : N'ayez pas peur, ce « que nous exigeons de vous n'est que pour faire taire « cette canaille sur les quinze louis ; cela n'ira pas plus « loin : et vous savez bien, monsieur, que quand M. le « premier président m'en a parlé l'autre jour devant « vous, j'étais tout tremblant, à cause de votre pré- « sence qui m'empêchait de lui dire la vérité ; et qu'a- « lors il remit devant les yeux de M. Goëzman, les « choses telles qu'elles s'étaient passées, sur les cent « louis, la montre et les quinze louis, et telles qu'il « nous les a dites dans le présent interrogatoire : que « M. Goëzman l'écoutait impatiemment, et finit par lui « dire : « J'en suis fâché pour vous, mais *il n'est plus* « *temps :* (il n'est plus temps!) vous avez fait deux « déclarations, et *ma femme vous en soutiendra le con-* « *tenu jusqu'à la fin :* si vous variez, *ce sera tant pis* « *pour vous.* »

« Qu'en ce moment étant arrivés au Pont-Rouge, « M. Goezman lui dit : « Monsieur le-Jay, il n'est « pas nécessaire qu'on nous voie plus loin ensemble : « quittez-moi ici ; et qu'ils se quittèrent. » Et le bon « le-Jay ajoute: « Nous parlions si haut, que le domes-

« tique a dû tout entendre; il dira bien si je dis vrai, ou non. » Comme ce seul trait peint un homme naïf! il prend à témoin le valet de M. Goëzman! O bon le-Jay!

Ceci me rappelle qu'à sa confrontation avec madame Goëzman, ne trouvant plus de ressources dans son éloquence contre les dénégations obstinées de la dame, sur les quinze louis, il lui dit, avec la chaleur ingénue d'un écolier : Si vous ne voulez pas convenir, madame, que vous avez les quinze louis, *je suis donc un fripon, moi qui vous les ai remis!* Mais quoiqu'il répétât cette phrase trois ou quatre fois, jamais madame Goëzman n'eut le courage de lui répondre autre chose, sinon . Je ne dis pas que vous soyez un fripon, mais vous êtes une grosse bête, une franche tête à perruque : et grâce à l'équité de M. de Chazal, ce trait important fut couché par écrit. Plus outré encore, il lui disait un moment après, et toujours sur ces quinze louis : « Eh bien! madame, prenons-nous à brasse-corps et jetons-nous par la fenêtre, on verra bien en bas qui de nous deux est le menteur. Ou la main dans le feu, madame; comme il vous plaira, choisissez. » Je ne sais si cela fut écrit. Il serait malheureux qu'on y eût manqué. En tout cas, je ne doute point que M. de Chazal, commissaire-rapporteur, qui était présent, ainsi que le greffier, ne rendent compte à la cour de l'effet qu'ont dû produire sur lui ces circonstances, qui me paraissent, à moi, de la plus grande force, pour discerner la vérité du mensonge. On se doute bien que madame Goëzman n'acceptait rien, parce qu'en effet rien n'était acceptable. Mais! que le refus ici est loin d'ôter le prix à ces provocations naïves et fougueuses !

Après avoir parlé des naïvetés du sieur le-Jay, faut-il en taire une excellente de madame Goezman, que le rapporteur eut aussi l'équité de faire écrire ? Le-Jay, reprochant à la dame qu'elle était cause de tout le mal, lui disait : « Cela ne fût pas arrivé, madame, si « vous eussiez voulu croire M. de Sartine, lorsque vous « lui montrâtes devant moi la première declaration, et « qu'en la parcourant légèrement, il vous dit : A votre « place, madame, je laisserais tout cela ; ce sont de « mauvais propos qui, n'ayant pas de fondement, tom- « beront d'eux-mêmes. » Madame Goëzman, entraînée par la chaleur de le-Jay, répond sans y songer : « Et vous ! bête que vous êtes ! si vous aviez soutenu que cela n'était pas vrai, comme je vous l'avais dit, nous ne serions pas ici. » Ce trait ne fut pas plutôt échappé, qu'elle fit tous ses efforts pour empêcher au moins qu'on ne l'écrivît, mais le-Jay le demanda avec tant d'instances, que celles de madame Goëzman furent inutiles ; et tout fut écrit exactement. En général la plus scrupuleuse exactitude a présidé à l'instruction de ce procès bizarre : ce faible hommage que je rends à l'intégrité des rapporteurs, est d'autant moins équivoque de ma part, qu'on ne me soupçonnera pas de le prodiguer légèrement et sans choix.

Finissons : la sueur me découle du front, et je suis essoufflé d'avoir parcouru d'un trait une carrière aussi fatigante. Attaqué dans la nuit, usant du droit d'une défense légitime, je viens de m'élancer sur celui qui me frappait; le saisir au collet, m'y cramponner, l'entraîner malgré sa résistance, au plus prochain fanal, et ne l'abandonner au bras qui veille à la sûreté commune, qu'après l'avoir bien reconnu et fait connaître aux autres. Arrêtons-nous donc, et posons la plume en attendant qu'on nous réponde. Bien remonté pour souffrir, et prêt à recommencer, je ne dirai pas, comme M. Goëzman : *Il n'est plus temps.* Il sera toujours temps pour moi.

Il n'est plus temps! cette phrase a ranimé mes forces. *Il n'est plus temps!* Quoi! monsieur, il arrive un moment où *il n'est plus temps* de dire la vérité! un homme a signé, par faiblesse pour vous, une fausse déclaration qui peut perdre à jamais plusieurs honnêtes gens; et parce que son repentir nuirait à vos ressentiments, *il n'est plus temps* d'en montrer! Voilà de ces idées qui font bouillir ma cervelle et me soulèvent le crâne. *Il n'est plus temps!* Et vous êtes magistrat! Où sommes-nous donc, grand Dieu! Oui, je le dis, et cela est juste; il faudrait pendre le-Jay s'il eût été capable d'inventer à son interrogatoire, *il n'est plus temps.* Mais puisque ces terribles mots ont frappé plusieurs fois l'oreille des juges, et que le-Jay, loin de descendre au cachot, a été remis en liberté le même jour, on a donc senti qu'il ne les avait pas inventés. — On a fait plus, on a réglé l'affaire à l'extraordinaire. — Je vous entends, et j'en rends grâces au parlement. Mais voilà, sans mentir, de terribles phrases attribuées à M. Goëzman.

Et celle-ci : « Mon cher monsieur le-Jay, soyez sans

inquiétudes, *j'ai arrangé les choses* de façon que vous ne serez entendu que *comme témoin* au procès et non *comme accusé.* » Vous avez arrangé les choses, monsieur ! Dépositaire de la balance et du glaive, vous avez donc pour l'une deux poids et deux mesures, et vous retenez l'autre ou l'enfoncez à votre choix ; de façon qu'on est témoin si l'on dit comme vous, accusé si l'on s'en écarte ; innocent ou coupable ainsi qu'il vous convient ? Pour ce trait-là, par exemple, comme il ne peut tomber dans la tête de personne, je défie à le-Jay de l'inventer en cent ans. Vous nous l'avez bien dit, madame le-Jay, avec une naïveté digne du temps patriarcal : « Mon mari n'a pas assez d'esprit pour faire toutes ces belles phrases-là. » Félicitez-vous, certes, de ce qu'il n'a pas l'esprit d'en faire de pareilles.

Et cette autre : « Vous avez fait deux déclarations : *ma femme vous en soutiendra le contenu jusqu'à la fin.* » Non, non, le-Jay, bon courage, elle ne les soutiendra pas ; ou si elle les soutient, elle se coupera, dira noir, dira blanc, avouera tout, se rétractera, n'aura qu'une conduite déplorable ; elle et son conseil perdront la tête : heureux encore si l'effet pouvait en être nul ! Enfin, ne trouvant plus de ressources dans leur art, ils finiront par mettre la nature au procès pour se tirer d'affaire.

Et cette autre phrase : « Si vous variez, ce sera *tant pis pour vous.* » Ne le croyez pas, bon le-Jay. Écoutez l'aigle du barreau. Que vous dit Me Gerbier ? « Ce que vous avez de mieux à faire, monsieur, est de revenir à la vérité. » Si ce célèbre avocat n'a fait que son devoir en conseillant ainsi le-Jay, dans quelle classe rangerons-nous donc l'avis du magistrat? « Si vous variez, ce sera tant pis pour vous. » Quoi donc! il sera décrété? Vous l'accablerez de votre crédit? Marin opinera pour qu'il soit sacrifié? N'importe; il aura dit la vérité. La Gazette n'est pas l'Évangile : et grâce au ciel M. Goëzman n'est pas le parlement.

Et cette autre phrase enfin qui achève le tableau : « Monsieur le-Jay, il n'est pas nécessaire qu'on nous voie plus loin ensemble; *quittez-moi ici.* » On saurait que vous m'avez parlé; d'après ce que vous m'avouez, si contraire à ma dénonciation, il faudrait que j'agisse de façon ou d'autre; *quittez-moi ici.* Si l'on pouvait soupçonner cette nouvelle explication entre nous, cela me donnerait de nouveaux torts; « il n'est pas nécessaire qu'on nous voie plus loin ensemble; *quittez-moi ici.* » Je vous ai volontiers écouté dans l'île Saint-Louis, où il passe peu de monde; mais après le Pont-Rouge, sur la route du palais, cela tire à conséquence pour moi, le pays est trop peuplé; *quittez-moi ici.* Le-Jay le quitta. Je le quitte aussi.

CARON DE BEAUMARCHAIS.

Messieurs { DOÉ DE COMBAUT, DE CHAZAL, } *Rapporteurs.*

D'après l'exposé de mon premier Mémoire, et les preuves annoncées dans le présent supplément, que j'ai acquises par la lecture de la procédure lors des confrontations, je demande si la plainte rendue contre moi est fondée; si je n'ai pas droit d'espérer une décharge entière; et quelle voie je dois prendre pour obtenir des dommages-intérêts contre mon dénonciateur.

Signé, CARON DE BEAUMARCHAIS.

ADDITION

AU SUPPLÉMENT DU MÉMOIRE A CONSULTER.

SERVANT DE RÉPONSE A MADAME GOEZMAN, ACCUSÉE; AU SIEUR BERTRAND DAIROLLES, ACCUSÉ; AUX SIEURS MARIN, GAZETIER DE FRANCE, ET D'ARNAUD BACULARD, CONSEILLER D'AMBASSADE, ASSIGNÉS COMME TÉMOINS.

> Écrivez, monsieur, que je ne me mêle ni des audiences de mon mari, ni des affaires de son cabinet, mais seulement de mon ménage, etc...
>
> (*Confrontation entre madame Goezman et moi.*)

Eh bien, madame! il est donc décidé que je vous trouverai toujours en contradiction? Vous ne vous mêlez, dites-vous, ni du cabinet, ni des audiences de monsieur votre mari ; et sur les audiences de ce même cabinet, vous nous donnez un Mémoire bien long, bien hérissé de textes, d'ordonnances, de passages latins, de citations savantes ; le tout renforcé des plus mâles injures ; vous nous argumentez dans cinquante-quatre mortelles pages, comme un docteur ès-lois, sans vous soucier pas plus de répondre à mes Mémoires, que s'ils n'existaient point ou ne traitaient pas l'affaire à fond.

Mais à qui parlé-je aujourd'hui ? Est-ce à madame? Est-ce à monsieur? Qui des deux a plaidé? Ce ne peut être vous, madame : vous ne vous piquez certainement pas d'entendre un mot des choses qu'on y traite. Ce ne peut pas être monsieur, non plus : l'ouvrage serait plus conséquent, il irait au fait; on n'y rebattrait pas des objets combattus d'avance par mon Supplément, qui était entre ses mains plus de douze jours avant la publication de ce Mémoire.

Quoi qu'il en soit, il me convient mieux, madame, de vous adresser la parole. Indépendamment du respect et des égards qui vous sont dus personnellement, le souvenir que je parle à une femme, contiendra la juste indignation que j'aurais peine à maîtriser autrement. Ce n'est pas que tous ceux qui m'ont fait l'honneur d'écrire contre moi, ne doivent trouver ici le juste salaire de leurs soins obligeants. En m'éloignant le moins possible du fond de la question dont chacun cherche à me distraire, je ne laisserai pas, chemin faisant, que de répondre à tout le monde : et l'on doit me savoir gré de ma civilité.

Car tant que vous ne détruirez pas les faits articulés dans mon Supplément; tant que vous ne prouverez pas que j'ai dit faux sur les débats de notre confrontation, sur vos aveux forcés, sur les contradictions de vos interrogatoires; tant que vous ne laverez pas monsieur Goezman de l'infamie d'avoir subordonné le-Jay, d'avoir minuté la déclaration chez lui, dans sa maison, à son bureau, avant qu'il y eût de procédure entamée, et d'avoir fait et nié les faux remarqués dans ces déclarations ; tant que vous ne me prouverez que je suis un imposteur que par des injures, des lettres mendiées et des récriminations étrangères à la cause, je ne suis pas tenu d'user mon temps à vous répondre.

Six Mémoires à la fois contre moi ! c'était assez d'un seul pour mes forces ; et je me vois accablé sous les boucliers des Samnites. Mais c'est une plaisante ruse de guerre, que de dire, comme le comte de la Blache : Cette affaire dérangera sa fortune ; il faut gagner sur le temps, plaider longuement, surtout le consumer en menus frais, et le désoler comme un essaim de frelons : six réponses lui coûteront dix à douze mille francs d'impression, dans le temps que tous ses biens sont saisis, et qu'il n'a pas dix à douze écus de libres au monde. Est-ce là votre projet, messieurs? Il est sans doute très-bien contre moi ; mais croyez qu'il ne vaut rien pour vos défenses ; et j'écrirai, que vous ne vous défendez seulement pas ; et je le répéterai jusqu'au tronçon de ma dernière plume ; j'y mettrai l'encrier à sec ; et quand je n'aurai plus de papier, j'irai jusqu'à disputer vos Mémoires aux chiffonnières, et j'en griffonnerai les meilleurs endroits, qui sont les marges ; j'emploierai le crédit de mon libraire pour en obtenir de l'imprimeur ; et si je n'en trouve aucun traitable sur mes Mémoires, je vendrai les premiers pour payer les derniers.

Enfin, vous n'aurez ni trêve, ni repos de moi, que vous n'ayez répondu *catégoriquement* à tous les faits graves dont je vous charge devant le parlement et la nation, ou que vous n'ayez passé condamnation sur tous les chefs ; car de vous amuser à critiquer la légèreté de mon style, et donner ma gaieté pour un manque de respect à nos juges, c'est se moquer du monde : il est bien question de cela !

Lorsque Pascal, dans un siècle bien différent du nôtre puisqu'on y disputait encore sur des points de controverse, écrivait du ton le plus léger, le plus piquant, d'un ton enfin, où ni vous, ni le comte de la Blache, ni Me Caillard, ni Marin, ni Bertrand, ni Baculard, ni moi, n'arriverons jamais ; lorsque Pascal, dis-je, reprochait à ses adversaires, du style le plus plaisant, l'étrange morale d'Escobar, Baum, Sanchès et Tambourin ; les gens sensés l'accusèrent-ils de manquer de respect à la religion ? S'offensèrent-ils pour elle, qu'il répandît à pleines mains le sel de la gaieté sur les discussions les plus sérieuses ? Après avoir plané légèrement sur les personnes, il élevait son vol sur les choses, et tonnait enfin à coups redoublés, quand sa pieuse indignation avait surmonté la gaieté de son caractère.

Quant à moi, messieurs, si je ris un peu de vos défenses, parce qu'en effet vos défenses sont très-risibles, par quelle logique me prouverez-vous, que de vous plaisanter soit manquer de respect au parlement ? Quand il m'arrive d'adresser la parole à nos juges, ne mesuré-je pas à l'instant mon ton sur la dignité de mon sujet ? Et mon profond respect, alors, est-il au-dessous de ma parfaite confiance ?

Faut-il, pour vous plaire, que je sois comme Marin,

toujours grave en un sujet ridicule, et ridicule en un sujet grave? Lui! qui, au lieu de *donner son riz à manger au serpent*, en prend la peau, s'en enveloppe, et rampe avec autant d'aisance que s'il n'eût fait autre métier de sa vie.

Voulez-vous, que d'une voix de sacristain, comme ce grand indécis de Bertrand, j'aille vous commenter l'*Introibo*, et prendre avec lui le ton du Psalmiste, pour finir par chanter les louanges de Marin, après avoir discerné ses intérêts de ceux du gazetier dans son épigraphe: *Judica me, Deus, et discerne causam meam... ab homine iniquo, etc?...*

Irai-je montrer une avidité, une haine aveugle et révoltante, en imitant le comte de la Blache qui vous suit partout, vous M. Goëzman, vous défend dans tous les cas, vous écrit dans tous les coins et qu'on peut appeler, à juste titre, votre homme de lettres?

Serait-il bien séant que, d'un ton boursouflé, j'allasse escalader les cieux, sonder les *profondeurs de l'enfer*, enjamber *le Tartare*, pour finir comme le sieur d'Arnaud, par ne savoir ce que je dis, ni ce que je fais, ni surtout ce que je veux? Eh! messieurs, laissez mon style, et tâchez seulement de réformer le vôtre. Je n'ai qu'à vous imiter et me mettre à dire, comme vous, des injures pour toutes raisons; personne ne sera lu, et l'affaire n'en marchera pas mieux.

Il faut pourtant une fin, messieurs; car toutes vos intrigues, vos cabales, vos criailleries, vos Mémoires, vos efforts pour me rendre odieux aux puissances, aux ministres, au parlement, au public, ne sont pas le fond de l'affaire. Je vous vois, je vous suis dans vos marches ténébreuses.

Je sais que vous me donnez partout pour un émissaire des mécontents, chargé de ridiculiser le système actuel ; mais cela ne prendra pas, je vous en avertis : je sais aussi que c'est le sieur Marin qui a suggéré au sieur Bertrand, de dire que je favorisais la.... qui lui fait prêter à ma sœur le propos que *mes Mémoires serviront de suite à la...* Je sais même que vous travaillez tous à me faire passer pour l'auteur de la... (1). J'indiquerais, si je voulais, le lieu où l'on s'assemble pour conspirer ma perte, où l'on tient ce sabbat, ce tribunal de haine ; je dirais quel est le président de cette noire assemblée, quel en est l'orateur, quels en sont les conseillers, quel en serait, au besoin, le bourreau...

Allez, messieurs, entassez noirceurs sur noirceurs, dénigrez, calomniez, déchirez. Tourmenté sous le fouet des furies, Oreste embrassait la statue de Minerve, et moi j'embrasse celle de Thémis ; il demandait à la Sagesse d'expier ses crimes, et moi à la Justice de me venger des vôtres.

Calmons nos sens ; quittons la figure et débattons froidement, si je puis, tous les écrits livrés à mon examen.

(1) Ces mots, ou plutôt ces points désignent de petits pamphlets très-piquants, très-recherchés à cette époque, et qu'on répandait sous le nom de *la Correspondance*. Ce titre, qui ne spécifie rien, blessait si fortement alors les yeux et les oreilles des magistrats du nouveau parlement, que Beaumarchais se garda bien de le proférer, même en tournant en ridicule les efforts tentés par ses ennemis pour le faire soupçonner d'en être l'auteur, quoiqu'ils sussent bien que les libelles et les écrits anonymes n'étaient point à son usage.

Pour commencer, remettons sous les yeux de mes juges un tableau succinct de tout ce que contiennent mes Mémoires; et rendons à mes défenses, par la brièveté d'un résumé, la force que leur étendue a peut-être énervée. Mais lorsqu'on réfléchira que je suis dénoncé sans être coupable, décrété sans corps de délit, poursuivi à l'extraordinaire dans un procès où j'avais droit de me rendre accusateur; on me pardonnera d'avoir enchaîné par la multiplicité des détails, la vérité furtive et toujours prête à s'égarer, dans une affaire aussi chargée d'incidents étrangers.

Dans ces Mémoires j'ai dit en substance :

Désolé de ne pouvoir obtenir d'audience de mon rapporteur, j'ai dû au seul hasard l'intervention du sieur le-Jay, que je n'ai jamais vu: pour arriver à madame Goëzman, que je n'ai jamais vue; et pénétrer enfin jusqu'à monsieur Goèzman que je n'ai fait qu'entrevoir.

Prisonnier et souffrant, deux objets seuls m'intéressaient, la promesse des audiences et le prix qu'on y attachait; le zèle de mes amis a fait le reste.

J'ai dit et prouvé, qu'il n'y aurait pas eu moins d'absurdité à moi d'espérer corrompre un rapporteur incorruptible, à travers sept intermédiaires, qu'il n'y a eu de cruauté à lui de le supposer en me dénonçant.

J'ai dit et prouvé, qu'après avoir sacrifié cent louis pour obtenir une audience, je n'avais que plus vivement recherché celui à qui je la demandais : démarches, comme on sait, très-superflues pour qui se fût flatté d'avoir corrompu le juge en payant sa femme.

J'ai dit et prouvé, que, quand j'aurais voulu le corrompre, dès qu'il soutient être resté incorruptible, le mal n'ayant pas eu son effet, l'intention non prouvée ne serait jamais un délit punissable dans les tribunaux.

J'ai dit et prouvé, que je n'avais eu qu'une seule et unique audience de monsieur Goezman : et je reviendrai encore sur la preuve de ce fait qui m'est de nouveau contesté.

J'ai dit et prouvé, que madame Goëzman avait reçu cent quinze louis; qu'elle en avait depuis rendu cent; mais en avait réservé quinze.

J'ai dit et prouvé, que monsieur Goëzman était l'auteur des déclarations de le-Jay ; qu'il avait minuté la première et dicté la seconde; enfin, qu'il avait fait un faux, puis une dénonciation calomnieuse au parlement contre moi.

J'ai dit ensuite, sans le prouver, que mon exposé était en tout conforme aux dépositions des témoins et interrogatoires des accusés ; mais la preuve est au procès.

Ensuite j'ai prouvé, sans avoir besoin de le dire, que le sieur Marin avait tenu une conduite peu honnête en toute cette querelle, où il s'était immiscé, sans y être appelé ; que le sieur d'Arnaud vivement sollicité, avait trop légèrement accordé une lettre à monsieur Goezman, dont il n'avait pas senti les conséquences alors, et qu'il a démentie depuis.

Que me reste-t-il à faire? Bien prouver ce que je n'ai fait qu'avancer; me taire sur ce que je crois avoir bien prouvé; surtout répliquer en bref à une foule de Mémoires dont aucun ne répond aux miens.

Je commencerai par le vôtre, madame, dont j'aurai

bientôt fait l'analyse. Si j'en retranche les injures, les mots *atroce*, *infâme*, *misérable, monstre horrible*, etc., etc., je l'aurai déjà resserré d'une bonne douzaine de pages. En faisant évanouir par une seule remarque cette fameuse liste de votre portière, et ces preuves victorieuses qu'elle fournit contre moi, j'en aurai gagné au moins une vingtaine d'autres ; cinq ou six à passer pour l'honnête éclaircissement des honnêtes motifs de l'honnête rapport que M. Goezman a fait au parlement, de mon procès contre M. de la Blache, absolument étranger à votre défense ; sept ou huit autres pour votre naissance, votre éducation, vos mœurs, et la notice de toutes les places qu'a manquées M. Goëzman, de toutes les recommandations qui n'ont pas pu avoir de succès pour lui, les baptêmes, les billets d'enterrements de sa famille, les ouï-dire sur sa noblesse, etc. ; neuf ou dix encore pour les pièces justificatives, qui ne sont justificatives que de faits inutiles à la question, ou même absolument contraires aux choses qu'il entend prouver, etc.

Alors il nous restera quelques pages, au plus, sur l'affaire, et qui, loin de résoudre mes pressantes objections, ne mériteraient pas plus de réponse que le reste, si elles ne contenaient pas deux ou trois graves imputations que je ne puis feindre d'oublier sans me déshonorer entièrement, quoique la plus grave de toutes soit même étrangère à ce procès.

Mais peut-être aussi n'est-ce pas là le grand, le véritable Mémoire que vous promettiez. Quelques gens ont pensé que M. Goezman en ferait un autre, où vous et lui seriez plus sérieusement défendus ; car c'est se moquer! mais que ne voulant pas perdre l'honneur que celui-ci devait vous faire à tous deux, vous le donniez toujours en attendant, pour tenir le public en haleine, et de peur qu'il n'en chomât, quoiqu'on puisse le regarder, d'après mon Supplément, comme un almanach de l'an passé.

Vous entamez ce chef-d'œuvre par me reprocher l'état de mes ancêtres. Hélas, madame, il est trop vrai que le dernier de tous réunissait, à plusieurs branches de commerce, une assez grande célébrité dans l'art de l'horlogerie. Forcé de passer condamnation sur cet article, j'avoue avec douleur que rien ne peut me laver du juste reproche que vous me faites d'être le fils de mon père... Mais je m'arrête; car je le sens derrière moi qui regarde ce que j'écris, et rit en m'embrassant.

O vous, qui me reprochez mon père, vous n'avez pas d'idée de son généreux cœur : en vérité, horlogerie à part, je n'en vois aucun contre qui je voulusse le troquer. Mais je connais trop bien le prix du temps, qu'il m'apprit à mesurer, pour le perdre à relever de pareilles fadaises. Tout le monde aussi ne peut pas dire, comme M. Goëzman :

> Je suis fils d'un bailli; oui :
> Je ne suis pas Caron, non.

Cependant avant de prendre un dernier parti sur cet objet, je me réserve de consulter, pour savoir si je ne dois pas m'offenser de vous voir ainsi fouiller dans les archives de ma famille, et me rappeler à mon antique origine qu'on avait presque oubliée. Savez-vous bien, madame, que je prouve déjà près de vingt ans de noblesse, que cette noblesse est bien à moi, en bon parchemin, scellé du grand sceau de cire jaune : qu'elle n'est pas comme celle de beaucoup de gens, incertaine et sur parole, et que personne n'oserait me la disputer, car j'en ai la quittance?

Quant à l'arrêt du parlement, rendu sur l'avis de M. Goezman, madame, usant des voies de droit ouvertes à tout citoyen, je m'étais pourvu au conseil du roi; et mon profond respect pour la cour me tenait dans un silence modeste sur le juste espoir que j'avais de faire adopter au conseil les moyens de cassation que cet arrêt semblait offrir. Mais il suffit que vous nous ayez enfin donné les véritables motifs de l'avis de M Goezman, pour que tous les jurisconsultes soient actuellement persuadés, comme moi, que le conseil me rétablira bientôt dans tous mes droits Mon seul regret alors sera de n'être pas renvoyé en révision de cause devant ces mêmes juges, que M. Goezman induisit en erreur; car s'il faut l'avouer ingénument, mes frayeurs, dans cette affaire, n'ont jamais tombé que sur le rapporteur; avec tout autre, je crois fermement que j'aurais gagné ma cause d'emblée.

On sait bien qu'au rapport des procès un peu chargés d'incidents, tous les juges ne peuvent pas apporter le même degré d'attention; que tous ne sont pas également frappés de la liaison des faits justificatifs, surtout quand elle est coupée sans cesse par le plaidoyer d'un rapporteur fort de poitrine, et préoccupé de tête; de sorte qu'avec toute l'intégrité et les lumières possibles, lorsqu'un rapporteur à la voix de Stentor soutient opiniâtrement son avis, il peut arriver que les juges, fatigués d'une trop longue contention d'esprit, s'accordent moins qu'ils ne lui cèdent, et que la pluralité des suffrages se forme plus alors de l'ennui de disputer, que d'une véritable conviction de la bonte de l'avis qui prévaut sur tous les autres.

Voilà, madame, ce que j'avais à vous dire sur l'affectation très-cruelle avec laquelle monsieur Goezman étale en public les prétendus motifs de l'arrêt, qui ne sont avoués par aucun de ses confrères. Selon lui, le parlement renversant tous les principes exprès pour me nuire, au lieu d'ordonner de faire le procès à la pièce, et de dire ensuite s'il y avait eu lieu : l'acte qu'on nous présente est reconnu faux, donc l'homme doit perdre son procès, aurait ainsi raisonné; le comte de la Blache, et M. Goezman, d'après lui, nous répètent sans cesse que l'homme est suspect; sans autre examen, il n'y a pas d'inconvénient de décider que l'acte dont il demande l'exécution est faux.

Et c'est, monsieur, sous le manteau de madame que vous vous enveloppez pour nous apprendre de si belles choses ! Digne défenseur du comte de la Blache, qui se rend à son tour le vôtre ! Je ne suis pas si grand jurisconsulte que vous, mais je répondrai au plus faux, au plus odieux des arguments, par une pièce qui ne vous était pas destinée, et que je brochai rapidement à Fontainebleau, la veille de l'admission de ma requête, pour joindre une courte instruction sur le fond du procès, aux lumières que le rapporteur allait répandre sur le défaut de formes de l'arrêt. Voici ce que j'osai présenter en peu de mots au conseil du roi.

Deux questions embrassent entièrement le fond de l'affaire.

PREMIÈRE QUESTION

L'acte du premier avril 1770 est-il un arrête de compte, une transaction, ou un simple acte préparatoire ?

SECONDE QUESTION

L'arrêté de compte est-il faux ou véritable ?

RÉPONSE.

L'acte du premier avril est un arrêté de compte.

Il est intitulé : « Compte définitif entre messieurs Duverney et de Beaumarchais. »

Il est fait double entre les parties.

Il renferme un examen, une remise et une reconnaissance de la remise des pièces justificatives de cet arrêté.

Il porte une discussion exacte de l'actif et du passif de chacun ; et finit par constater irrévocablement l'état réciproque des parties, en en fixant la balance par un résultat.

Si l'acte n'eût pas été un arrêté définitif, il ne contiendrait pas une transaction ; car la transaction même ne porte que sur un des articles fixés par l'arrêté de compte.

Aux yeux de la loi, c'est la disposition la plus générale d'un acte qui en détermine l'essence. L'arrêté de compte est général, et la transaction seulement partielle. Donc cet acte est un arrêté de compte; donc c'est sous ce point de vue qu'on a dû le juger; donc la déclaration de 1733 n'y est nullement applicable; donc l'arrêt qui l'a déclaré nul, sans qu'il fût besoin de lettres de rescision, doit être réformé.

D'après ce qui vient d'être dit, la seconde question : « l'arrêté de compte est-il faux ou véritable? » n'est plus dans l'espèce présente, qu'un tissu d'absurdités, dont voici le tableau.

Si l'arrêté n'est pas de M. Duverney, à propos de quoi présentiez-vous au parlement à juger si cet acte est un arrêté, une transaction, un compte définitif, ou seulement un acte préparatoire? Pourquoi demandiez-vous un entérinement de lettres de rescision? Il fallait contre un acte faux vous pourvoir par la voie de l'inscription de faux. Je vous ai provoqué de toutes les manières; vous vous en êtes bien gardé.

Et si l'arrêté est de M. Duverney, nous voilà rentrés dans la première question, laquelle exclut absolument la seconde.

Or, il s'agit ici de l'arrêt du parlement; la cour n'a pas pu regarder l'acte comme faux, puisqu'on lui présentait à juger la proposition précisément contraire; c'est à savoir « si un arrêté de compte définitif entre majeurs doit être exécuté. »

Donc le parlement n'a pas pu le rejeter en entier, ni l'annuler sans qu'il fût besoin de lettres de rescision : donc l'arrêt doit être réformé.

Mon adversaire, tournant sans cesse dans le cercle le plus vicieux, cumulait à la fois les lettres de rescision, la voie de nullité, et le débat des différents articles du compte.

Sur le premier article, il disait : La remise de 160;000 livres de billets, exprimée dans l'arrêté, n'est qu'une illusion. Il jugeait donc *faux* l'acte par lequel M. Duverney reconnaissait les avoir reçus de moi.

Sur le quatrième article, il disait : Il y a ici un double emploi de 20,000 livres. Cette somme n'est pas entrée dans l'actif de M. Duverney, porté à 139,000 livres. Il reconnaissait donc *véritable* l'acte où il relevait une erreur prétendue; car il n'y a pas de double emploi où il n'y a pas d'acte.

Sur le cinquième article, il disait, sans aucune autre preuve que son allégation : Le contrat de rente viagère au capital de 60,000 livres n'a jamais existé. Il regardait donc de nouveau comme *faux* l'acte qui en portait le remboursement.

Il prétendait ensuite prouver son assertion sur la nullité de cette rente, par les termes de l'acte même : n'était-ce pas avouer de nouveau que l'acte était *véritable*.

Sur le sixième article du compte, il disait : Il n'y a jamais eu de société entre M. Duverney et le sieur de Beaumarchais, pour les bois de Touraine. Il revenait donc à soutenir que l'acte qui la résiliait était faux.

Sur le septième article, contenant une indemnité, il disait : C'est en trompant M. Duverney, qu'on se fait adjuger l'indemnité sur une affaire qu'on lui présentait comme onéreuse, quand il est prouvé qu'elle est très-bonne. Il regardait donc derechef l'acte comme *véritable*, car pour abuser de l'esprit d'un acte, il faut que le fond en existe entre les parties.

Plus loin, il disait : Payez-moi pour 56,000 livres de contrats, car vous les deviez à M. Duverney. L'acte qui les passe en compte était donc *faux*, selon lui?

Plus loin encore, il disait : Je ne vous prêterai point 75,000 livres, car, selon l'acte même, j'ai le droit de rentrer en société. L'acte dont il excipait alors était donc redevenu *véritable* ?

C'est ainsi que, pirouettant sur une absurdité, il trouvait l'acte *faux* ou *véritable*, selon qu'il convenait à ses intérêts.

N'alla-t-il pas jusqu'à dire et faire imprimer : Si je préfère de discuter l'acte comme *véritable*, à l'attaquer comme *faux*, c'est parce que j'y trouve plus mon profit Il est honnête, le comte de la Blache!

Enfin, sans qu'on ait jamais pu savoir au vrai ce que mon adversaire voulait et ne voulait pas sur cet acte, on a tranché la question d'après l'avis de M. Goëzman, en « annulant l'arrêté de compte, sans qu'il fût besoin de lettres de rescision. »

Était-ce décider que l'acte est *faux*? C'eût été juger ce qui n'était pas en question; on ne s'était pas inscrit en faux ; donc il faudrait réformer l'arrêt.

Était-ce juger que l'acte est *véritable*, mais qu'il y a erreur ou dol, double emploi, ou faux emploi? Mais dans ce cas, on ne pouvait l'*annuler sans qu'il fût besoin de lettres de rescision*. Donc, de quelque côté qu'on l'envisage, l'arrêt du parlement ne peut se soutenir, et doit être réformé.

Je n'ai traité dans ce court exposé que la partie du fond de mon affaire, qui a rapport à la cassation que je sollicitais; j'ai laissé de côté mon droit incontestable, parce qu'il ne s'agit pas aujourd'hui de savoir si j'ai tort ou raison sur le fond de mes demandes; mais seulement si le parlement a jugé, selon les lois, l'entérinement des lettres de rescision, la seule question qui lui était soumise.

J'aurais cru, monsieur, vous faire la plus mortelle injure, en osant publier l'odieux propos qu'on vous attribuait alors. M. Goëzman, disait-on, répond à tous ceux qui lui objectent l'irrégularité du prononcé : « On a jugé l'homme et non la chose. » Mais vous avait-on donné un homme à juger? Rapporteur d'un procès civil, deviez-vous faire acception de personnes; et parce qu'un des clients vous semblait accrédité, dénier la justice à l'autre? Et vous avez la confiance aujourd'hui d'imprimer pour motifs d'un arrêt attaqué au conseil : « qu'on décide maintenant quel homme le parlement a jugé! »

Est-elle assez justifiée, l'opinion que j'avais prise et donnée de votre partialité, quand j'avançai dans mon premier Mémoire que vous aviez dit en sortant de la chambre : « Le comte de la Blache a gagné sa cause, et l'on a opiné du bonnet d'après mon avis? »

En parlant à le-Jay, monsieur, « vous aviez arrangé les choses pour qu'il ne fût pas entendu comme accusé. » En rapportant mon procès, vous les avez arrangées pour que je fusse traité comme coupable.

Mais ce n'est jamais impunément qu'un magistrat

s'écarte de son devoir. Il s'élève un cri public; et s'il est un moment où les juges prononcent sur chaque citoyen, dans tous les temps la masse des citoyens prononce sur chaque juge. Le jugement des premiers est légal, celui des seconds n'est que moral; mais il est encore à décider lequel est d'un plus grand poids pour retenir chacun dans le devoir. Tout citoyen, sans doute, est soumis aux magistrats; mais quel magistrat peut se passer de l'estime des citoyens? Dans l'ordre civil, l'action des juges sur les particuliers, et la réaction de ces derniers sur les juges, forment entre la nation et les magistrats, un équilibre de respect et d'équité, qui fait l'honneur des uns, la sûreté des autres, et le bonheur de tous.

Mais le souvenir de ce que j'ai souffert depuis ce fatal arrêt, abat mes forces et trouble ma sérénité. Changeons d'objet; j'ai besoin des unes pour achever ces défenses, et l'autre m'est nécessaire pour soutenir tant de malheurs.

Suit après la discussion inutile des stations inutiles que j'ai faites à votre porte, madame, et les preuves tirées de la liste de votre portière. Ce long article de votre Mémoire, semble y avoir été mis exprès pour le tourment de qui voudra le discuter.

Mais comme il n'y a pas d'absurdité si forte, qui ne trouve encore des partisans, j'ai vu de bons et honnêtes gens émus par votre air d'assurance, qui, n'ayant rien compris à ce que vous avez écrit à ce sujet, n'en vont pas moins disant partout : « La liste de la portière est une preuve invincible; » d'autres qui, entraînés par l'autorité de ceux-ci, répètent, sans y mieux voir : « Je crois, en effet, qu'il y a peu de chose à répondre à cette liste ; » et d'autres enfin, qui n'ayant pas même lu votre Mémoire, à force d'entendre citer cette fameuse liste, ne laissent pas que d'aller aussi répétant, pour figurer : « Beaumarchais ne se tirera jamais de la liste de la portière. « Et c'est ainsi que se sont établies toutes les absurdités du monde ; jetées en avant par l'audace, répandues par l'oisiveté, adoptées par la paresse, accréditées par la redite, fortifiées par l'enthousiasme ; mais rendues au néant par le premier penseur qui se donne la peine de les examiner.

Voyons donc celle-ci. Qu'avez-vous entendu prouver par cette liste, madame ? Que je n'étais pas venu autant de fois chez vous que je le prétendais ? Et pourquoi voulez-vous prouver que j'y suis venu moins de fois que je ne le dis ? N'est-ce pas dans la vue d'établir qu'en faisant un sacrifice d'argent, je voulais moins acheter des audiences, que le suffrage inachetable d'un rapporteur ? Il faut assez d'adresse pour démêler un écheveau que vous avez si artistement embrouillé : mais avec un peu de patience on parvient à le remettre en bon état au dévidoir. Enfin, n'est-ce pas là, madame, tout ce que vous avez voulu dire ?

Voyons maintenant ce que vous avez dit.

Présentant aux juges sa liste d'une main, et faisant la révérence de l'autre, madame Goëzman a dit. « Messieurs, le sieur de Beaumarchais ou plutôt le sieur Caron, (car tout me choque en lui, jusqu'au nom qu'il porte,) le sieur Caron, dis-je, en impose lorsqu'il prétend être venu neuf fois chez nous pendant les quatre jours pleins que mon époux a été son rapporteur.

« A la vérité je ne puis savoir s'il y est venu ou non, *puisqu'il n'y est pas entré*, et que l'ignorance d'un fait ne suffit pas pour le combattre et l'annihiler ; mais j'ai ma liste, et j'ai l'honneur de vous observer, messieurs, que ma liste doit en être crue sur son silence ; car par une bizarrerie qui n'existe que chez nous, *la portière a ordre de n'écrire le nom de personne :* de sorte que si le laquais qui frappe, ne sait pas tracer le nom de son maître, ce nom reste en blanc sur la liste ; ce qui la rend du plus grand poids, comme vous voyez, contre ceux qui prétendent être venus à l'hôtel.

« Or, messieurs, d'après ce que je vous dis, si au lieu de neuf visites que le sieur Caron articule, ma liste n'en présentait aucune, si « ce vilain Caron, ce monstre, ce serpent venimeux qui ronge des limes, » pour parler comme son adversaire, le comte de la Blache ; « ce misérable qu'il faudrait marquer d'un fer chaud sur la joue, » comme dit son bienfaiteur Marin ; « cet abîme d'enfer que Jupiter a tort de ne pas foudroyer, » suivant l'expression poétique du sieur d'Arnaud ; ce mauvais riche « qui ne paye ni les luminaires, ni les autres mémoires du sieur Bertrand, » d'après le sieur Dairolles qui est la même personne ; ce reptile insolent, dont le seul nom déshonore une liste comme celle de ma portière ; si, dis-je, *ce vilain Caron* n'y était pas écrit une seule fois pendant ces quatre jours, si intéressants pour lui, me refuseriez-vous la grâce d'admettre le silence de ma liste de préférence au témoignage du gardien sermenté d'une pareille espèce? »

Les commissaires du parlement reçoivent la liste de sa main tremblante, et la feuillètent exactement; mais n'y trouvant pas mon nom écrit une seule fois pendant ces terribles quatre jours, où il m'avait si fort importé de me présenter chez mon rapporteur, ils m'ordonnent de répondre, et je dis :

Messieurs, le sieur Santerre, mon gardien, interpellé par M. Chazal, à sa confrontation, de déclarer si j'avais été autant de fois que je le disais et l'avais imprimé, chez M. Goëzman, a répondu : « Monsieur dit vingt fois ; nous y avons peut-être été plus de trente ; mais surtout pendant les quatre ou cinq jours du délibéré, matin et soir, avant et après dîner, nous n'en bougions : de ma vie je n'ai éprouvé autant d'ennui ; et rien ne peut y être compare, si ce n'est l'impatience immodérée de mon prisonnier. »

Mais comment une chose aussi nette peut-elle exciter tant des débats? Uniquement parce qu'on a mal posé la question sur laquelle on dispute. Un premier point légèrement accordé, mène souvent assez loin les gens inattentifs. Rétablissons les principes.

Dans quel cas, messieurs, cette liste pourrait-elle être justement opposée au témoignage d'un homme public, d'un homme sermenté, chargé par le gouvernement de me suivre partout, et de rendre compte, jour par jour, de toutes mes actions et paroles, lequel me prenait tous les matins en prison et m'y remettait tous les soirs, et qui se démantelait la mâchoire, à force de bâiller, du cruel métier que M. Goëzman et moi lui faisions faire? Dans quel cas, dis-je, cette liste pourrait-elle être justement opposée à son témoignage? Dans celui seulement où, me trouvant écrit de ma main sur la liste un certain nombre de fois, je soutiendrais, et mon gardien certifierait que nous avons été moins de fois à la porte, et même que nous n'y avons pas été du tout; car alors la liste offrant la preuve positive, tant du fait que du nombre des visites, il n'y a aucun témoignage humain, qui pût détruire celui de la liste. Mais ici, par le plus vicieux renversement d'idées, on appuie la négation de neuf visites avérées, attestées par la déposition d'un homme public et sermenté, sur le seul silence d'une misérable liste, que mille choses devaient rendre suspecte, dont la première est l'ordre bizarre à la portière *de ne jamais écrire personne.*

Est-il étonnant qu'un laquais ne sache pas écrire, et que son maître, qui ne peut deviner qu'un portier *n'écrit personne*, reste avec sécurité dans sa voiture, au lieu d'en sortir pour s'inscrire lui-même? A mon égard, voici comment les choses se sont passées.

Las de descendre inutilement, trente fois le jour, de voiture, pour écrire mon nom et ma supplique, je fis sur la fin du procès un billet circulaire, que mon laquais remettait à chaque porte des conseillers qui se trouvaient absents. Cette circonstance attestée par mon gardien, et ajoutée à tous les caractères d'infidélité que peut présenter une liste, doit faire rejeter avec mépris la preuve tirée contre moi du silence de celle-ci, à moins qu'on ne suppose que, pendant ces quatre jours où je fis des sacrifices de toute espèce pour parvenir à être introduit chez cet invisible rapporteur, je ne me sois pas présenté à sa porte une seule fois. La patience échappe de voir un grave magistrat se défendre avec de tels moyens.

Et pourquoi tant d'absurdité, je vous prie? Pour amener un autre sophisme encore plus vicieux que le premier.

Pour établir que j'ai eu l'intention de gagner le suffrage du rapporteur, en faisant le sacrifice auquel on m'a forcé, l'on ose opposer le silence de cette liste à la déposition de la dame Lépine, de la demoiselle de Beaumarchais, des sieurs Santerre, de la Chataigneraie, de Miron, Bertrand, le-Jay, qui tous ont attesté que jamais je n'ai sollicité que des audiences : on l'ose opposer au récolement même de madame Goëzman, qui pouvait seule contredire tant de témoignages, et qui, sans le vouloir, unit son attestation à celle de tout le monde. « Je déclare que jamais le sieur le-Jay ne m'a présenté d'argent pour gagner le suffrage de mon mari, qu'on sait bien être incorruptible ; mais qu'il sollicitait seulement des audiences pour le sieur de Beaumarchais : » attestation confirmée dans un supplément imprimé de madame Goèzman, où elle s'énonce en ces termes : « J'ai dit, j'en conviens, que le sieur le-Jay, en m'offrant des présents de la part du sieur Caron, avait masqué ses intentions criminelles par une *demande d'audiences;* » et où elle ajoute encore, de peur qu'on ne l'oublie : » Ne voit-on pas que je ne fais que *rapporter les discours du sieur le-Jay.* »

Eh mais, madame! si les discours de le-Jay furent tels que vous le dites, comment donc espérez-vous, par le seul silence de votre liste, prouver qu'un argent reçu par vous *pour des audiences*, des mains de le-Jay; qui l'avait reçu *pour des audiences*, de Bertrand; qui l'avait reçu *pour des audiences*, de la dame Lépine; qui l'avait reçu *pour des audiences*, du sieur de la Chataigneraie; qui me l'avait prêté *pour des audiences;* que cet argent, dis-je, ait été destiné par moi, « pour gagner le suffrage de M. votre mari, qu'on sait être incorruptible? »

Voilà pourtant, madame, comment vous raisonnez. Voilà comment, du seul silence d'une liste qui n'est, comme tout autre silence, qu'une négation, une absence de bruit, d'écriture, de mouvement ou d'action, le néant, en un mot, rien du tout, vous inférez une intention, laquelle n'est par sa nature qu'un autre être de raison, et cela pour m'inculper, moi, qui ne vous ai rien dit, que vous n'avez pas même vu, qui n'ai eu de relation avec vous qu'à travers un monde de personnes, dont tous les témoignages, ainsi que vos aveux, s'unissent en ma faveur.

Il est donc bien démontré par les dépositions des témoins, par les interrogatoires des accusés, par les Mémoires de tout le monde, par votre récolement, votre supplément, tous vos raisonnements enfin, que je n'ai jamais désiré ni demandé autre chose de vous que des audiences; il est bien démontré que la conséquence tirée de la liste n'est qu'une platitude mal inventée, plus mal soutenue, encore plus mal prouvée; et surtout, il est bien démontré qu'on m'a fait perdre quatre ou six pages à me battre à outrance et à ferrailler contre un moulin à vent *d'intention, de corruption et de liste*, qui ne m'a été opposé que pour faire bâiller le lecteur, embrouiller l'affaire, et me rendre, en y répondant, aussi ennuyeux que le Mémoire où l'on m'a tendu ce piége ridicule.

A la grave autorité de cette liste, madame, vous joignez celle du billet que le comte de la Blache vous a, dites-vous, écrit alors, « et qui lui a suffi pour être admis chez vous : » lequel billet vous avez gardé précieusement. O bon le-Jay! réclamez vos droits, mon ami; l'on vous pille ici : cette naïveté est de votre force! La liste du portier, le billet du comte de la Blache en preuves! Ce n'est pas que ce gentilhomme, descendu des Alpes exprès pour devenir à Paris un riche légataire, ne soit bien fait pour obtenir de M. Goëzman des préférences de toute nature.

Mais permettez, madame, n'auriez-vous pas un peu manqué de goût ici? Pour que son billet eût quelque force, il me semble qu'il n'eût pas fallu imprimer ensuite la lettre à ma louange qu'il vous a écrite « de Grenoble, dont les expressions, » dites-vous, « évidemment dictées par l'honneur révolté, sont de nouvelles preuves de l'atrocité de mes imputations. »

Il me semble qu'il eût mieux valu présenter quelque autre preuve de mes atrocités, qu'une lettre du comte de la Blache, qui, depuis dix ans, fait profession ouverte de me haïr avec passion; où l'on lit : « Il manquait peut-être à sa réputation celle du calomniateur le plus atroce » (c'est de moi que l'auteur entend parler), « pour en faire un monstre achevé » (Qu'ils sont doux, nos adversaires ! Lettres, Mémoires, tout est fondu dans le même creuset !) ; « la vôtre est trop au-dessus de pareilles atteintes pour en être alarmée : » (Une réputation alarmée des atteintes qu'on lui porte ! quelle phrase alsacienne !) « C'est le serpent qui ronge la lime : » (il fallait dire c'est la lime qui ronge le serpent ; il y aurait eu deux ou trois images rassemblées, et surtout une allusion à l'état de mon père ; et cela eût été superbe ; on y songera une autre fois.) « La justice qu'on vous doit servira à purger la société d'une espèce aussi venimeuse. » Cette lettre, madame, est d'un bout à l'autre un échantillon de la manière dont le comte de la Blache plaidait sa cause dans tous les cabinets des juges, pendant que j'étais en prison. Et je la crois plus propre à desservir le comte de la Blache qu'à vous servir vous-même. « C'est dans les lois que les Beaumarchais doivent trouver la punition de leur audace. » Oui, lorsque, dans l'abus de ces mêmes lois, les la Blache trouvent le moyen de dépouiller les héritiers directs d'un millionnaire, à l'aide d'un testament; et son créancier, à la faveur d'un arrêt : car, à la fin, tant d'indignités m'arrachent à la modération que je me suis imposée.

Et la lettre est écrite « de Grenoble ! » où le comte de la Blache était allé voir son père ! « *Bone Deus !* » et le comte de Tuffières aussi allait voir le sien.....

Mais pourquoi cette lettre n'est-elle pas cotée au rang d'une foule de pièces justificatives, qui ne sont pas plus justificatives que cette lettre ? Est-ce qu'elle ne serait pas timbrée de Grenoble! Je vous demande bien pardon, monsieur le comte de la Blache, monsieur le conseiller Goëzman, madame, et vous aussi, messieurs Marin gazetier, Bertrand d'Avignon, Baculard d'ambassade, et autres qui voulez tous avoir part à l'excellente œuvre de ma perte, si je regarde à si peu de chose : mais vous êtes si adroits! si adroits! qu'il faut bien me passer un peu de vigilance. D'ailleurs, voyez combien de gens vous êtes après moi, gens d'épée, gens de robe, gens de lettres, gens d'affaires, gens d'Avignon, gens de nouvelles : cela ne finit pas. Aussi mes ennemis n'auront-ils plus rien à y voir, quand je serai sorti de cette coupelle où M. Goëzman m'a mis au creuset, où le sieur Marin fournit le charbon, et où Bertrand, Baculard et autres garçons affineurs, soufflent le feu du fourneau.

Passons à l'examen de l'audience, qui me fut, dit-on accordée le samedi 3 avril au matin, par M. Goezman ; et à celui des preuves sur lesquelles on l'établit.

Premièrement, je fais ici ma déclaration publique et formelle, que je nie cette audience à mes risques, périls et fortune. Je déclare que je n'ai eu d'autre audience dans la maison de M. Goëzman pendant les quatre jours du délibéré, que celle du samedi 3, à neuf heures du soir, en présence de Me Falconet et du sieur Santerre, mon gardien.

Je déclare que c'est chez M. de la Calprenède, conseiller de grand'chambre, que je montrai à M. Goezman, avant le délibéré, l'article de la gazette de la Haye ou je suis si maltraité ; laquelle gazette je ne laissai point à M. Goëzman, ni en aucun autre temps, comme il le dit ; car je l'ai chez moi enliassée avec les autres pièces extrajudiciaires relatives au même procès, soulignée aux mots importants, et avec ces notes en marge écrites de ma main : « S'informer chez Marin où l'on peut avoir raison de ces infamies. » Et plus bas : « Voir M. de Sartine. » Et plus bas : « Écrire à madame de..... d'en parler à M. le duc de..... « Je déclare que, depuis ce jour, je n'ai vu qu'une seule fois M. Goèzman, le samedi 3 avril à neuf heures du soir, accompagné comme je l'ai dit de Mᵉ Falconet et du sieur Santerre.

On me dispensera bien, je crois, de discuter la première preuve de cette audience du samedi matin, que M. Goèzman tire de son propre témoignage.

On me dispensera sans doute encore d'user mes forces contre la preuve tirée d'une lettre du comte de la Blache, datée de Paris le 18 septembre, c'est-à-dire, plus de cinq mois après le 3 avril, du même style que celle « de Grenoble, » où il raconte à M. Goezman que M. Goezman lui a dit, le 3 avril au matin : « Votre adversaire sort d'ici ; » quoiqu'il soit prouvé que l'adversaire du comte de la Blache n'en sortit pas ; et où il annonce que tout ce qui est écrit dans mon Mémoire est « faux, méchant, atroce, etc. » Quoique le comte de la Blache, absolument étranger à la querelle, ne puisse pas être plus instruit que le roi de Maroc ou le pacha d'Égypte, si ce que j'y ai dit est faux ou vrai, doux ou méchant, atroce ou modéré. Comme c'est sur des oui-dire de M. Goèzman qu'écrit le très-reconnaissant comte de la Blache, cette preuve rentre et se fond dans la première ; et jusqu'ici, comme on le voit, la vérité n'a pas encore fait un pas.

La troisième preuve de M. Goezman se tire d'un Mémoire de moi, non daté, que M. Goezman « a, dit-il, heureusement conservé sous le titre d'argument en faveur de l'acte du premier avril, et réfutation du système, » etc. ; lequel manuscrit n'a nul rapport à la question présente, et ne peut servir à fixer l'époque d'aucune audience.

La quatrième est fondée sur un autre manuscrit de moi, sans date, et que M. Goezman « a, dit-il encore, heureusement conservé, sous le titre de réponse à quelques objections, » etc. Et moi aussi, je dis « heureusement ; » car ce manuscrit contient une note précieuse qui le fait tourner en preuve contre l'audience du 3 avril au matin.

Si j'ai bien lu, voilà tout, je crois.

Après avoir montré la futilité des preuves que M. Goezman rapporte de cette audience, je pourrais m'en tenir à ma déclaration formelle, que l'audience est fausse et ne m'a pas été donnée, parce que c'est à celui qui articule un fait à le bien prouver ; celui qui nie n'ayant qu'à se tenir les bras croisés jusqu'à ce qu'on lui taille de la besogne, en lui fournissant des preuves à combattre. Cependant, comme mon usage en cette affaire est d'aller au-devant de tout, après avoir prouvé négativement que les preuves mêmes de M. Goezman détruisent son édifice, je vais prouver positivement que cette audience n'a jamais existé.

Il est prouvé au procès, par les dépositions des sieurs le-Jay, Dairolles, de la dame Lépine, etc..... que, ce même samedi, 3 avril au matin, Bertrand et le-Jay furent chez madame Goézman porter les cent louis : que le-Jay reçut de cette dame à cette occasion la promesse formelle que j'aurais une audience de son mari « le soir même. »

Mémoire de Bertrand, page 5.

« J'envoyai chercher un fiacre ; nous y montâmes, le-Jay et moi ; il fit arrêter au coin du quai Saint-Paul..... Je le vis entrer dans une maison qu'il me dit être celle de madame Goezman...... Il me raconta dans la route la manière dont il avait été reçu.... J'instruisis la sœur du sieur de Beaumarchais de tout ce que le-Jay m'avait dit ; je vis le soir même le sieur de Beaumarchais qu'on avait instruit du message du sieur le-Jay ; « il se prépara à sa visite. »

Dans mon Mémoire à consulter, page 8.

« Le sieur Dairolles assura ma sœur que madame Goezman, après avoir serré les cent louis dans son armoire, avait *enfin* promis l'audience « pour le soir même ; » et voici l'instruction qu'il me donna quand il me vit : Présentez-vous ce *soir* à la porte de M. Goëzman ; « on vous dira encore qu'il est sorti ; insistez beaucoup ; demandez le laquais de madame remettez-lui cette lettre, qui n'est qu'une sommation polie à la dame de vous procurer l'audience, suivant la convention faite entre elle et le-Jay. »

Et la lettre était écrite de la main du sieur Dairolles, au nom de le-Jay, comme cela est prouvé au procès. Ajoutons à tout ceci la déposition du sieur Santerre, qui contient qu'après des refus de porte aussi constants qu'ennuyeux, en vertu d'une lettre dont j'étais porteur, et que je remis devant lui au laquais blondin de madame Goezman, le samedi 3 avril, à neuf heures du soir, nous fûmes introduits cette seule fois chez M. Goëzman. Ajoutons celle de Me Falconet, avocat, qui contient absolument la même chose. Que dit à tout cela M. Goëzman caché sous le manteau de madame?

« De quel front le sieur Caron ose-t-il faire imprimer que, jusqu'au samedi, neuf heures du soir, la porte de son rapporteur lui avait été obstinément fermée? » — Du front d'un homme qui n'avance rien qui ne soit bien prouvé au procès. — « Si à cette heure, qui était celle du souper, on ne l'eût pas reçu, lui qui était déjà entré le matin, comment aurait-il pu se plaindre? » Comme un homme à qui l'on n'avait accordé aucune audience le matin, et qui venait de payer celle-ci d'avance la somme de cent louis. — « Cependant, comme il a insisté sur le fondement qu'il n'avait qu'un Mémoire manuscrit à remettre. » — Pardon, madame, il est prouvé au procès que je suis entré avec une lettre écrite à madame Goëzman, remise à son châtain-clair; et nullement pour remettre un Mémoire dont il ne fut pas seulement question. — « Mon mari eut la bonté de le recevoir encore; la visite fut courte sans doute. » — Raison de plus, madame, pour être outré de n'en avoir pu obtenir d'autres, surtout quand on les a payées si cher, et qu'elles ont porté aussi peu de fruit. — « Il ne demandait qu'à remettre un Mémoire. » — Au contraire, madame, il n'en existait alors aucun de moi.

Le premier manuscrit indiqué sous le n° 4, dans vos pièces justificatives, ne fut fait que d'après l'audience du samedi 3, au soir, pendant la nuit du samedi au dimanche, et vous fut envoyé le dimanche matin avec le précis imprimé de Mᵉ Bidault, mon avocat, encore mouillé de la presse ; le tout accompagné d'une lettre polie pour vous, comme je l'ai dit à mon interrogatoire, et comme il est prouvé au procès que le sieur Bertrand me l'avait conseillé de votre part.

Le second manuscrit, sous le n° 5 de vos pièces justificatives, n'a été composé que dans la soirée du dimanche, 4 avril, sur les observations que M. Goëzman avait faites le matin au sieur de la Chataigneraie ; ce qui détruira l'imputation qui m'est faite, que je calomnie les magistrats. Je n'ai jamais dit « qu'aucun membre du parlement m'eût fait des confidences ; » mais j'ai dit, imprimé, consigné au greffe, que M. Goëzman avait lu des lambeaux de son rapport au sieur de la Chataigneraie, et lui avait même permis de me communiquer ses objections ; ce que ce dernier fit en m'annonçant l'audience promise.

Il reste donc pour constant, par les dépositions des témoins, par les interrogatoires des accusés, par les Mémoires de tout le monde, par la procédure, par les preuves mêmes de M. Goëzman, que la séance du samedi matin, 3 avril, n'est qu'une chimère ; et c'est ici le lieu de répondre au nouveau plan de defense établi par M. Goèzman dans le supplément de madame.

« Je n'ai été que trois jours rapporteur du procès du sieur de Beaumarchais (vous l'avez été près de cinq) : j'étais donc fort pressé ; je ne pouvais donc user mon temps à donner des audiences; et cependant, sans compter celui que le comte de la Blache a pu me faire perdre, j'ai donné pour le seul Beaumarchais, dans ces trois jours, quatre grandes audiences; le vendredi, 2 avril, une à Me Falconet, son avocat ; le samedi, 3, une au sieur de Beaumarchais ; le samedi au soir, une autre au même ; et le dimanche, 4, une au sieur de la Chataigneraie, son ami : voilà donc quatre audiences en trois jours. Il est donc clair qu'en donnant de l'argent à ma femme, ce n'était pas des audiences qu'il voulait, mais seulement de me corrompre ou gagner mon suffrage. »

De vous corrompre ! « *Prænobilis et consultissime* Goëzman : » on ne joindra pas désormais à vos qualités l'adjectif *veracissimus;* vous venez de le perdre à jamais ; et j'ai bien peur qu'on n'y substitue même le superlatif contraire.

Que diront « tous les baillifs vos ancêtres? » Que diront les princes dont vous n'avez pas été l'envoyé ? Que diront les « Pithou, les Mabillon, les Baluze, et les du Cange, » qui, jusqu'à présent, s'il faut vous en croire, vous auraient avoué pour le digne héritier de leurs talents et de leurs vertus? Mais que dira surtout le parlement de Paris qui nous juge aujourd'hui, en lisant ce que je réponds aux quatre audiences?

Loin d'avoir eu quatre audiences de M. Goëzman,

tant par moi que par mes amis, je déclare hautement que Me Falconet, avocat, arrivé depuis quelques jours, d'un voyage de trois mois, donne le démenti le plus formel à quiconque ose avancer que M. Goëzman lui a donné le vendredi, 2 avril, aucune audience chez lui pour moi, ou que cet avocat ait jamais mis le pied chez M. Goëzman en aucun autre instant, que le samedi 3, au soir, avec le sieur Santerre et moi. Cela est-il clair?

Je déclare encore que M. de la Chataigneraie, loin d'avoir reçu le dimanche, 4 avril, aucune audience pour moi, n'a été chez M. Goëzman que pour essayer de m'en obtenir une, que ce rapporteur lui promit pour le lundi matin, 5 avril, et qui n'a pas été donnée, quoique M. de la Chataigneraie, sur la foi de cette promesse, ait vainement essayé le lundi de me servir d'introducteur. Je déclare que M. de la Chataigneraie, loin de chercher à résoudre les objections de M. Goezman, tira au contraire de son silence l'occasion de solliciter ce rapporteur, pour qu'il voulût bien me les faire à moi-même.

Je déclare, en outre, que je consens et me soumets à toutes les peines méritées pour celui des deux qui en impose au parlement et au public, M. Goëzman ou moi, si l'homme sermenté qui m'accompagnait, si le sieur Santerre n'atteste pas encore à la cour que je ne suis entré le samedi, 3 avril, qu'une fois, à neuf heures du soir, chez M. Goëzman, accompagné de Me Falconet et de lui.

Ainsi, loin d'avoir obtenu de ce très-peu véridique

rapporteur les quatre audiences qu'il articule, je déclare que je n'en ai reçu qu'une, et que cette une encore, je ne l'aurais pas obtenue si je ne l'eusse payée d'avance cent louis d'or.

Je déclare que je n'ai jamais chargé personne de faire aucun pacte avec madame Goëzman au sujet de cet or, et que, quand on vint me dire le dimanche au soir 4, que madame Goëzman, en promettant une seconde audience, avait dit : « et si je ne puis la lui faire avoir, je rendrai tout ce que j'ai reçu ; » je m'écriai devant tous mes amis, en me frappant le front : « C'en est fait, j'ai perdu mon procès ! Cette offre inopinée de tout rendre en est le funeste présage. »

Voilà mes réponses, mes discussions, mes déclarations : et je signe exprès mon Mémoire en cet endroit, parce que j'entends que tout le contenu de cet article tourne à ma honte, attire sur ma tête la juste punition, l'anathème et la proscription qui m'est due, si l'information que la cour ne me refusera pas à ce sujet, y apporte le plus léger changement ; et j'en dépose un exemplaire au greffe, avec ces mots de ma main.

CARON DE BEAUMARCHAIS.

Ne varietur.

Regagnons à présent le temps perdu, madame.

Parcourant rapidement les objets auxquels vous avez vous-même donné moins d'importance (page 22 de votre Mémoire), je vois un coup de crayon à la marge. Il s'agit de Me de Junquières, que vous faites s'écrier à l'occasion des propos qu'on tenait sur votre compte : « C'est une infamie de Beaumarchais. » Pour ce Junquières-là, comme son métier est de défendre les autres, et qu'il a bec et ongles, entre vous le débat, messieurs : mais je vous avertis qu'il donne le plus formel et public démenti à votre phrase ; et qu'il prend à témoin de la fausseté de votre citation, M. le procureur général, devant lequel il parlait alors. A mon égard, il est certain que je confiai dans le temps à Me de Junquières tout ce qui s'était passé entre madame Goëzman et le-Jay : je n'ai point trouvé mauvais qu'il vous l'eût rendu ; je le lui ai dit depuis : voilà le fait dont la discussion ne vaut pas une ligne de plus.

En revanche, en voici un qui mérite attention. Votre objet ici, madame, est d'essayer de disculper M. Goëzman d'avoir été l'instigateur, le compositeur, et l'écrivain de la minute de la première déclaration attribuée à le-Jay : c'est vous qui parlez (p. 23). « Le-Jay monta dans le cabinet de M. Goëzman, se mit à son bureau (fort bien jusque-là), et comme il est fort peu lettré, quoique libraire, il pria mon mari *de lui arranger dans la forme d'une déclaration* les faits dont il venait de lui rendre compte : » (le-Jay a protesté dans ses interrogatoires, qu'on ne lui avait fait qu'une seule question et qu'il n'avait répondu qu'un mot.) « En conséquence *il fut fait* un brouillon : (n'oublions pas) *il fut fait un brouillon* que mon mari *corrigea* en plusieurs endroits ; (à moins de convenir de tout, on ne peut mieux parler) et il quitta ensuite le sieur le-Jay (il fallait le quitter avant), qui écrivit et signa en ma présence la déclaration suivante, etc., etc. »

Ainsi vous convenez, madame, que votre mari arrangea les faits en forme de déclaration ; vous convenez que votre mari corrigea le brouillon en plusieurs endroits ; vous convenez que le-Jay écrivit en suite du départ de votre mari ; ce qui indique assez qu'il n'avait pas écrit avant son départ. En tout cela il n'y a que ces mots, *il fut fait*, d'équivoques ; tout le reste marche assez bien. Il fut fait ! charmante tournure, pour laisser le monde incertain si ce brouillon fut fait par M. Goëzman ou par le-Jay ! Mais de cela seul, madame, que vous ne dites pas à pleine bouche : le-Jay se mit au bureau de mon mari, où il écrivit librement et de son chef la déclaration, on en peut conclure hardiment que ce fut M. Goezman qui fit la minute. Vous n'êtes pas gens à ménager l'adversaire, quand vous croyez avoir de l'avantage sur lui. Mais comme une négation formelle vous eût trop exposés l'un et l'autre, aujourd'hui que j'ai prouvé par mon supplément que M. Goëzman a fait la minute ; vous employez la bonne, fine, double phrase *il fut fait*, la seule qui pût être utile à deux fins ; propre à vous servir si on la prend bien, et à ne vous pas nuire si on la prend mal.

Si la liberté de ma critique rend mes éloges de quelque prix à mes yeux, madame, recevez mes félicitations sur cette tournure ; salut aux maîtres ; en honneur on ne fait pas mieux que cela.

Vous transcrivez ensuite la déclaration ; après quoi vous ajoutez (p. 24) : « Quiconque aura sous les yeux (c'est toujours vous qui parlez) l'original de cette déclaration, reconnaîtra bientôt, à la manière dont elle est orthographiée, que le sieur le-Jay n'a fait que se copier lui-même : » pourquoi ne pas convenir tout uniment, comme il l'a déclaré à ses interrogatoires que vous dictiez sur la minute de votre mari pendant qu'il écrivait? Cela explique bien mieux ses fautes d'orthographe. « Et il m'a priée de corriger moi-même quelques mots qu'il avait mal formés, et d'en ajouter un ou deux qu'il avait omis. » Excellente réponse à tous les faux, reprochés à M. Goèzman dans mon Supplément! Grâce à son adresse, c'est madame aujourd'hui qui se charge de l'iniquité.

Nous voilà tous deux dans le puits, dit le renard à son compagnon : tends tes jarrets, dresse tes cornes, allonge ton corps, je grimperai par-dessus toi; et sorti de la citerne, je t'en tirerai à mon tour. L'animal peu rusé fait ce qu'on lui dit; et le renard, hors de danger, le paye par une phrase à peu près semblable à celle de M. Goezman dans sa note imprimée, distribuée à ses confrères par M. le président de Nicolaï : « Si, malgré la raison que j'ai de croire ma femme innocente, j'avais été moi-même induit en erreur, je demanderais que la justice prononçât, et l'on verrait que l'honneur sera toujours le lien le plus fort qui m'attache à la société, et le seul guide de ma conduite. »

Pauvre madame Goëzman! Vous prenez sur votre compte un faux justement reproché à votre mari; et pour récompense, « cet époux, qui a toujours mérité votre respect autant que votre amour, » détachant ses intérêts des vôtres, offre de composer à vos dépens; peu lui importe que vous restiez dans la citerne, pourvu qu'il n'y demeure pas avec vous. Pauvre! pauvre madame Goezman!

Pour revenir à cette déclaration; on voit, par leur propre Memoire, que M. Goëzman « a corrigé la minute, » et que madame « a corrigé la copie. » Quels correcteurs! Ce devait être un bon spectacle que madame Goezman érigée en « magister » de le-Jay, corrigeant sa leçon d'écriture! la plume échappe, et tombe de dégoût d'être obligé de répondre à de pareilles défenses (1).

Suit après la seconde déclaration de le-Jay: « Je déclare en outre que jamais, ni le sieur Beaumarchais, ni le sieur Bertrand, etc. »

Et moi, Beaumarchais, je déclare qu'il y a sur l'original de cette deuxième déclaration attribuée à le-Jay: « je déclare que jamais Bertrand ni Beaumarchais, ou Beaumarchais ni Bertrand, » comme on voudra; mais sans aucun mot de « sieurs; » car cela m'a singulièrement frappé, en lisant au greffe cette déclaration:

Je déclare encore qu'il y a à la fin « siné le-Jay, » et

(1) Pendant qu'on imprime, j'apprends que le commis de le-Jay vient d'être confronte a madame Goezman, et qu'entre plusieurs ecritures qu'on lui a presentées, il a très-bien reconnu celle dont fut tracée la minute de la premiere déclaration qu'il a copiée. Mais, au grand etonnement de tout le monde et au mien (car j'avoue que je ne m'y attendais presque pas), cette écriture s'est trouvee être celle de *Prænobilis et Consultissimus Ludovicus Valentinus Goezman*. Et voila comment tout ce que je débats devient inutile, a mesure qu'on suit l'instruction.

non : signé le-Jay, ce que je fis alors remarquer au rapporteur et au greffier, qui ne purent s'empêcher de rire de ma plaisante découverte.

Suit après la lettre du sieur d'Arnaud.

« A vous donc, M. Baculard. »

Ce serait bien ici le cas de me venger de toutes les injures dont l'exorde de votre Mémoire est rempli : mais comme elles ne s'adressent pas directement à moi, et qu'à la rigueur je puis douter si vous me regardez de travers, ou si vous louchez seulement en défilant votre tirade, je veux bien ne pas me l'appliquer, et vous traiter doucement en conséquence : car vous savez qu'il ne tiendrait qu'à moi de vous montrer tel que vous fûtes dans votre confrontation, c'est-à-dire, tout à côté de madame Goëzman ; si votre embarras, et le peu d'habitude à vous déguiser, ne vous mit pas même au-dessous : mais je suis doux, moi ; et je veux bien convenir que vous n'avez jamais senti la conséquence d'avoir accordé à le-Jay une lettre mendiée qui m'inculpait aussi gravement, sur un fait que vous ignoriez, et qui se trouve faux aujourd'hui ; je veux bien convenir encore que vous n'avez pas senti la conséquence d'avoir recommencé la lettre, « parce que le-Jay ne trouvait pas cet écrit assez fort : » comme si un fait, quand vous en eussiez été témoin, pouvait avoir deux faces sous la plume de celui qui vous le rend ; ou comme si votre complaisance pour le-Jay, qui agissait de son côté par complaisance pour madame Goëzman, laquelle voulait complaire en ce point à son mari, pouvait vous excuser sur une démarche aussi inconsidérée. Mais « j'ai cru, » dites-vous, « que le-Jay méritait toute ma confiance, et j'ai cédé à ma conviction ; » ainsi, d'erreur en erreur, de complaisance en complaisance, vous avez causé sans le savoir l'emprisonnement de le-Jay, et mon décret d'ajournement personnel; et voilà comment « le transport qui saisit » un pauvre homme de bien « sur l'avantage de faire une bonne action, » le conduit souvent à en faire une très-blâmable.

Il faut ajouter ici que vous aviez alors un procès criminel important à la Tournelle, où vous espériez quelques bons offices de la reconnaissance de M. Goëzman ; ce qui n'a pas laissé que de rendre votre distraction un peu plus profonde.

Mais le plus curieux, que je n'entends pas encore, c'est qu'après être convenu à votre confrontation de tous vos torts, on ait pu depuis, vous déterminer à donner un Mémoire....., où, sans vous en douter, vous complétez la conviction que vous ne sentez jamais la force de ce que vous dites ni de ce que vous faites. J'ai donc eu raison quand j'ai dit de vous dans mon Supplément : « N'est-ce pas par faiblesse que ce pauvre Arnaud Baculard, qui ne dit jamais que ce qu'il veut dire, et ne fait jamais que ce qu'il veut faire, etc. »

Je n'en veux qu'un exemple : « Oui, j'étais à pied ! et je rencontrai dans la rue de Condé le sieur Caron, en carrosse. Dans son carrosse ! » (répétez-vous avec un gros point d'admiration). Qui ne croirait, d'après ce triste « oui, j'étais à pied, » et ce gros point d'admiration qui court après mon carrosse, que vous êtes l'envie même personnifiée? Mais moi, qui vous connais pour un bon humain, je sais bien que cette phrase, « dans son carrosse! » ne signifie pas que vous fussiez fâché de me voir « dans mon carrosse; » mais seulement de ce que je ne vous voyais pas dans le vôtre; et c'est, comme j'avais l'honneur de vous l'observer, parce que vous ne dites jamais ce que vous voulez dire, qu'on se trompe toujours à votre intention.

Mais consolez-vous, monsieur, ce carrosse dans lequel je courais, n'était déjà plus à moi, quand vous me vîtes dedans; le comte de la Blache l'avait fait saisir, ainsi que tous mes biens: des hommes appelés, « à hautes armes, » habit bleu, bandoulières et fusils menaçants, le gardaient à vue chez moi, ainsi que tous mes meubles, en buvant mon vin : et pour vous causer, malgré moi, le chagrin de me montrer à vous « dans mon carrosse, » il avait fallu, ce jour-là même, que j'eusse celui de demander, le chapeau dans une main, le gros écu dans l'autre, permission de m'en servir, à ces compagnons huissiers; ce que je faisais, ne vous déplaise, tous les matins. Et pendant que je vous parle avec tant de tranquillité, la même détresse subsiste encore dans ma maison.

Qu'on est injuste! on jalouse et l'on hait tel homme qu'on croit heureux, qui donnerait souvent du retour pour être à la place du piéton qui le déteste à cause de son carrosse. Moi, par exemple, y a-t-il rien de si propice que ma situation actuelle pour me désoler? Mais je suis un peu comme la cousine d'Héloïse; j'ai beau pleurer, il faut toujours que le rire s'échappe par quelque coin. Voilà ce qui me rend doux à votre égard. Ma philosophie est d'être, si je puis, content de moi, et de laisser aller le reste comme il plaît à Dieu.

D'ailleurs, monsieur, votre Mémoire m'oblige en un point dont vous ne vous doutez guère ; c'est qu'après avoir cité l'endroit du mien où je raconte que je vous dis : « Vous êtes l'ami du sieur le-Jay ; je vous invite, Monsieur, par l'intérêt que vous prenez à lui, de le voir et de l'engager à dire la vérité ; c'est le seul parti qui lui reste dans l'embarras où il s'est plongé lui-même ; les magistrats ne font point le procès à la faiblesse, c'est la mauvaise foi seule qu'on poursuit. » Vous ajoutez : « Le sieur Caron me tint à peu près les mêmes discours qu'il rapporte ici ; » ce qui me suffit pour renverser, je ne sais quel échafaudage de subornation de le-Jay, que la maison Goèzman a voulu élever contre moi, dans le Mémoire de madame pour monsieur ; échafaudage qui prouve seulement que cette maxime est de leur connaissance, qu'en un cas embarrassant, il vaut mieux dire des riens que de ne rien dire.

Pardon, monsieur, si je n'ai pas répondu dans un écrit exprès pour vous seul, à toutes les injures de votre Mémoire ; pardon, si, voyant que vous m'y faites « marcher à l'éruption de ma mine ; » si, vous voyant « mesurer dans mon cœur les sombres profondeurs de l'Enfer, » et vous écrier : « Tu dors, Jupiter ! A quoi te sert donc ta foudre ? » j'ai répondu légèrement à tant de bouffissures. Pardon ; vous fûtes écolier, sans doute, et vous savez qu'au ballon le mieux soufflé il ne faut qu'un coup d'épingle.

Vient ensuite la dénonciation de M. Goëzman que j'ai analysée dans mon Supplément.

Deux remarques à y faire. La première, c'est que M. Goëzman rejette, sur la chambre des enquêtes, la nécessité où il s'est trouvé de me dénoncer. Sophiste dangereux qui déguisez tout, la chambre des enquêtes exigeait-elle de vous la justification d'un magistrat soupçonné, ou la dénonciation d'un innocent opprimé? La seconde, c'est que les ménagements que l'auteur garde envers le sieur le-Jay, dont il parle en termes si doux, si paternels : « Cette personne interposée, pénétrée de douleur d'avoir commis une faute dont elle ne sentait pas la conséquence, moins armée peut-être contre la séduction, etc.... » Ces ménagements, dis-je, rentrent tout à fait dans les choses amicales que M. Goëzman, allant au palais, disait dans le même temps au sieur le-Jay, et que ce dernier rapporte dans ses interrogatoires : « Mon cher Monsieur le-Jay, soyez sans inquiétudes, j'ai arrangé les choses de façon que vous ne serez entendu que comme témoin au procès, et non comme accusé. » En rapprochant ainsi diverses actions d'un homme, on parvient à pénétrer dans les replis de son cœur ; comme les géomètres, à l'aide de quelques points correspondants, mesurent des hauteurs ou sondent des profondeurs inaccessibles.

Une autre phrase assez curieuse à rapprocher de ces deux-ci, est celle du Mémoire de madame Goëzman, page 30, où M. Goëzman la fait parler ainsi : « le-Jay fut assigné lui-même pour déposer; chose qui a paru étonnante à bien *des personnes instruites*..... Pouvait il être autre chose qu'accusé? etc..... » Voyez la ruse! M. et madame Goëzman, dans le cours de ce Mémoire, parlent toujours comme s'ils n'avaient pas lu mon Supplément (qui était dans leurs mains depuis dix jours quand ils ont imprimé); et de temps en temps ils glissent des phrases adroites, des demi-réponses à ce que j'y ai dit; comme si, de leur chef, ils avaient prévenu toutes mes objections avant de les connaître; réellement il y a du plaisir à voir cela.

A l'égard du reproche que M. Goëzman fait à la cour, de la conduite qu'elle a tenue envers le-Jay, « et qui, dit-il, a paru étonnante à bien des personnes instruites; » la cour est bonne et sage pour juger quel cas elle doit faire de la mercuriale de M. Goezman. Mais la vérité est que cette phrase n'est jetée en avant que pour éluder indirectement, par une réflexion sévère, le reproche d'avoir dit à le-Jay: « Mon cher ami, j'ai arrangé les choses de façon que vous ne serez entendu que comme témoin. » Dans un autre Mémoire, il dira : Comment aurais-je tenu de pareils propos à le-Jay, moi qu'on a vu blâmer publiquement la conduite modérée de la cour à son égard? Et les gens inattentifs, qui ne se rappelleront pas que la réflexion n'est venue que depuis le reproche, diront : Voyez la méchanceté de ce Beaumarchais!

Je passe les neuf ou dix pages qui suivent, parce qu'elles ne contiennent qu'un remplissage rebutant sur ma prétendue subornation de le-Jay, que j'ai vu, pour la première fois, le 8 septembre, c'est-à-dire, près de quatre mois après tous ces misérables détails de subornation. J'en saute encore deux ou trois autres, parce que le respect que tout Français a pour le grand Sully ferme la bouche, d'indignation de voir à quelle comparaison lui et madame de Rosny sont ravalés dans ce Mémoire. Madame de Rosny rendit à Robin ses 8,000 écus; et vous, madame, non-seulement vous gardez les quinze louis, mais vous avez l'intrépidité d'accuser le-Jay de ne vous les avoir pas remis, quoique ce fait soit prouvé au procès jusqu'à l'évidence. Aussi, madame, on a beau vous comparer tantôt à la femme de César, tantôt à la femme de Sully, avec de pareils procédés vous ne serez jamais que la femme de M. Goezman.

Page 41. « Le sieur Caron se plaint... que la première audience que le sieur le-Jay lui avait promise, lui a été accordée à une heure qui la rendait inutile. » Pas un mot de cela. J'ai dit : « L'agent n'écrit qu'un mot; j'en « suis le porteur ; la dame le reçoit; et le juge paraît. « Cette audience si longtemps courue, si vainement « sollicitée, on la donne à neuf heures, à l'instant « incommode » où l'on va se mettre à table.

Incommode pour vous, ne veut pas dire inutile pour moi : l'incommodité de l'heure n'est citée là que pour prouver qu'il avait fallu des motifs « d'un grand poids » pour vous faire ouvrir cette porte à l'heure « incommode » du souper.

Mais dites-vous, « puisque la table était servie, l'on n'attendait donc pas à cette heure-là le sieur Caron. »

Et la lettre, madame! la lettre remise au châtain-clair! Vous oubliez cette lettre magique, à laquelle la meilleure serrure ne résiste point. Les plus grands efforts n'avaient pu jusqu'alors en ébranler le pène; la plus simple cédule, au nom de le-Jay, fait rouler la porte à l'instant sur ses gonds : cela n'est-il pas admirable!

Vous faites ensuite un mortel calcul des messages des sieurs Bertrand et le-Jay chez vous, samedi et dimanche. Voici ma réponse; je la crois péremptoire : c'est qu'il m'a été compté en ces deux jours pour douze francs de fiacres par le sieur Bertrand; et que le sieur le-Jay en réclame encore autant aujourd'hui pour les mêmes courses.

Passons à des objets plus sérieux.

A vous, Monsieur Marin.

Ce n'était donc pas assez pour vous, monsieur, de vouloir accommoder l'affaire de M. Goezman; il vous manquait encore de la plaider. A quoi se réduit votre Mémoire ? A dire que vous n'étiez pas l'ami de M. Goëzman, et que vous étiez le mien : voilà bien les assertions; reste à débattre les preuves.

Vous n'étiez pas son ami! Si vous ne l'étiez pas, pourquoi donc, lorsque je vous visitai, le 2 avril, avec mon gardien, le sieur Santerre, me dites-vous que M. Goëzman vous devait sa fortune (car vous êtes un grand bienfaiteur); que c'était vous seul qui l'aviez fait connaître à M. le chevalier d'A .., lequel l'avait présenté à M. le duc d'A..., ce qui l'avait mené à s'asseoir enfin au grand banc du palais ? Pourquoi donc me dites-vous que sa femme venait vous voir assez souvent le matin ; que vous lui aviez donné un libraire et des débouchés pour la vente de je ne sais quelles brochures de son mari ?

Si vous n'étiez pas son ami, pourquoi donc, quand je vous appris qu'il était mon rapporteur, et que j'avais été en vain trois fois chez lui la veille, me répondîtes-vous : « Oui, il est comme cela ? » Quand je vous dis qu'on en parlait très-diversement, et que je vous demandai quel homme c'était, pourquoi me prîtes-vous par la main, en faisant des excuses à mon gardien et m'emmenâtes-vous dans un cabinet intérieur, où vous m'apprîtes tout ce qu'il y avait à m'apprendre sur l'objet de ma consulte ?

Si vous n'étiez pas son ami, pourquoi, lorsque je vous fis sentir combien il était important pour moi d'obtenir une ou deux audiences de lui, me dîtes-vous : « J'arrangerai ça, je verrai ça ; laissez-moi faire, je vous ouvrirai toutes ces portes-là? etc., etc., etc. ? »

Dans la même journée, lorsqu'on m'eut procuré l'intervention de le-Jay, et qu'un homme de bon sens m'eut dit : Je vous conseille de vous en tenir au libraire, qui sera sûrement moins cher que Marin, car on dit que ce le-Jay est un bon homme qui ne prend rien ; je vous écrivis pour vous prier de suspendre vos bons offices ; un ami se chargea de vous porter la lettre, et s'y prêta d'autant plus volontiers qu'il n'en ignorait pas le contenu. Il ne vous trouva pas ; il la remit à votre valet de chambre-portier : on peut assigner mon ami sur ce fait, indépendamment des gens qui me virent écrire la lettre. Or, si vous n'étiez pas l'ami de M. Goëzman, pourquoi donc fîtes-vous une seconde démarche auprès de lui, postérieure à la réception de ma lettre, à moins que, voulant absolument faire une affaire de mon procès, vous ne vous soyiez retourné, je ne sais comment, dans cette seconde visite? car toutes les affaires ont deux faces, comme tous les agioteurs ont deux mains.

Si vous n'étiez pas l'ami de M. Goëzman, pourquoi, suivant votre propre Mémoire, votre entrevue des Tuileries commença-t-elle « avec une espèce d'aigreur » de sa part, et finit-elle par le conseil que vous lui donnâtes de faire faire une déclaration par le-Jay? Pourquoi vint-il vous remercier le surlendemain *chez vous*, de ce que vous appelez vous-même « le succès de votre conseil, et vous montra-t-il la déclaration de le-Jay? »

Si vous n'étiez pas son ami, pourquoi me fîtes-vous sur-le-champ l'invitation la plus pressante de me rendre chez vous, par une lettre datée du 2 juin, que je déposerai au greffe? Et pourquoi, lorsque je vous vis sur cette invitation, « voulûtes-vous m'engager à lui écrire? » (page 3 de votre Mémoire) ce que je refusai avec dédain.

S'il n'était pas votre ami, pourquoi, vous rencontrant au Palais-Royal (car il vous rencontrait partout), après avoir dit (page 3) : « Il évitait de me voir; je l'abordai, il me fit un accueil très-froid, » la séance finit-elle par mettre les deux indifférents dans le même carrosse, où le glacé M. Goezman vous lut sa dénonciation au parlement, en vous accompagnant jusqu'à la porte de ma sœur?

S'il n'était pas votre ami, pourquoi voulûtes-vous me tromper, chez ma sœur, devant six personnes, à l'instant où vous veniez de lire l'outrageuse dénonciation? Pourquoi voulûtes-vous me faire croire qu'elle était en ma faveur, « et non dirigée contre moi, « pour nous tendre à tous un piége affreux, et nous empêcher de parler « de ces misérables quinze louis, » sans lesquels pourtant, tout le poids de votre iniquité retombait sur ma tête?

Si vous n'étiez pas son ami, pourquoi cherchâtes-vous avec lui le sieur Bertrand pour l'engager à faire une déposition courte et qui ne compromît personne, espérant user en cela de l'influence naturelle de MM. Turcarets, sur leurs MM. Raffles? Pourquoi le lendemain, outré de n'avoir pu le trouver et l'empêcher de faire une déposition étendue, voulûtes-vous lui en faire faire une autre (car il n'y a rien de difficile pour vous)? Pourquoi allâtes-vous dîner ce jour-là chez M. le premier président, avec M. et madame Goëzman, et arrangeâtes-vous avec ce dernier, « qui n'était pas votre ami, » que Bertrand irait chez lui le soir même? Pourquoi l'instant d'après ne quittâtes-vous pas ce Bertrand, sans avoir obtenu sa parole expresse de la visite que vous veniez d'arranger? Pourquoi m'arrêtâtes-vous le jour même sur le Pont-Neuf, et me pressâtes-vous de nous réunir, pour envoyer Bertrand « chez M. Goezman? » Et vous ne pouvez plus contester tous ces faits qui sont avoués dans vos Mémoires, ou prouvés au procès par des témoins que vous essayez en vain de rendre suspects. Et, comme il n'y a qu'un pas de la série des intrigues à celle des noirceurs, si vous n'étiez pas l'ami de ce magistrat, pourquoi donc avez-vous constamment échauffé la tête de ce pauvre Bertrand, et n'avez-vous pas eu de repos que vous ne l'ayez amené par une dégradation d'honnêteté, sensible à tout le monde, et dont vos entrevues étaient le thermomètre, à nier enfin que vous lui eussiez conseillé de changer sa déposition ?

Si vous n'étiez pas l'ami de M. Goëzman, pourquoi, sentant que les dépositions de deux étrangers étaient de la plus grande force contre vous, avez-vous dénigré bassement l'un des deux, le docteur Gardane, et voulu jeter du louche sur l'honnêteté de l'autre, le sieur Deschamps de Toulouse ? Comme si les faits dont ils ont déposé n'étaient pas connus d'autres personnes, et comme si ce Bertrand, dans un temps où il n'avait pas encore reçu l'ordre exprès de mentir, sous peine de ne plus tripoter vos fonds, n'avait pas été le lendemain dire à trois ou quatre personnes : « Ils veulent me faire changer ma déposition ; ils me tourmentent à ce sujet ; mais j'ai été ce matin au greffe, protester que loin de changer ou diminuer, je suis prêt à y ajouter de nouveau si l'on veut m'entendre? » Comme si ces gens étaient muets ou morts, et comme si le ministère public n'avait pas des moyens sûrs de les forcer de parler ?

Si vous n'étiez pas l'ami de ce magistrat, pourquoi toutes ces assemblées secrètes ? toutes ces entrevues chez des commissaires ? Pourquoi M. Goezman distribue-t-il les Mémoires de Marin, Bertrand, Baculard, pendant que Bertrand, Baculard et Marin, colportent les siens? Pourquoi ces lettres pitoyables de vous et de vos commis au sieur Bertrand? Pourquoi des Juifs qui vont et viennent de chez vous chez lui, de chez lui chez vous? Pourquoi la réponse que vous avez exigee du sieur Bertrand, qui, toujours contraire à lui-même, ne l'a pas eu plutôt envoyée et su que vous entendiez vous en servir, qu'il a été conter partout qu'il sortait de chez vous, et vous avait dit : « Si vous êtes assez osé pour imprimer la lettre que j'ai eu la complaisance de vous donner, je vous brûlerai la cervelle, et à moi ensuite, » ce qui sera constaté au procès par l'addition d'information?

Si vous n'étiez pas l'ami de M. Goëzman, pourquoi l'excellente plaisanterie du nom *de Beaumarchais* que j'ai pris, dites-vous, d'une de mes femmes, et rendu à une de mes sœurs, se trouve-t-elle dans le Mémoire de madame Goezman, lorsqu'elle était d'abord en tête du vôtre? Vous voyez que je dis tout, monsieur Marin, et qu'il n'y a ni réticences, ni points, ni phrases en l'air, ni ridicules ménagements, ni plate économie dans mon style; je suis comme Boileau,

« Je ne puis rien nommer si ce n'est par son nom. »

J'appelle un chat un chat, et Marin un fripier de Mémoires, de littérature, de censure, de nouvelles, d'affaires, de colportage, d'espionnage, d'usure, d'intrigue, etc., etc., etc., etc. Quatre pages d'*et cætera.*

A vous à parler, mon bienfaiteur, le bienfaiteur de

tout le monde, et que tout le monde accuse de n'avoir jamais bien fait sur rien. Je viens de montrer comment vous m'avez servi, comment je l'ai reconnu, comment vous l'avez prouvé, comment je vous ai répondu : amenez vos témoins, fournissez vos preuves, creusez votre mine, arrangez votre artillerie. Je dis tout haut que je ne suis ni assez riche ni assez pauvre pour vous avoir jamais emprunté de l'argent. Cela est-il clair? M'entendez-vous? Répondez à cela.

Je vous félicite d'être « honoré de votre propre estime, » c'est une jouissance qui ne sera troublée par aucune rivalité. Mais vous allez trop loin en invoquant le suffrage des honnêtes gens, et même ceux de la police.

Oseriez-vous compter sur le témoignage des inspecteurs ou officiers de police qui vous ont éclairé dans vos voies ténébreuses?

Oseriez-vous compter sur celui des chefs qui ont été chargés de vérifier les informations faites contre vous?

Oseriez-vous compter sur celui de Me C..... de C..... à qui ont été renvoyés les examens de diverses plaintes sur des capitaux renforcés par les intérêts?

Oseriez-vous compter sur celui de M. St.-P..., qui, depuis cinq ans, gémit du malheur de vous avoir confié ses pouvoirs pour un arbitrage, et qui ne cesse de demander vengeance au ministère contre vous? Et l'affaire Roussel? Et l'affaire Paco? Et l'affaire, etc., etc., etc., etc. Encore quatre pages d'*et cœtera*.

Et vous mettez des points dans votre style, pour vous donner l'air de me ménager! allons, mon bienfaiteur, que ma franchise vous encourage; dites, dites, voilà de beaux mystères! « A présent on dit tout. » Encore un ennemi, encore quelques Mémoires, et je suis blanc comme la neige. Je vous invite à ne me ménager sur rien. A votre tour osez me porter le même défi.

Maintenant que nous sommes entre quatre yeux, eh bien! vous avez donc vos petits témoins tout prêts, pour m'accuser d'avoir dit que le comte de la Blache avait donné cinq cents louis à M. Goezman? eh mais! vos pieuses intentions à ce sujet sont déjà consignées au greffe par mon récolement. Je savais votre dessein: ce pauvre Bertrand m'en avait menacé un jour devant dix personnes, qui certifieront le fait. Un abbé, des amis de Marin, l'avait, disait-il, chargé de m'avertir, que si je prononçais un seul mot contre lui, son projet était de me mettre à dos le comte de la Blache, etc.... Je vous attends, mon bienfaiteur. Vos bontés ne m'ont pas empêché de parler : vos menaces ne me réduiront pas au silence.

Ce n'est pas que l'on ne me dise et ne m'écrive tous les jours, que vous êtes l'ennemi le plus dangereux, que vous avez un crédit étonnant pour faire du mal, un grand pouvoir pour nuire. Je cherche en vain comment la gazette peut mener à tant de belles choses, car toutes ces belles choses ne vous ont sûrement pas mené à la gazette.

On dit aussi que vous avez juré ma perte. Si c'est faire du mal à un homme que d'en dire beaucoup de lui, personne, à la vérité, n'est plus en état de faire ce mal-là que vous.

Mais lorsqu'on vous confia la trompette de la renommée, était-ce pour corner qu'on vous la mit à la bouche? était-ce pour ramper dans le plus aisé de tous les genres d'écrire, qu'on vous en attacha les ailes? Encore, ne pouvant vous livrer à toute l'âpreté de vos petites vengeances sous les yeux d'un ministre éclairé qui vous veille de près, vous briguez sourdement un paragraphe dans chaque gazette étrangère, où je suis déchiré à dire d'experts. Ainsi de brigue en brigue, et briguant partout assidûment contre moi, vous trouvez le secret de me dénigrer toutes les semaines, et d'ennuyer l'Europe entière de ma personne et de mon procès.

Pour finir, mon bienfaiteur, nommez-nous donc les personnages à qui j'ai dit : « Je dois trop à Marin pour abuser encore de ses bontés. » C'est, dites-vous, chez un grand seigneur qui m'admettait *alors* à sa table. A cet *alors* insultant, voici ma réponse.

Le grand seigneur chez lequel je vous ai rencontré est M. le duc de la Vallière, auquel depuis douze ans je suis attaché par devoir, comme lieutenant général de sa capitainerie; par respect, c'est un homme de qualité qui a l'esprit solide et le cœur généreux ; par reconnaissance, il m'a toujours comblé d'une bonté qu'il pouvait me refuser ; par justice, il m'a honoré d'une estime que j'ai méritée; car si l'amitié s'accorde, l'estime s'exige, et si l'une est un don, l'autre est une dette; il n'y a point d'*alors* sur ces choses-là : et si, pour repousser une injure aussi misérable, j'avais besoin d'un témoignage de probité, d'honneur, de désintéressement, d'exactitude et de loyauté; c'est à ce grand seigneur surtout que je m'adresserais, et dont je l'obtiendrais à l'instant. Osez-vous en dire autant d'un seul des gens en place qui se sont servis de vous comme on se sert à l'armée, en certains cas, de certaines gens..... très-bien payés ? Mais il est une délicatesse, une pudeur, qu'un homme d'honneur sent mieux qu'il ne l'exprime, et qui, depuis que je suis attaqué par des méchants, m'a fait me renfermer dans le cercle étroit de mes plus chers amis. C'est moi qui refusant toute espèce d'avances ou d'invitations, ai dit à tout le monde : je suis accusé, je ne recevrai point à titre de grâce les témoignages publics d'une estime qui m'est due à titre de justice; et tel qu'un noble breton dépose son épée, jusqu'à ce qu'un commerce utile l'ait remis en état de s'en parer de nouveau, je ne prétends à l'estime de personne, jusqu'à ce que j'aie prouvé à tout le monde que personne ne doit rougir de m'avoir estimé.

C'est par une suite de cette délicatesse que, dès que j'ai été attaqué, je n'ai pas cru devoir remplir aucune fonction de judicature ou d'autres charges. Un homme attaqué, quand il a l'honneur d'appartenir à un corps, doit se justifier ou se retirer. Quel magistrat oserait monter au tribunal pendant qu'on est en suspens s'il est digne d'y siéger? De quel front irait-il prononcer sur la fortune, l'honneur ou la vie des autres, quand il est lui-même courbé sous le glaive de la justice; et s'asseoir au rang des juges, quand l'attente d'un arrêt l'a presque jeté parmi les coupables? Il faut être reconnu intact et pur, avant d'oser paraître sous la robe ou le mortier ; et l'audace de revêtir ces marques de dignité, si révérées dans l'homme honorable, ne sert qu'à mieux faire éclater l'avilissement d'un sujet dégradé dans l'opinion publique. Le premier malheur sans doute est de rougir de soi ; mais le second est d'en voir rougir les autres. Je ne sais pourquoi je vous dis toutes ces choses, que vous n'entendez seulement pas. Je me retire, moi, parce que j'ai quelque chose à perdre... Vous..., vous pouvez aller partout.

A vous, Monsieur Bertrand.

Avez-vous lu, monsieur, le long Mémoire tout saupoudré *d'opium* et *d'assa fœtida*, qui court sous votre nom? Je ne vous parle point de la diction, parce que c'est ce qui doit nous importer le moins, à vous et à moi qui ne l'avons pas écrit : je n'ai fait que l'entre-lire, parce qu'on y sent je ne sais quoi de fade, de saumâtre et de mariné, qui le rend tout à fait désagréable au goût : mais comme il a paru sous votre mom, je vais y répondre comme s'il était de vous ; il n'est pas toujours facile, messieurs, dans vos fournitures provençales, de distinguer la facture du vendeur de celle qu'on présente à l'acheteur : allons au fait, je suis pressé, car dans ce moment-ci la foule est aux Mémoires. Que dit le vôtre?

Madame Goëzman a donc toujours juré ses grands dieux qu'elle ne rendrait pas les quinze louis? En vérité, vous le dites tant de fois, qu'on serait tenté de croire que c'est pour moi contre elle que vous écrivez ; du moins, jusqu'à la vingt-sixième page, y a-t-il peu de chose qui contrarie cette idée; et, sans la fin du Mémoire, sans le fond du sac, où la marchandise étant plus avariée, le goût marin se sent davantage, en vérité, je n'aurais que des grâces à vous rendre.

Au reste, si madame Goëzman a tant dit qu'elle ne rendrait jamais *ces misérables quinze louis*, elle les a donc reçus; car, en termes de commerce, la banqueroute suppose toujours la recette, comme vous savez; je tâche de parler à chacun sa langue familière, pour être entendu de tout le monde. Le fait des quinze louis une fois bien averé, et la certitude renouvelée par vous que jamais on n'a sollicité pour moi que des audiences auprès de madame Goëzman, le reste va tout seul.

En vingt-six mots, j'ai déjà répondu aux vingt-six premières pages du Mémoire du sieur Dairolles Bertrand, ou Bertrand Dairolles; car il n'importe guère comment les noms s'arrangent sous ma plume, pourvu qu'on sache de qui je veux parler.

Mais qu'ils ont donc l'épiderme chatouilleux, ces messieurs! En voici un à qui je n'ai donne qu'un petit singlon dans une note de mon Supplément, et à qui ce petit singlon fait verser des flots de bile, et répondre par quarante-quatre pages d'injures.

Le sieur Marin, comme je l'ai établi dans son article, connaissant assez son Bertrand pour savoir que c'est un homme sans caractère, qui a peu de suite dans les idées, toujours aux extrêmes, enthousiaste, exalté comme un grenadier à l'assaut, ou faible comme un pleurard milicien qui voit le premier feu; le sieur

Marin, dis-je, s'était flatté qu'en l'effrayant a un décret certain, d'une condamnation possible, il l'empêcherait de dire la vérité, avec une extension qui pût compromettre M. et madame Goëzman ; et c'est ce que le sieur Marin avoua devant six témoins, chez ma sœur, le jour que M. Goezman l'accompagna jusqu'à la porte, et qu'il lui lut sa dénonciation, à peu près comme on donne une ample instruction à son plénipotentiaire.

Il faut que Bertrand et vous ne fassiez tous, nous disait-il, que des dépositions courtes, sans parler *de ces misérables quinze louis ;* et avant peu j'arrangerai l'affaire.

Mais comment l'arrangera-t-il, M. Marin ? Personne n'ayant parlé des quinze louis, la fausse déclaration de le-Jay, qui n'en parle pas non plus, restera dans toute sa force ; et les faits y contenus n'étant contrariés juridiquement par personne, la dénonciation faite au parlement en acquerra un nouveau prix ; et cette manœuvre était (comme dit Panurge, ou plutôt frère Jean) le joli petit *coutelet*, avec lequel l'ami Marin entendait *tout doucettement m'égorgiller*. Mais le soin qu'il prit pour me décevoir sur la dénonciation qu'il prétendait être en ma faveur, pendant que j'étais sûr du contraire, m'inspira de la défiance ; et l'horreur de lui voir conseiller de sacrifier le-Jay, m'ouvrit les yeux sur le secret de sa mission.

Il n'y a rien de sacré pour ces gens-ci, me dis-je ; il faut redoubler d'attention sur leur conduite, et me trouver demain à l'entrevue des deux compatriotes Marin et Bertrand.

Enfin, pour ne pas rebattre ennuyeusement tout ce qu'on a lu dans l'article *Marin* (car ces messieurs sont tellement identifiés, que parler à l'un c'est répondre à l'autre), tout le fond de la conduite du sieur Dairolles est appuyé sur deux points capitaux, la mémoire parfaite et l'oubli total.

Par exemple, il se souvient bien qu'il lui est échappé de dire beaucoup de choses, dont il ne se souvient pas le jour de sa déposition.

Mais il se souvient bien que le sieur Marin ne lui a pas conseillé ce jour-là de changer sa déposition.

Il ne se souvient pas des choses que le sieur Marin m'a dites, ni de celles que je lui ai répondues dans son cabinet ce même jour.

Mais il se souvient bien qu'il y a raconté, lui, dans le plus grand détail, ce qu'il avait dit et fait au palais.

Il ne se souvient pas si les commis de Marin étaient, ou non, dans son cabinet quand nous y dissertions.

Mais il se souvient bien que nous y restâmes seuls quand le sieur Marin nous quitta pour se raser.

Il ne se souvient pas des choses qu'il a pu dire en quittant le sieur Marin l'après-midi, à la dame Lépine, à sa sœur, au docteur Gardane.

Mais il se souvient bien que Marin lui dit en propres termes, qu'il fallait qu'il allât chez M. Goezman ; que ce dernier, sachant la vérité de sa bouche, ferait enfermer sa femme, et dirait ensuite au parlement : Je me suis fait justice ; car il ne faut pas que la femme de César, etc., etc.

Il ne se souvient pas qu'il ait dit à quatre personnes chez le-Jay, le lendemain : Ils veulent me faire changer ma déposition, ils me vexent à ce sujet ; pour qui me prend-on ? Je suis vrai dans tout ce que je dis et fais, je persisterai, j'en ai porté ce matin l'assurance au greffe.

Mais il se souvient bien qu'il a été au palais ce jour-là, dire quelque chose dont il ne se souvient plus.

Voilà certes un beau sujet pour le prix de l'académie de chirurgie en 1774. Gagner la médaille en expliquant comment la cervelle du pauvre Bertrand a pu, tout à coup, se fendre en deux, juste par la moitié, et produire dans sa tête une mémoire si heureuse sur certains faits, si malheureuse sur certains autres? Comment le grand cousin Bertrand a pu devenir tout à coup paralytique d'un côté de l'esprit, et d'une façon si curieuse pour les amateurs, que la partie de sa mémoire qui charge Marin est paralysée sans ressource, pendant que toute la partie qui le décharge est saine, entière, et d'un brillant si cristallin, que les plus petits détails s'y peignent comme dans un fidèle miroir.

Ce sont là, mon cher Bertrand, les petites remarques qui m'ont fait dire dans mon Supplément : « N'est-ce pas par faiblesse que ce pauvre Dairolles, qui ne veut pas être nommé Bertrand, » etc. Vous avez donné une assez bonne explication du motif qui vous avait fait désirer de n'être appelé que Dairolles, et non Bertrand, dans mon Mémoire. C'était, dites-vous, pour que nos deux noms ne fussent accolés nulle part, car, « dis-moi qui tu hantes ; » etc. Tout cela est joli, mais pas assez simple.

J'avais pensé, moi, que jouer un rôle à deux visages dans cette affaire sous le nom de Dairolles seulement, cela ne ferait pas de tort au Bertrand qui signe les lettres de change, et qui doit être connu sous ce nom dans le commerce, pour un homme vrai, s'il veut conserver quelque crédit.

Mais comment vous et Marin, qui avez de l'esprit comme quatre et du sens commun, avez-vous pu vous tromper à cette expression de « *pauvre un tel*, » qui ne se dit jamais sans qu'un geste d'épaule en fixe le vrai sens. Quoi! vous avez cru que je parlais de vos facultés numéraires? Lorsqu'on dit d'un homme, ce pauvre un tel, ce n'est jamais dans le sens d'*Esurientes implevit bonis*, etc.; mais toujours dans celui de *Beati pauperes spiritu*. Voila, mon cher psalmiste, ce que vous ne pouvez pas honnêtement ignorer, vous qui parlez latin comme madame Goezman. Mais vous croyez peut-être que je vous trompe sur la pitié que votre mémoire inspire; tenez, lisez avec moi.

(Page 15.) « En effet, je ne parle pas au sieur Gardane, mais à des juges respectables, qui n'ont pas de peine à supposer des sentiments honnêtes à d'honnêtes citoyens. » Ainsi vous apportez en preuve de votre probité la supposition que les juges doivent faire que vous êtes honnête, parce qu'ils sont respectables. Est-ce là raisonner? Je m'en rapporte. « Et ils avoueront » (les juges) « de bonne foi, que si le sieur Marin m'avait tenu ce discours » (de changer la déposition), « j'en aurais été indigné ; toute considération aurait cessé ; j'aurais consigné dans mes interrogatoires cette proposition ; et dans ma confrontation avec lui, je l'aurais certainement interpellé sur le fait en question ; or, cela n'est pas arrivé, ce fait est donc un mensonge avéré de la part du sieur Gardane. » Qu'est-ce que tout cela veut dire ? Mettons-le en français. « Les juges » (qui ont décrété Bertrand) « avoueront de bonne foi que, si Marin avait tenu ce propos » (à Bertrand son agioteur), « Bertrand, indigné, l'aurait consigné au procès » (ce qui aurait nui à Marin) ; « or, Bertrand n'a pas consigné ce fait contre Marin » (qui tient la bourse de tous deux) ; « donc Gardane est un imposteur de l'avoir dit. » Et l'on appelle cela des défenses ! C'est du bel et bon galimatias double, où l'auteur ne s'entend pas plus qu'il ne se fait entendre aux autres. Réellement je vous croyais plus avancé dans la composition. Mais ceci me paraît être du Marin tout pur.

C'est encore une chose assez curieuse que de voir comment ces messieurs s'accordent sur les faits. Je prends au hasard le premier trait qui me tombe sous la main ; et il est d'autant plus grave, qu'il s'agit ici de la première impression que firent sur tout le monde la colère et les menaces de M. Goëzman ; et que cette impression, qui a dirigé les premières démarches de chacun, a dû au moins laisser d'elle un souvenir très-net. Écoutons raconter ces messieurs. « Sitôt que je l'appris, dit Bertrand (page 8 de ce Mémoire), j'allai chez le sieur Marin, et je le priai instamment de voir M. Goëzman et d'engager ce magistrat à se trouver chez lui, où je me rendrais, et tâcherais de l'engager à ne faire aucun éclat. « Sitôt que je l'appris, dit Marin (page 3 de son Mémoire), » je m'efforçai de persuader au sieur Bertrand de voir M. Goezman et de lui dire tout ce qu'il savait. »

Je ne vous fais pas dire, Messieurs, je vous copie fidèlement ; mais quelle volupté pour moi de montrer à la cour le doux ami Marin et le grand cousin Bertrand, à genoux l'un devant l'autre, sur le fait le plus important du procès. Marin, les bras étendus, « s'efforçant de persuader à Bertrand » (qui résistait apparemment), de voir M. Goëzman *pour l'apaiser ;* et Bertrand, les mains jointes, « suppliant instamment Marin » (qui sans doute n'en voulait rien faire), « de lui procurer l'occasion de voir ce magistrat *pour l'apaiser*. »

Et pourquoi tant de maladresse, je vous prie ? Pour tâcher de persuader au public que j'avais grand'peur, et que Marin et Bertrand me rendaient à l'envi le signalé service d'intercéder pour moi auprès de M. Goezman.

Mais cette contradiction entre les deux compatriotes jette un grand jour sur ce qu'ils ont tant intérêt de cacher à la cour, le conseil donné par Marin de changer la déposition. On a vu Bertrand (page 8 de son Mémoire), prier le sieur Marin « de l'aboucher avec M. Goëzman, pour l'apaiser. » Mais voici bien autre chose (page 10) : « Le sieur Marin me conseilla d'aller voir M. Goëzman, qui me recevrait bien ; il ajouta que ce magistrat, instruit par moi-même de tous les faits, prendrait sans doute des moyens pour arrêter les suites de cette affaire ; qu'il ne fallait pas que l'amitié que je portais à la maison du sieur de Beaumarchais me fît manquer aux égards qu'on devait à un magistrat honnête, intègre et vertueux. Je rentrai chez moi ; *j'étais troublé de tout ce qui se passait*, absorbé dans mes idées ; on s'aperçut de cette altération. On me questionna beaucoup ; je rendis compte de la situation de mon âme ; *je dis que j'étais occupé du conseil que le sieur Marin m'avait donné, d'aller voir ce soir M. Goezman. Que dirai-je? Comment me recevra-t-il ? Ma déposition est faite, que résultera-t-il de cette visite ?* J'aime mieux ne point aller chez lui. »

Ainsi donc, le sieur Bertrand, si empressé de voir M. Goezman, et qui demandait si instamment au sieur Marin l'entrevue avec ce magistrat, est troublé, et n'ose plus se présenter chez lui sitôt qu'il a déposé : « que lui dirai-je? Comment me recevra-t-il ? *Ma déposition est faite.* » Mais puisque cette déposition faite troublait le sieur Bertrand et l'éloignait de M. Goëzman, pourquoi le sieur Marin, qui n'ignorait pas la déposition, insistait-il à l'y envoyer ? Pourquoi l'encourageait-il à faire cette démarche ? Et lorsqu'il dit (selon Bertrand) « qu'il ne fallait pas que l'amitié qu'il portait à la maison du sieur de Beaumarchais, lui fît manquer aux égards dus à un magistrat honnête, intègre et vertueux, » ne supposait-il pas que la famille de Beaumarchais avait suggéré la déposition du sieur Bertrand ? Ne préjugeait-il pas en faveur de M. Goèzman ? N'engageait-il pas le sieur Bertrand à aller voir ce magistrat, pour convenir des moyens qu'il y aurait à prendre, afin de faire une déposition différente de celle que le sieur Bertrand avait faite, et que le sieur Marin supposait « dictee par la famille de Beaumarchais » contre un magistrat respectable et vertueux?

Voilà donc en substance le conseil de changer la déposition donné par Marin, et l'injure faite à la famille de Beaumarchais, constatés par les Mémoires de ces messieurs : injure que le sieur Marin, comme on le voit, préméditait d'avance et qu'il a prodiguée depuis dans son Mémoire.

Reste à jeter, monsieur Bertrand, un coup d'œil sur votre confrontation avec le docteur Gardane, dont vous nous donnez une version à votre manière, c'est-à-dire, bonne pour ce qui vous profite, et louche sur ce qui l'intéresse.

Vous avez là une singulière maladie! Mais ce docteur donc le cerveau est bien entier, ses deux lobes également sains, vient de présenter une requête au parlement, afin d'obtenir une réparation d'honneur, avec affiche de l'arrêt, pour toutes les horreurs dont vous avez voulu le souiller : cela ne fait rien à notre affaire.

Mais ce qui y fait beaucoup est la partie de cette confrontation, où ce médecin vous reproche d'être venu pâle et l'air égaré chez la dame Lépine, un jour, devant neuf personnes, lui dire : « Mon ami, tâtez-moi le pouls, « je dois avoir la fièvre. Ah! Messieurs, je viens de les « prendre les mains dans le sac: c'est une horreur, je suis « perdu . vous l'êtes aussi, monsieur de Beaumarchais

« Je viens de dîner chez une dame avec quatre conseil-
« lers de grand'chambre, qui, ne me connaissant pas,
« se sont expliqués sans ménagements sur l'affaire, et
« ont fini par assurer que l'intention du parlement
« était de traiter sans pitié le-Jay, Bertrand et Beau-
« marchais, pour avoir osé toucher à la réputation du
« magistrat le plus intègre, etc. »

Je me rappelle fort bien tous ces faits, et comment vous refusâtes obstinément de me dire le nom des quatre conseillers; comment je me mis en colère; et comment enfin, je résolus de n'avoir plus aucun commerce avec un homme aussi faux et aussi faible.

L'anecdote du cartel intercepté, dont parle la confrontation, est apparemment la suite de cette colère.

Mais que vouliez-vous donc dire, monsieur, en m'invitant à prendre une épée d'or? Est-ce que vous aviez posé pour loi de ce combat, que la dépouille du vaincu resterait au vainqueur? Les gens de votre état ont beau être en colère, ils ne perdent jamais la tête.

Mais quelle est enfin cette affreuse histoire des quatre conseillers? Était-ce encore un piége de Marin? car on m'en a tendu mille en trois mois, pour m'engager à faire une fausse démarche. Était-ce un leurre ou une vérité? Comme ce fait intéresse l'honneur de la magistrature, et qu'il importe autant au parlement qu'à moi, qu'il soit éclairci, avant de juger l'affaire, je supplie la cour d'ordonner qu'il soit informé scrupuleusement sur ce fait; que les neuf témoins soient entendus; que le sieur Bertrand soit interrogé sur le nom de la dame, sur celui des convives du dîner, sur leurs discours, etc., etc.

Dans une affaire aussi importante, un tel examen n'est pas à négliger. Ou le sieur Bertrand est un fourbe, qui doit être puni pour avoir calomnié quatre magistrats sur le point le plus délicat de leur devoir, dans la seule vue de nous effrayer; ou les quatre conseillers reconnus doivent être suppliés de vouloir bien se dispenser de juger dans une affaire, sur laquelle ils ont montré tant de partialité.

Jusqu'à ce moment nous avions tous aimé ce Bertrand, quoiqu'il soit entaché du petit défaut d'altérer toujours la vérité; mais il y a beaucoup de gens en qui l'habitude de mentir est plutôt un vice d'éducation, une faiblesse, un embarras de savoir que dire, qu'un dessein prémédité de mal faire. Et dans le fond, cela revient au même. Une fois connus, ce n'est plus qu'une règle d'équation très-aisée, ou qui ne gêne à personne: « Il a dit cela, donc c'est le contraire; » et les choses n'en vont pas moins leur train.

Mais, pour cette aventure, elle est trop sérieuse, il n'y a pas moyen d'y appliquer notre équation. Qui sait si l'éclaircissement de ce fait ne nous montrera pas le nœud caché de toute l'intrigue, entre Bertrand, Marin et consorts?

> « Tel, qui croyait n'avoir harponné qu'un marsouin,
> Amène quelquefois un lourd hippopotame. » R. S. 4

En courant une chose, on en rencontre une autre; et c'est ainsi qu'un cénobite allemand, en cherchant le grand-œuvre dans la mixtion de divers ingrédients méprisables, n'y trouva pas, à la vérité, la poudre d'or qui devait enrichir le genre humain, mais découvrit, chemin faisant, la poudre à canon qui le détruit si ingénieusement. Ce n'est pas tout perdre ; et, comme on voit, en toute affaire il est bon de chercher, informer, scruter ; aussi espéré-je que la cour voudra bien ordonner qu'il soit informé sur le fait des quatre magistrats, avant de s'occuper de l'examen des pièces du procès.

La fin de votre Mémoire, monsieur, n'a aucun rapport à l'affaire présente; mais il n'est pas moins juste de vous donner satisfaction sur tous les articles.

A l'occasion d'une lettre que le sieur Marin vous a forcé de lui écrire, et que j'ai osé prévoir n'être jamais préjudiciable qu'à vous, vous me reprochez les services que vous avez bien voulu me rendre, et dont j'ai toujours été très-reconnaissant : cela est dur.

Je vous dois, dites-vous, le luminaire du convoi de ma femme que vous m'avez fourni. A la rigueur, cela se peut : j'ai même quelque idée que, depuis cet affreux événement qui a renversé ma fortune encore une fois, l'épicier de la maison s'est plaint qu'un autre eût fait le bénéfice de cette triste fourniture ; je lui dis alors ce que je vous répète aujourd'hui : Abîmé dans la douleur de la perte d'une femme chérie, vous sentez que tous les détails funéraires confiés à quelque ami y ont été absolument étrangers. Mais à cette époque, il a été payé chez moi pour 39 mille francs de dettes, factures ou fournitures; comment avez-vous négligé de parler de la vôtre alors? Était-ce pour me rappeler un jour au plus affreux souvenir en me demandant, par la voie scandaleuse d'un Mémoire imprimé, 150 ou 200 livres, qui vous auraient tout aussi bien été payées que d'autres mémoires, de vous, du même temps, que je trouve acquittés pour huile, anchois, etc.?...

Vous avez depuis été chargé, par moi, d'un billet de 200 livres que j'ai été obligé de rembourser par l'insolvabilité du vrai débiteur, et que j'ai chez moi; s'il vous est dû des frais de poursuite, de courtage, escompte, etc..., ou même quelque appoint, je suis bien éloigné de vous refuser le juste salaire de vos soins en toute occasion.

Le jour qu'il a plu au roi de me rendre à ma famille, à mes affaires, mes parents accoururent m'apporter cette bonne nouvelle en prison. On est toujours pressé de quitter de pareils domiciles ; mais le loyer, le traiteur, le greffe, les porte-clefs, tout est hors de prix dans ces maisons royales : je me rappelle bien que je vidai ma bourse, et que ma sœur pour compléter la somme et m'emmener bien vite, tira douze louis de sa poche, et que je ne l'embrassai seulement pas pour la remercier de ce service.

Comment donc arrive-t-il aujourd'hui que vous, qui avez, à la vérité, d'excellentes raisons pour ne pas me mener en prison, et qui, le seul de tous les gens de ma connaissance, n'avez jamais osé y mettre le pied, vous vous trouviez mon créancier de douze louis que vous ne m'avez pas prêtés pour le fait de ma sortie ? Pour cet article, monsieur, comme je l'ai remboursé à ma sœur, qui me l'avait avancé, permettez qu'il soit rayé de votre mémoire : et puisque les bons comptes font les bons amis, pour le petit restant que je puis vous devoir, vous avez à moi, depuis un an, deux effets de cent louis chacun, dont j'ai espéré que vous voudriez bien me procurer le payement (en reconnaissant vos peines, bien entendu), vous m'obligerez de m'acquitter envers vous, par vos mains ; ou s'ils sont d'une trop longue rentrée, le sieur Lépine, mon beau-frère, dont vous connaissez les talents, la fortune indépendante, le grand commerce et le crédit, et dont vous paraissez autant révérer l'honnêteté que j'aime sa personne, a dans ses mains un effet de quatorze mille francs à moi, sur le roi, dont il s'est chargé de solliciter le payement ; il voudra bien vous tenir compte de trois ou quatre cents livres, si je vous les dois, et nous serons quittes.

A toutes les amères tirades dont votre Mémoire est plein à ce sujet, j'avais d'abord ainsi répondu :

On sait qu'il y a beaucoup de gens du sud à Paris, dont l'unique métier est d'obliger tout le monde. Y a-t-il un mariage dans une famille ? ils ont des gants, des cocardes et des odeurs. Un repas ? des olives, du thon, du marasquin. Des besoins ? de l'argent, et un dépôt tout prêt pour vos effets. Un voyage ? des courroies, des malles, des selles et des bottes ; et puis, à propos de bottes, ils prétendent à la reconnaissance en présentant le mémoire.

Tout considéré, j'ai eu peur que cette réponse ne vous offensât : je l'ai retranchée pour y substituer le détail plus sérieux que vous venez de lire, et j'espère que vous m'en saurez gré.

Mais pendant que je relève ici les erreurs d'un autre, je m'aperçois que j'ai pensé en faire une à l'article *Marin.* « Pourquoi ces juifs » (y ai-je dit) « qui vont et viennent de vous chez lui, et de chez lui chez vous? » J'avais soupçonné que ces juifs qui venaient chez Bertrand, de la part de Marin, étaient chargés d'espionner ce que disaient ou faisaient les honnêtes gens de la maison de ma sœur. Mais j'ai appris depuis, que ces juifs y venaient pour des affaires absolument étrangères aux honnêtes gens de la maison de ma sœur. Je fais justice à moi comme aux autres, et suis toujours prêt à m'accuser quand je me prends en faute ou en erreur.

Je me rappelle encore, que, dans ma première chaleur, en vous lisant, j'avais résolu, mon cher Bertrand, de répondre assez durement à votre Mémoire; mais le sieur Marin ayant émoussé d'avance la pointe de mon plus sanglant reproche, par l'aveu qu'il fait de vous avoir donné ses fonds à tourmenter, je n'en dirai rien; ce ne serait plus qu'une insipide injure; et cela ne me va point : les honnêtes gens me savent gré de vous répondre, les gens de goût me blâmeraient de vous piller.

Quand aux lettres du sieur Marin et de vous, relatées dans son Mémoire ou dans le vôtre, je ne sais lequel (Eh!.... c'est beaucoup mieux que je ne pensais, elles sont, ma foi, dans tous les deux, tant mieux, on ne saurait trop multiplier les belles choses); permettez que je les range pour l'importance à côté de celles du comte de la Blache, qui écrit ainsi que vous, messieurs, très-délicatement. Toutes ces lettres étaient réellement des ouvrages à imprimer. Mais le dégoût que vous cause, comme à moi, messieurs, une autre lettre imprimée par Marin et signée *Mercier*, doit-elle nous empêcher de lui donner aussi un rang dans la collection? Si elle est affreusement dictée, au moins a-t-elle quelque mérite au fond.

On se rappelle assez qu'un des objets du sieur Marin est de prouver que j'avais grand'peur de M. Goëzman; et sur ce fait, on n'a pas sans doute oublié ma lettre à M. de Sartines sur M. Goëzman, imprimée page 24 de mon Mémoire à consulter; on n'a pas oublié mes réponses à M. le premier président, ni mon dédain pour les offres de Marin d'arranger l'affaire; on n'a pas oublié que je fus chez ce dernier le jour de la déposition de Bertrand. Or, c'est de cette visite, où je portais la défiance de l'avenir et le mécontentement du passé, surtout un reste d'aigreur de la scène de la veille chez ma sœur, que messieurs les témoins aux gages de mon bienfaiteur Marin, écrivent d'avance au sieur Bertrand, et lui offrent d'affirmer avec lui, que j'arrivai en étendant les bras; mais il faut écouter ces messieurs eux-mêmes : « Je me souviens (dit l'un d'eux parlant de moi) qu'en étendant les bras vers M. Marin, il lui avait dit, avec une chaleur que j'ai prise pour un sentiment vrai, pour un élan du cœur : *Ah! mon ami, je vous dois tout, l'honneur et la vie.* » Et dans cette lettre, qui pétille de bêtises, le clerc du gazetier, oubliant qu'il écrit à Bertrand, plus instruit que lui-même de toute la conduite de Marin à mon égard, a la gaucherie d'ajouter, en style de *témoin* qui répète sa leçon du greffe : « Il est bon de remarquer que cet aveu était le prix des démarches faites par M. Marin pour lui sauver l'un et l'autre. »

Témoin, mon ami, je vous suis obligé de votre remarque. Il est bon de remarquer, à mon tour, que cette lettre porte d'un bout à l'autre le caractère d'un maladroit qui en instruit un autre : « Vous souvient-il, Monsieur? Ne vous rappelez-vous pas?... Vous souvient-il encore?..... » et qu'elle finit par la douce invitation que fait le maladroit à l'autre maladroit, de se joindre à lui pour me dénigrer. « Il me suffit d'avoir démasqué l'imposture, c'est un mérite que je serais jaloux *de partager avec vous.* » Enfin, pour couronner l'œuvre, un troisième maladroit, aux mêmes gages que les deux autres, écrit au premier : « Si mon témoignage est nécessaire à l'appui de ces faits, je ne m'y refuserai point. » Et voyez Marin s'extasier de son adresse et s'écrier : « Assurément on ne dira pas que ces lettres soient mendiées, qu'elles soient concertées ; » et pour qu'on ne puisse jamais douter que ces lettres sont de lui, nous dire ensuite spirituellement : « Les sieurs Mercier et Adam (ses commis), indignés de l'audace du sieur de Beaumarchais, ont *eux-mêmes* écrit également les deux lettres suivantes. » Ces commis, qui ont *écrit eux-mêmes !* Et Marin, qui certifie que c'est bien *eux-mêmes* qui ont écrit ! Lorsque le maître de classe au collége avait fait nos épîtres de bonne année, il ne manquait jamais de certifier à tous les parents, au bas de la copie, que c'étaient les enfants *eux-mêmes* qui les avaient écrites ; et, par le mot écrire, il entendait, comme le précepteur Marin, *composer*, *dicter;* et les bons parents larmoyaient de plaisir de voir leurs enfants de petits prodiges, comme vous et moi pleurons de joie de voir les défenses de M. Goëzman et la *Gazette de France* en des mains aussi pures, et livrées à des gens aussi véridiques.

Ceci me ramène tout naturellement, comme on voit, à M. Goëzman; car le sieur Marin n'a jamais été pour moi qu'un pont volant jeté légèrement sur le ravin, pour atteindre l'ennemi à la rive opposée. Que si l'on trouve par hasard un rapport intime entre la conduite du sieur Marin envers Bertrand, et celle que tenait en même temps M. Goëzman envers le-Jay, ce ne sera pas ma faute; moins encore si, ne tirant de ma part aucunes conséquences de tous ces rapports contre ce magistrat, le parlement bien éclairci se trouve en état de les tirer lui-même.

Mais que de monde occupé à vous soutenir, monsieur! *Tot circà unum caput tumultuantes Deos!* Tant d'amis qui parlent si haut pour vous, quand vous vous défendez si mal! On voit bien qu'il vous est plus aisé de trouver de grands défenseurs que de bonnes défenses. Cependant, en contemplant votre édifice soutenu par madame Goëzman, les sieurs Marin, Bertrand, Baculard et autres, on est tenté de retourner sa phrase, et de convenir que vos défenseurs ne valent pas mieux que vos défenses; puis comparant ce que vous écrivez vous-même avec les mémoires ou lettres de tous ces messieurs, on est forcé de refaire encore son thème, et d'avouer que, toutes mauvaises que sont vos défenses, elles valent encore mieux que vos défenseurs. Quant à moi, pour ne vous laisser rien à désirer sur mon opinion à cet égard, je vous dirai franchement qu'à votre place, et pour mon usage, je ne voudrais pas plus de vos défenseurs que de vos défenses.

Mais je ne confonds pas avec ces défenses les services essentiels que vous rend publiquement M. le président de Nicolaï. Mon profond respect pour le nom de Nicolaï, qui a toujours tenu un rang distingué dans la robe et dans l'épée, celui que je porte à tous messieurs les présidents à mortier, surtout celui que M. le président de Nicolaï sait bien que j'ai pour sa personne, aurait peut-être dû me faire trouver grâce à ses yeux dans une querelle qui lui était si étrangère.

Cependant j'apprenais de tous côtés que M. le président de Nicolaï, non content de solliciter en faveur de M. Goëzman, parlait dans le monde très-désavantageusement de moi. Il me revenait aussi que messieurs Gin et Nau de Saint-Marc semaient, au sujet du procès auquel la plainte de M. le procureur général avait donné lieu, les discours les plus indiscrets, soit en montrant toute leur partialité pour M. Goëzman, soit en m'injuriant sans aucune retenue.

Mais quoiqu'il me fût très-essentiel de prendre les voies de droit, pour écarter de pareils juges, j'eus la respectueuse délicatesse de dire, par ma requête du mois d'août dernier, que je m'en rapportais à leur déclaration, sur la vérité des faits qui y étaient exposés. Par l'arrêt qui intervint, la cour leur donna acte des déclarations par eux faites, et en conséquence elle mit néant sur ma requête.

Depuis ce temps, je suis resté tranquille, quoique M. le président de Nicolaï, non-seulement ait continué à me déchirer sans ménagement, mais encore ait ouvertement sollicité pour monsieur Goëzman, qu'il conduit chez tous nos juges, et dont il distribue et fait distribuer publiquement les Mémoires chez lui. Ce n'est plus même un secret qu'il a conseillé M. Goëzman dans cette affaire. M. Goezman nous l'apprend dans sa note imprimée, page 9, où il s'exprime ainsi : « Ce fut d'après *le conseil* d'un des présidents de la cour (M. de Nicolai; il est trop généreux pour me démentir) que j'ai exigé du sieur le-Jay, qu'il declarât par écrit... etc. » M. le président de Nicolai a donc conseillé M. Goezman; c'est par son conseil que M. Goezman a fait faire une déclaration au sieur le-Jay. Or, l'art. 6 du tit. 24 de l'ordonnance de 1667, porte que « le juge pourra être récusé s'il a donné conseil, s'il a sollicité ou recommandé. » M. de Nicolai est doublement dans le cas de cet article, puisqu'il a donné conseil, et qu'il sollicite ouvertement. D'après cela, je me suis cru en droit de profiter de la disposition de la loi, et de donner en conséquence, le 16 décembre 1773, ma requête en récusation contre M. de Nicolaï : et comme il m'est aussi important d'écarter ses sollicitations que son suffrage, j'ai observé à la cour, par cette requête, que l'article 14 de l'ordonnance de François Ier, de 1539, defend expressément à tous présidents et conseillers de solliciter dans les cours où ils sont officiers. Voici les termes :

« Nous défendons à tous présidents et conseillers de nos Cours souveraines de solliciter pour autrui les procès pendants ès Cours où ils sont officiers, et d'en parler aux juges directement ni indirectement, sous peine de privation de l'entrée de la Cour et de leurs gages pour un an, et d'autres plus grandes peines s'ils y retournent, dont Nous voulons être avertis, et en chargeons notre procureur général sur les peines que dessus. »

L'ordonnance de 1667 a renouvelé la même disposition sur l'article 6 du titre 24 des récusations. « Sans qu'ils (les présidents ou conseillers) puissent solliciter pour autres personnes, sous peine d'être privés de l'entrée de la cour et de leurs gages pour un an, ce qui ne pourrait être remis ni modéré pour quelque cause ou occasion que ce soit ; chargeons nos procureurs généraux de nous en donner avis, à peine d'en répondre par eux, chacun à leur égard, en leur nom. »

Fondé sur des textes aussi précis, j'ai conclu par ma requête à ce que, attendu qu'il est prouvé par écrit que M. le président de Nicolaï a donné conseil à M. Goezman, et qu'il est de notoriété qu'il sollicite ouvertement et journellement pour lui, il fût ordonné qu'il serait tenu de s'abstenir du jugement du procès, sauf à M. le procureur général à prendre tel parti qu'il avisera conformément aux ordonnances ci-dessus citées.

Pour présenter cette requête, il fallait qu'elle fût signée d'un avocat titulaire ; la crainte de déplaire à un président à mortier les a tous éloignés. Forcé de m'adresser à M. le premier président pour m'en commettre un, j'ai eu l'honneur de le voir ; ce magistrat m'a donné sa parole que M. de Nicolaï ne serait pas de mes juges ; et sur cette parole respectable, j'ai consenti à ne pas user du droit que j'avais de donner ma requête. En effet, M. le président de Nicolaï s'est abstenu de se trouver aux chambres depuis que le rapport de ce procès est commencé.

Mais MM. Gin et Nau de Saint-Marc ont craint apparemment que je ne manquasse de juges ; malgré mes prières, ils ont constamment refusé de se récuser.

Je me contenterai de leur rappeler ici le trait d'Auguste, cité par Suétone. Lorsque *Nonius* fut accusé d'un crime atroce au sénat de Rome, Auguste, qui l'aimait tendrement, voulut se lever et sortir du Capitole, de peur de gêner les délibérations ; et malgré les prières des sénateurs, il n'y resta que très-peu de temps, *sedit per aliquot horas in subselliis ;* mais sans dire un mot, sans recommander la cause de son ami, et sans jamais la solliciter pour lui : *tacitus ac ne laudatione quidem judiciali datâ.*

Quel exemple pour MM. Gin et Nau de Saint-Marc, sans celui qu'ils ont reçu de plusieurs de leurs confrères en cette affaire même ! Mes inquiétudes sur leurs liaisons avec M. Goëzman, et les discours qu'ils ont tenus sur mon compte, ne devraient-ils pas être un assez puissant motif pour les engager à s'abstenir du jugement ? Je ne prononce point sur leur conduite, je m'en plains seulement à eux-mêmes sans sortir du respect dû à des conseillers de la cour. Mais pourquoi s'obstinent-ils à être mes juges?

A l'égard du conseil que M. de Nicolaï a donné de faire les déclarations, mon profond respect pour lui m'empêchera d'agiter la grande question de savoir, si l'aveu qu'on fait à la cour de ce conseil, est propre à disculper un homme ou à en inculper deux.

Dois-je répondre au nouveau Mémoire de madame Goëzman, divisé en trois sections, sous le titre de première, seconde et troisième *atrocité*, où l'auteur ne pouvant plus contester tous les faits rapportés dans mon Supplément, se réduit à les tordre, à les tourmenter pour se les rendre moins défavorables; mais où il fait l'aveu public de la fidélité de ma mémoire et de mes citations, en supposant que le procès en entier m'a été communiqué (1)? Le but de cet ouvrage

(1) J'ai fait vœu de repondre a tout. Dans une des gazettes de Hollande, dont on vient de m'envoyer l'extrait, le scrupuleux nouvelliste s'explique en ces termes, a la date du 7 decembre 1773

« Ce n'est point sans surprise que l'auteur de cette Gazette s'est vu citer dans une note à la page 64 du supplement au Mémoire à consulter du sieur Caron de Beaumarchais, pour un fait dont il n'a jamais parlé. Il somme le sieur de Beaumarchais de designer le numéro où il prétend que s'est trouvée la fausse anecdote, que lui-même peut-être eût souhaité y voir insérée Ce plaideur inquiet, qui semble avoir l'art funeste d'envelopper tout le monde dans ses tracasseries, n'aurait il pas dû craindre qu'une citation, si aisée a convaincre elle-même de fausseté, ne fît tres-mal augurer du reste des assertions contenues dans son Mémoire? »

Il est juste de donner satisfaction au gazetier, qui me fait l'honneur de me sommer. Le trait qui paraît le blesser a été puisé dans la

est de prouver que j'ai voulu corrompre M. Goëzman et gagner son suffrage ; mais tandis que M. Goèzman soutient que son suffrage était *ingagnable*, je soutiens, moi, que mon procès était imperdable. Entre deux hommes aussi éloignés de se rechercher dans aucune vue de corruption, quel autre motif pouvait interposer de l'or, que le pressant besoin d'audiences, d'une part, et le refus constant d'en donner, de l'autre ?

L'obstination de mes ennemis à m'opposer un fantôme de corruption que l'évidence des faits et la multitude des preuves ont mille fois anéanti, me force à m'arrêter encore un moment sur cette question trop rebattue.

Oui, j'ai donné de l'or pour obtenir des audiences qu'on me refusait obstinément ; et je n'ai pas fait plus de mystère de mes sacrifices que de la fatalité qui les rendit indispensables.

Sur ce fait posons quelques principes.

Si l'on ne corrompt point un juge intègre avec de l'or, on n'arrive point sans or à se faire écouter d'un juge corrompu.

Mais à quelles marques un particulier peut-il re-

gazette de la Haye, du vendredi, 23 juillet 1773, n° 88. Je le copie, la gazette a la main :

M. de Beaumarchais a été decrété d'ajournement personnel ; Bertrand Dairolle, Provençal, faisant toutes sortes d'affaires, a été décrété d'assigné pour être oui, et le-Jay décrete de prise de corps : on ne sait point ce que tout cela deviendra. « Ce qu'il y a de tres-sûr, c'est que madame Goezman, ancienne actrice a Strasbourg, où M. de Goezman l'a epousee, dans le temps qu'il était au conseil supérieur de Colmar, vient d'être enfermée dans un couvent. »

connaître dans quelle classe est son juge? Est-ce aux bruits publics? aux avis secrets? aux difficultés qu'on fait de l'admettre tant qu'il n'a pas employé l'or, ou aux facilités qu'il trouve à s'introduire aussitôt que les sacrifices sont consommés?

J'avoue qu'un plaideur peut être abusé par de faux bruits, par des avis infidèles, se tromper même à la nature des obstacles qui lui barrent le chemin ; mais du moins en est-il sûr lorsque forcé d'ouvrir sa bourse, il se voit introduit à l'instant où son or est parvenu.

Quel est alors l'auteur de la corruption? quelle en est la malheureuse victime? Dépouillé par un Algérien, un voyageur promet encore une rançon pour échapper à l'esclavage : direz-vous qu'il a corrompu le corsaire?

C'est ainsi que les Syracusains portaient leur or à ce Verrês qu'on ne pouvait aborder par aucune autre voie. C'est ainsi que ce visir, dont la peau couvrit depuis le fauteuil du divan, refusait l'audience à tous les Byzantins qui ne se faisaient pas précéder par un présent. C'est ainsi que ce Henri Capperel, prévôt de Paris, condamné à mort pour avoir sauvé un riche coupable, et fait périr un innocent indigent, vendait la justice aux infortunés qui la lui demandaient. C'est ainsi qu'un Hugues Guisi, puni par le même supplice, exerçait de semblables concussions sur les Parisiens d'alors. C'est ainsi qu'un Tardieu, de qui Boileau a célébré l'infâme avarice, en usait avec les plaideurs de son temps. C'est ainsi qu'un Veideau de Grammont, conseiller au parlement de Paris, auquel on arracha la robe et qu'on bannit au commencement du siècle, pour avoir fait un faux sur un registre public, traitait les malheureux dont il rapportait les procès. Enfin, c'est ainsi......, car tous les siècles et tous les pays ont produit, au milieu des tribunaux les plus intègres, des juges avares et prévaricateurs.

Mais les Siciliens, les Byzantins et toutes les autres victimes de la cupidité des brigands que je viens de nommer, furent-ils taxés d'avoir voulu les corrompre, parce qu'ils avaient cédé à la dure nécessité de les payer ?

Il n'était réservé qu'à moi d'être accusé pour avoir donné de l'or à un juge, par le juge même que je n'ai pu aborder qu'au prix de cet or. Je n'avais donc que le choix des maux avec un tel rapporteur ; si je ne payais pas, de perdre mon procès faute d'instruction ; et si je payais, d'être attaqué par lui-même en corruption.

Est-ce tout ? non. Comme si ce rapporteur eût cru me trop bien traiter en me laissant au moins choisir entre les maux qu'il offrait à mon courage, l'or dont j'ai payé son audience est devenu dans ses mains le moyen d'une double vexation. Il m'intente un procès au criminel pour en avoir, dit-il, trop offert ; quand je traîne avec moi le cruel soupçon, qu'il m'en fit perdre un au civil pour n'en avoir pas assez donné.

Changeons de style. Depuis que j'écris, la main me tremble toutes les fois que je réfléchis qu'il faut ou mourir déshonoré, ou franchir les bornes étroites que le plus profond respect avait imposées à mon ressentiment. Il me semble voir chaque lecteur parcourant avec inquiétude ce Mémoire, et me disant : monsieur de Beaumarchais, vous plaisantez vos petits adversaires, vous accablez les grands, tous les faits sous votre plume s'éclaircissent, et votre justification s'avance à pas de géant ; mais un seul article afflige tous vos amis. Ces lettres de protection de Mesdames, supposées pour gagner votre procès ; ce désaveu foudroyant des princesses ; cette note d'un de vos Mémoires, supprimée par sentence ; la dénonciation que le comte de la Blache et M. Goëzman en font contre vous à la nation ; tout cela reste en arrière, et vous gardez le silence. Ce fait étranger à la cause n'est pas sans doute aujourd'hui du ressort du parlement ; mais on le présente au public, comme au seul tribunal où le déshonneur qu'on vous imprime doit vous couvrir à jamais d'opprobre, ou retomber sur le front de vos ennemis.

Je vous entends, lecteur : je relis avec amertume les noms d'*audacieux*, de *téméraire*, d'*imposteur*, que M. Goëzman me donne, et l'imputation qu'il me fait d'*avoir abusé des noms les plus sacrés à l'appui de mon intérêt et de mes vues iniques*. Et mon courage renaît.

Quelque dessein que j'eusse formé d'abord de ne pas répondre à ces affligeantes citations, j'ai réfléchi depuis qu'il valait mieux me faire honneur de ma bonne foi en avouant publiquement mes torts, quels qu'ils fussent, que de les laisser soupçonner plus grands ; ce qui ne manquerait pas d'arriver, si je me renfermais dans un silence respectueux, que tout le monde n'attribuerait pas à une cause aussi modeste.

En effet, si je m'étais rendu coupable d'imposture et

de témérité, en publiant que Mesdames accordaient à mon affaire une protection décidée ; si j'avais eu la faiblesse de supposer qu elles m'avaient donné par écrit la permission d'honorer publiquement ma personne et mon procès d'une aussi auguste protection, ne serait-on pas tenté de m'excuser quand on saurait que le comte de la Blache, mon ennemi, par une imposture plus odieuse encore, cherchait à me nuire chez tous nos juges, en leur disant que Mesdames qui m'avaient autrefois accordé leur protection, ayant reconnu que je m'en étais rendu indigne par mille traits déshonorants, disaient ouvertement qu'elles m'avaient chassé de leur présence?

Sans prétendre excuser ici, sur l'importance de l'occasion, la faiblesse qui m'est reprochée d'avoir abusé du nom des princesses, sans rappeler combien il était dangereux pour moi que les propos du comte de la Blache n'obtinssent créance sur l'esprit de nos juges ; qu'aurais-je fait autre chose, en cette occasion, que battre mon ennemi de sa propre arme, et payer son horrible mensonge par un mensonge beaucoup moins coupable? Et vous qui ne rapportez cette note et ce désaveu des princesses que pour détourner, par une récrimination indiscrète et peu respectueuse, l'attention du public un moment de dessus vous ; la honte dont vous cherchez à me couvrir, vous lavera-t-elle de celle qui vous est si justement reprochée dans une affaire à laquelle cette note et ce désaveu sont absolument étrangers?

Mais si je n'avais pas supposé de fausses lettres pour appuyer un mensonge! si je ne m'étais pas rendu coupable d'imposture, en publiant que les princesses honoraient ma personne et mon procès d'une protection particulière! si j'avais mérité seulement le reproche d'avoir donné trop de publicité à une grâce accordée pour en faire usage auprès de mes juges! le comte de la Blache, qui n'aurait pu l'ignorer et qui vous fait parler à présent, ne serait-il pas, ainsi que vous, doublement odieux, d'employer un si honteux moyen pour me déshonorer, sous l'espoir que mon profond respect pour les princesses dont il vous fait imprimer le désaveu retiendra ma plume aujourd'hui, comme il m'a fermé la bouche depuis deux ans?

Mais si rien de tout cela n'existait; si, loin d'avoir supposé de fausses lettres de protection pour parvenir à gagner mon procès, je n'avais pas même commis l'indiscrétion de me vanter d'aucune protection de Mesdames accordée à cette affaire; si, loin de « compromettre des noms sacrés à l'appui de mon intérêt et de mes vues iniques, » je n'avais même jamais songé à solliciter les princesses au sujet de ce procès, et si je n'avais jamais publié verbalement, ni par écrit, ni par aucune note imprimée, que Mesdames accordaient leur protection à mon procès, de quelle indignation les honnêtes gens ne seraient-ils pas saisis, de voir le comte de la Blache, et M. et madame Goezman me traiter publiquement d'audacieux, de téméraire, d'imposteur, et tenter de verser sur moi la honte qui appartient tout entière au comte de la Blache, dans un événement où je n'ai montré que respect, discrétion, modération et patience.

Mon profond respect pour des personnes sacrées, la frayeur d'être accusé de les compromettre en me justifiant, m'a fermé la bouche depuis deux ans, que le comte de la Blache a renouvelé, sous toutes les faces, l'accusation calomnieuse à laquelle il donne aujourd'hui sous votre plume le dernier degré d'indécence et de publicité. Mais ces respectables princesses, dont le cœur est toujours ouvert aux malheureux par esprit de religion, et par une bonté d'âme dont ceux qui n'ont jamais eu le bonheur de les approcher, ne peuvent se former aucune idée ; ces généreuses princesses dont le revenu se consume à soulager les pauvres, et dont la vie entière est un cercle de bienfaisance aussi constante que cachée, ne s'offenseront pas qu'un homme qui les a toujours servies avec zèle et désintéressement, qui n'a jamais démérité auprès d'elles, repousse, par le plus modeste exposé de la vérité, l'affreuse et nouvelle injure qui lui est faite en leur nom, à la face de toute la nation.

Lorsqu'un paysan fut blessé par un cerf, on vit toute cette auguste famille oublier l'horreur d'un tel spectacle, et ne sentir que l'intérêt qu'il inspirait ; on les vit voler à lui, l'entourer, fondre en larmes, et retourner la bourse de tout le monde, en verser l'or dans le tablier de sa femme éplorée, prodiguer des soins paternels à cet heureux infortuné, lui envoyer des secours abondants, consoler sa famille ; enfin, lui assurer un sort. Si le mal passager que fit un cerf à un inconnu trouva ces princesses aussi sensibles, la rage d'un troupeau de tigres acharnés sur un de leurs plus zélés, de leurs plus malheureux serviteurs, n'en obtiendra pas moins de compassion ; elles ne regarderont point comme un manque de respect, qu'un homme d'honneur, lâchement accusé d'imposture et de faux, brûle de secouer la honte d'avoir « abusé de leur nom sacré pour servir son intérêt et ses vues iniques » ; et si le hasard fait tomber ce mémoire entre leurs mains, loin de blâmer la fermeté de mes défenses et l'ardeur de ma justification, elles sentiront, qu'au péril de ma vie, je ne pouvais rester le chef courbé sous un tel déshonneur ; et malgré les efforts que l'on fera pour empoisonner cette action auprès d'elles, elles distingueront aisément d'une vanité indiscrète, la fierté noble et courageuse avec laquelle j'ose publier un témoignage qui honore également leur justice et ma probité. Voici le fait

Pendant que le comte de la Blache me faisait injurier avec autant d'indécence que d'éclat, aux audiences de l'hôtel des requêtes, par un avocat à qui la nature avait donné assez de talent pour qu'il eût pu se passer d'adopter le plus aisé, mais le moins honorable des genres de plaidoiries ; mon adversaire, sentant bien que le fond du procès ne présentait aucune ressource à son avidité, employait celle de jeter de la défaveur sur ma personne, pour tâcher d'en verser sur ma cause En conséquence, il allait chez tous les maîtres des requêtes, nos communs juges, leur dire que j'étais un malhonnête homme ; il leur donnait en preuves que Mesdames, qui m'avaient autrefois honoré de leurs bontés, ayant reconnu depuis que j'étais un sujet exécrable, m'avaient fait chasser de leur présence, et rendaient ce témoignage de moi. Ces propos, qui frappaient tout le monde et mettaient des nuages dans toutes les têtes, me furent rendus par quelqu'un qui me dit : Il est de la plus grande importance pour vous de les détruire ; ils vous font un tort affreux dans l'esprit de vos juges ; il n'y aurait même pas de mal, ajoutait-on, que vous vous fissiez étayer auprès d'eux d'une aussi puissante protection que celle des princesses, contre un adversaire avide, adroit et peu délicat, à qui tout est bon, pourvu qu'il vous ruine et vous déshonore.

Je ne solliciterai, répondis-je, aucune protection pour un procès qui n'en a pas besoin : Mesdames auraient lieu d'être très-offensées que j'allasse me rappeler à leur souvenir aujourd'hui, pour obtenir un appui dans une affaire où elles ignorent si j'ai tort ou raison. Mais ce dont elles ne peuvent pas s'offenser, c'est que je les prie de m'accorder un témoignage public, que je me suis toujours comporté avec honneur tant que j'ai eu l'avantage de les approcher. On a l'indécence de leur prêter des discours qu'elles n'ont jamais tenus ; ces discours peuvent entraîner ma ruine, en indisposant, en égarant mes juges. Un serviteur soupçonné montre avec joie les certificats de tous ses maîtres. Un militaire attaqué sur sa bravoure, atteste les généraux sous lesquels il a eu l'honneur de servir : de tout inférieur à son supérieur, le certificat mérité qu'il sollicite est de droit rigoureux. J'oserai donc, non implorer la protection des princesses, mais invoquer leur justice ; et je m'expliquerai si clairement dans ma demande, qu'elles ne puissent pas me supposer l'intention de faire un criminel abus de leurs anciennes bontés, ni de les solliciter en faveur d'une cause qu'elles ne connaissent peut-être que par le compte insidieux et faux, que mon adversaire en a fait rendre autour d'elles, et j'écrivis sur-le-champ la lettre suivante à madame la comtesse de P..., leur dame d'honneur.

« Du 9 fevrier 1772.

« MADAME LA COMTESSE,

« Dans une affaire d'argent qui se plaide à Paris, et « sur laquelle mon adversaire n'a fourni que des dé-« fenses malhonnêtes, il a osé sourdement avancer « chez nos juges, que Mesdames, qui m'avaient honoré « de la plus grande protection autrefois, ont depuis « reconnu que je m'en étais rendu indigne par mille « traits déshonorants, et m'ont à jamais banni de leur « présence. Un mensonge aussi outrageant, quoique « portant sur un objet étranger à mon affaire, pour-« rait me faire le plus grand tort dans l'esprit de mes « juges. J'ai craint que quelque ennemi caché n'eût « cherché à me nuire auprès de Mesdames. J'ai passé « quatre ans à mériter leur bienveillance, par les soins « les plus désintéressés sur divers objets de leurs amu-« sements. Ces amusements ayant cessé de plaire aux « princesses, je ne me suis pas rendu importun au-« près d'elles, à solliciter des grâces sur lesquelles je « sais qu'elles sont toujours trop tourmentées. Au-« jourd'hui je demande, pour toute récompense d'un « zèle ardent, qui ne finira point, non que madame

« Victoire accorde aucune protection à mon procès, « mais qu'elle daigne attester par votre plume, que, « tant que j'ai été employé pour son service, elle m'a « reconnu pour homme d'honneur, et incapable de « rien faire qui pût m'attirer une disgrâce aussi flé- « trissante que celle dont on veut me tacher. J'ai as- « suré mes juges que toutes les noirceurs de mon « adversaire ne n'empêcheraient pas d'obtenir ce té- « moignage de la justice de Mesdames. Je suis à leurs « pieds et aux vôtres, pénétré d'avance de la recon- « naissance la plus respectueuse avec laquelle je suis,

« *Madame la comtesse,* etc.

« *Signé,*

« CARON DE BEAUMARCHAIS. »

Y a-t-il dans tout ce qu'on vient de lire, un seul mot qui tende à demander protection et faveur pour mon procès? Y sollicité-je autre chose qu'un témoignage de bonne conduite et d'honneur, pendant que j'avais approché des princesses? Voici la réponse que je reçus de la dame d'honneur.

« VERSAILLES, ce 12 février 1772.

« J'ai fait part, monsieur, de votre lettre à madame « Victoire, qui m'a assuré qu'elle n'avait jamais dit « un mot à personne qui pût nuire à votre réputation, « ne sachant rien de vous qui pût la mettre dans ce « cas-là. Elle m'a autorisée à vous le mander. La prin-

« cesse même a ajouté qu'elle savait bien que vous « aviez un procès ; mais que ses discours sur votre « compte ne pourraient jamais vous faire aucun tort « dans aucun cas, et particulièrement dans un procès, « et que vous pouvez être tranquille à cet égard.

« Je suis charmée que cette occasion, etc.

Signée,

« T. COMTESSE DE P..... »

Il n'est donc pas vrai, monsieur le comte de la Blache, que je sois l'homme malhonnête et couvert d'opprobre, que Mesdames, selon vous, ont dit avoir chassé de leur présence, à cause de mille traits déshonorants, dont il s'était rendu coupable !

Voyons maintenant si j'ai abusé de ce témoignage ; voyons si j'ai voulu m'en servir pour me rendre mes juges favorables, en leur allant dire ou en écrivant, que Mesdames m'avaient permis de m'appuyer de leur protection auprès d'eux, et qu'elles prenaient un vif intérêt à mon affaire.

Je ne vis aucun de mes juges, et je me contentai d'insérer dans un mémoire que je fis imprimer, la note dont le commencement se rapporte à la conduite de mon adversaire connu de tout le monde, et la fin, que je vais transcrire ici, se rapporte à la lettre que j'avais reçue de la dame d'honneur des princesses.

« Heureusement pour ce dernier (moi), il en a été assez tôt instruit (des propos du comte de la Blache), pour pouvoir réclamer la justice de madame Victoire avant le jugement du procès. Cette généreuse princesse veut bien l'autoriser à publier que tous les discours qu'on lui fait tenir dans l'affaire présente sont absolument faux, et qu'elle n'a jamais rien connu qui fût capable de nuire à sa réputation, pendant tout le temps qu'il a eu l'honneur d'être à son service. »

Eh bien, M. le comte! Eh bien, M. Goezman! Eh bien, madame! où est l'audace, la témérité, l'imposture dont vous m'accusez publiquement? L'homme qui ose compromettre les noms les plus sacrés à l'appui de son intérêt et de ses vues iniques, où est-il? La fin de mon récit va le montrer à toute la France.

A l'instant où cette note paraît, le comte de la Blache, instruit par ma note que j'avais éventé sa mine, court à Versailles ; il y prévient l'arrivée de mon Mémoire. Il m'y présente comme ayant fait un usage pernicieux pour lui, de la protection que madame Victoire avait daigné, disait-il, m'accorder ; il suppose que l'intérêt que Mesdames sont annoncées par moi prendre à mon affaire, est seul capable d'entraîner tous les esprits, et de lui faire perdre son procès. Mesdames qui ne se persuadent pas qu'on puisse leur en imposer à ce point, justement indignées de l'insolent abus que je suis accusé d'avoir fait d'un simple témoignage, accordé seulement pour m'empêcher de perdre l'honneur, et non pour me faire gagner un procès d'argent, croient faire justice en remettant à mon adversaire un désaveu de mon audacieuse conduite, en ces termes :

« Nous déclarons ne prendre aucun intérêt à M. Caron de Beaumarchais et à son affaire, et ne lui avons pas permis d'insérer dans un Mémoire imprimé et public des assurances de notre protection.

« VERSAILLES, le 15 février 1762.

« *Signées*

« MARIE-ADÉLAIDE.

« VICTOIRE-LOUISE.

« SOPHIE-PHILLIPINE-ÉLISABETH-JUSTINE. »

Mais avais-je dit que Mesdames prenaient intérêt à mon affaire? Avais-je imprimé que les princesses m'avaient donné des assurances de leur protection à ce sujet?

Ne m'étais-je pas contenté de dire, parlant de madame Victoire : « Cette généreuse princesse veut bien m'autoriser à publier que tous les discours qu'on lui fait tenir dans l'affaire présente, sont absolument faux, et qu'elle n'a jamais rien connu qui fût capable de nuire à ma réputation pendant tout le temps que j'ai eu l'honneur d'être à son service? »

Avais-je pu me renfermer plus littéralement, plus respectueusement dans le témoignage que contient la lettre de la dame d'honneur? « J'ai fait part, monsieur, de votre lettre à madame Victoire, qui m'a assuré qu'elle n'avait jamais dit un mot à personne qui pût nuire à votre réputation, ne sachant rien de vous qui pût la mettre dans ce cas-là. Elle m'a autorisée à vous le mander. »

A l'occasion d'un procès d'argent, on avait voulu me

donner pour un homme perdu d'honneur; ce que les princesses (ajoutait-on) disaient hautement. J'avais sollicité auprès d'elles la plus simple attestation de mon honnêteté. L'instant où je la demandais, la circonstance de mon procès, avait rendu ce témoignage austère de la part de la princesse. Pas un mot dont je pusse abuser pour m'en faire un titre auprès de mes juges. De ma part, scrupuleux transcripteur de ce témoignage austère, je ne m'étais pas permis d'y rien ajouter qui pût annoncer le plus léger abus de la justice rigoureuse qui m'était rendue; et j'étais si convaincu de mon exactitude à cet égard, que, pour m'en faire un mérite auprès de Mesdames, pendant que mon adversaire allait renverser mon édifice à Versailles, par un faux exposé, j'y envoyais de Paris à madame la comtesse de P..... le Mémoire et la note imprimés, et je lui écrivais la lettre suivante en action de grâces.

« Du 14 février 1772.

« MADAME LA COMTESSE,

« Je n'avais nul titre à vos bontés; cette considéra-
« tion augmente infiniment le prix du service que vous
« m'avez rendu, et celui du procédé obligeant qui l'ac-
« compagne.

« J'ai l'honneur de vous faire passer un de mes Mé-
« moires, dans lequel j'ai fait l'usage respectueux que
« madame Victoire a permis, de la justice qu'elle dai-
« gne me rendre et de la lettre dont vous m'avez ho-

« noré. Il me reste à vous prier de mettre le comble à « vos bienfaits, en assurant la princesse que je suis « vivement touché de l'honorable témoignage qu'elle « n'a pas refusé à un serviteur zélé, mais devenu inu- « tile. Il est des moments où la plus simple justice de- « vient une grâce éclatante ; c'est lorsqu'elle arrive au « secours de l'honneur outragé. Aussitôt que le juge- « ment de ce procès m'aura permis de respirer, mon « premier devoir sera de vous aller assurer de la res- « pectueuse reconnaissance avec laquelle je suis, ma- « dame la comtesse, etc. »

Toutes les pièces justificatives du procès sont maintenant connues. En voici les suites.

Mon adversaire, croisant mon envoi, revient de Versailles aussi vite qu'il en était parti, fait tirer trente copies du billet des princesses, et les porte ou les envoie le soir même à tous les juges. Je l'apprends : je cours chez M. Dufour, notre rapporteur, qui me fait les plus vifs reproches de ma mauvaise foi. Mon adversaire avait dit partout que j'en imposais par de fausses lettres de protection ; que c'était ainsi que j'en usais toujours : et il en faisait tirer des conséquences à perte de vue, relativement à l'acte qui était l'objet de notre querelle. Pour toute réponse, je montre à M. Dufour les lettres originales dont j'étais porteur. Il reste stupéfait. Dans son étonnement, il va jusqu'à douter de ce qu'il voit. Il confronte, il examine les écritures et me dit enfin : Expliquez-moi donc, monsieur, ce que veut dire le billet de Mesdames que M. de la Blache montre partout ? Je lui fais, en tremblant d'indignation, le détail qu'on vient de lire.

En rentrant chez moi, je trouve une lettre de M. de Sartine. J'y vole : mêmes reproches : mêmes justification. Je suis pourtant chargé, me dit-il, de demander au procureur général des requêtes de l'hôtel, qu'il fasse supprimer la note du Mémoire ; je ne puis pas ne le pas faire. Et pour vous, je vous conseille d'aller promptement vous en expliquer avec madame la comtesse de P.....

Pendant que les explications se faisaient à Versailles, l'affaire se jugeait à Paris, on y supprimait ma note. Et moi, par respect, je gardai le silence sur ce bizarre événement, qui eût pu me faire le plus grand tort, si mes juges n'avaient pas senti que cela n'était qu'un jeu ténébreux de l'intrigue de mon adversaire.

On conçoit bien qu'il ne s'en tint pas là. Tout Paris crut que j'avais supposé de fausses lettres de Mesdames : au point que mes plus zélés défenseurs, pliant l'épaule, se bornaient à dire que cet incident n'avait aucun rapport au fond de notre procès.

Et moi, déchiré, déshonoré publiquement par le plus perfide ennemi, mais retenu par mon respect pour Mesdames, et par la circonspection qu'impose un procès entamé, je dévorais mes ressentiments ; je m'en pénétrais en silence ; chaque jour je les comptais par mes doigts ; j'en repassais les titres ; et je le fais encore aujourd'hui, dans l'espérance que tout ceci ne sera pas éternel.

Mon adversaire une fois connu, je laisse à penser de

quelle manière il usa depuis au parlement contre moi de ce prétendu désaveu des princesses. J'étais alors en prison par ordre du roi, à l'occasion d'une querelle, sur laquelle l'autorité m'a depuis imposé le plus profond silence.

Le comte de la Blache, défigurant tout, me donnait pour un homme absolument perdu d'honneur et au-dessous du moindre égard : il citait en preuve mon emprisonnement ; il citait la note supprimée par les requêtes de l'hôtel ; il montrait à tous les conseillers du parlement le billet des princesses ; il allait jusqu'à citer les causes prétendues de mon renvoi honteux de Versailles. Plus les imputations étaient absurdes, moins il m'était permis de m'en justifier. Ce point de discussion était vraiment pour moi l'arche du Seigneur : je n'osais y toucher.

Pendant ce temps on faisait circuler les infamies dans toute l'Europe, par le moyen de ces judicieuses gazettes dont madame Goezman rapporte un si doux fragment : il n'y en avait pas une où je ne fusse immolé, diffamé. Dans le public j'étais un monstre, un serpent venimeux qui s'était joué de tous les principes : j'avais tout empoisonné, tout moissonné autour de moi ; j'étais un enragé qu'il fallait enchaîner à son grabat, ou plutôt étouffer entre deux matelas ; ce que la justice allait ordonner, disait-on, avant peu.

Cependant on plaidait au palais, et le porte-voix du comte de la Blache, pour servir la haine de mon ennemi, chargeait ses plaidoyers des plus grossières injures, les ornait de misérables allusions sur ma captivité. « Le sieur de Beaumarchais (disait-il), qui suivait les audiences des requêtes de l'hôtel, n'est pas ici, Messieurs. » L'avocat fut hué, son client méprisé ; mais je n'en perdis pas moins mon procès. Malgré les lois qui n'admettent point de nullités de droit, au grand étonnement de tous les jurisconsultes et négociants du monde, « un arrêté de compte fait double entre majeurs, » contre lequel on n'avait jamais osé s'inscrire en faux; sur l'avis de M. Goëzman le conseiller, en quatre jours de temps, « est annulé sans qu'il soit besoin, dit-on, de lettres de rescision; » comme si celui qui ne tient son ministère que de la loi, pouvait s'élever au-dessus d'elle, et s'érigeant en législateur, annuler, casser d'autorité un engagement civil et sacré.

Ce jugement n'est pas plutôt prononcé qu'on saisit mes meubles, à la ville et à la campagne; huissiers, gardiens, recors, fusiliers, s'emparent de mes maisons, pillent mes celliers : mes immeubles sont saisis réellement ; le feu se met dans toutes mes possessions ; et pour payer trente mille livres exigibles aux termes de ce fatal arrêt, qui m'en fit perdre cent cinquante mille, par un misérable jeu d'huissiers, nommé « poursuites combinées, » revenus, meubles, immeubles, tout est arrêté ; l'on met sous la terrible main de justice, pour plus de cent mille écus de mes biens; on me fait en trois semaines pour trois, quatre, cinq cents livres de frais abusifs, par jour ; il semble que le bonheur de me ruiner soit le seul attrait qui anime mon adversaire, il le pousse même si loin, qu'on lui fait craindre que son acharnement ne devienne enfin aussi nuisible à ses intérêts qu'aux miens : on le voyait chaque jour au palais, suivant partout les huissiers, comme un piqueur est à la queue des chiens, les gourmandant pour les exciter au pillage ; ses amis mêmes disaient de lui, qu'il s'était fait avocat, procureur et recors, exprès pour me tourmenter.

Outragé dans ma personne, privé de ma liberté, ayant perdu cinquante mille écus, emprisonné, calomnié, ruiné, sans revenus libres, sans argent, sans crédit, ma famille désolée, ma fortune au pillage, et n'ayant pour soutien dans ma prison que ma douleur et ma misère, en deux mois de temps, du plus agréable état, dont pût jouir un particulier, j'étais tombé dans l'abjection et le malheur ; je me faisais honte et pitié à moi-même.

Ces murs dépouillés, ces triples barreaux, ces clameurs, ces chants, cette ivresse de l'espèce humaine dégradée, dont toutes les prisons retentissent, et qui font frémir l'honnête homme, me frappant sans cesse, augmentaient l'horreur de ce séjour infect ; mes amis venaient pleurer en prison auprès de moi la perte de ma fortune et de ma liberté. La piété, la résignation même de mon vénérable père, aggravaient encore mes peines : en me disant avec onction de recourir à Dieu, seul dispensateur des biens et des maux, il me faisait sentir plus vivement le peu de justice et de secours que je devais désormais espérer des hommes.

J'avais tout perdu ; mais mon courage me restait. J'essuyais les larmes de tout le monde, en disant : Mes amis, cachez-moi votre douleur ; ne détendez pas mon âme, dont l'indignation soutient encore le ressort. Si je perds la mâle fierté qui lutte en moi contre l'humiliation; si le découragement me saisit une fois, si je pleure avec vous, c'est alors que je suis perdu. Eh quoi, mes amis ! si le degré de lumière qui devait éclairer mes droits, a manqué à mes juges ; si l'adresse de mes ennemis a surpassé mes forces, rougirez-vous de moi, parce qu'on m'a calomnié? Dois-je périr en prison, parce qu'on s'est trompé au palais? Triste jouet de la cupidité, de l'orgueil ou de l'erreur d'autrui, mon infortune ou mon bonheur seront-ils enchaînés à des événements étrangers? Je n'aurais donc qu'une existence relative ! Ah ! qu'ils comblent mon infortune; mais qu'ils ne se vantent pas d'avoir troublé ma sérénité ! J'ai beaucoup perdu pour les autres, et peu de choses pour moi ; mais quand ils m'auront bien accablé, la pitié succédant à la fureur, peut-être ils diront un jour : Ce n'était pas une âme méprisable que celle qui sut, en tout temps, se modérer, dédaigner l'outrage, affronter le péril, et soutenir le malheur.

Mes amis se taisaient, mes sœurs pleuraient, mon père priait, et moi, les dents serrées, les yeux fixés sur le plancher de mon horrible prison, j'en parcourais rapidement le court espace, en recueillant mes forces et me préparant à de nouvelles disgrâces : elles sont arrivées et ne m'ont point étonné. Je sais les supporter : d'autres viendront après celles-ci; je les supporterai encore, assuré que rien ne m'appartient véritablement au monde que la pensée que je forme et le moment où j'en jouis.

Le plus incroyable procès criminel a couronné tant d'infortunes : et parce que M. Goëzman est un homme peu délicat, je me suis vu dénoncé par lui comme corrupteur et calomniateur; et parce que c'est un homme peu réfléchi, il n'a pas prévu les conséquences d'une fausse déclaration et d'une dénonciation calomnieuse.

Vous m'avez encore dénoncé depuis, monsieur, comme un faussaire, par le compte insidieux que vous rendez à la nation dans votre Mémoire, des motifs de votre rapport au parlement. Vous m'avez dénoncé devant la nation, comme un faussaire et un imposteur, dans ce même Mémoire, en disant que j'avais supposé de fausses lettres de protection de Mesdames, etc. Tous ces faits étaient étrangers à vos défenses : mais emporté par la haine qui vous aveugle, vous n'avez pas réfléchi que, si poussant votre adversaire à bout, vous lui donniez l'exemple de sortir du fond de l'affaire, pour examiner votre conduite, il vous écraserait à la première parole. Eh bien! cette parole que je retenais depuis longtemps, et que vous avez provoquée à grands cris par tant d'horreurs, elle est enfin sortie de ma bouche.

Vous m'avez dénoncé comme faussaire; je viens de me justifier. Moi, je vous dénonce à mon tour comme faussaire aux chambres assemblées, avec cette différence que vous n'aviez nullement besoin de m'accuser faussement pour vous justifier; et qu'il m'importe à moi de prouver les faux que vous avez faits dans la déclaration de le-Jay, tant par le positif de ces déclarations que par l'analogie de votre peu de délicatesse en d'autres circonstances.

Le défaut d'intérêt et la clandestinité sont les seuls vices qui rendent un dénonciateur odieux. Mon honneur, offensé par vous sur tous les chefs, me garantit du premier reproche; et la publicité que je donne à mon attaque va me mettre à couvert du second.

Dénonciation que Pierre-Augustin Caron de Beaumarchais a faite par écrit à M. le procureur général, contre M. Goëzman, le mercredi 15 décembre 1713.

Je suis poursuivi criminellement, par-devant nos seigneurs du parlement, les chambres assemblées, sur une dénonciation que M. Goëzman a faite contre moi en corruption de juge. J'ai donné mes défenses, et les preuves les plus fortes de mon innocence existent dans l'instruction du procès qui s'en est suivi : la cour décidera si M. Goëzman est aussi fondé qu'il le présume. L'honneur est aujourd'hui pour moi le principal objet de ce procès. Dans les défenses de mes adversaires, je suis qualifié des plus infâmes titres; on y emploie contre moi les épithètes les plus abominables. Mon honneur, grièvement blessé, m'autorise donc à employer tous mes moyens pour repousser l'outrage par une défense légitime; et je dois à mes juges de les éclairer sur le compte de mon dénonciateur. Il me combat avec des mots, je vais y opposer des faits, et mes juges décideront de la valeur de nos défenses.

Antoine-Pierre Dubillon, et Marie-Magdeleine Janson,

sa femme, ont imploré les bontés de Mgr l'archevêque de Paris, par le Mémoire ci-joint (signé d'eux, et les faits y contenus attestés au bas par madame Dufour, maîtresse sage-femme, qui a accouché ladite femme Dubillon), dans lequel ils le supplient de subvenir aux frais de cinq mois de nourriture qu'ils doivent à la nourrice de Marie-Sophie leur fille, disant qu'ils n'ont recours à la charité de ce prélat, que parce que M. Goezman, parrain de leur fille, n'a eu aucun égard à leur situation, malgré la promesse formelle qu'il leur avait faite de pourvoir à l'entretien de cette enfant.

J'ai voulu savoir s'il était vrai que ce magistrat, qui refusait ses secours à ces infortunés, eût une raison aussi forte pour devoir leur être utile ; j'ai été à la paroisse de Saint-Jacques de la Boucherie, j'y ai levé l'extrait baptistaire ci-joint. On sera sans doute aussi étonné que je l'ai été moi-même, d'y voir « Louis Dugravier, bourgeois de Paris, y demeurant rue des Lyons, paroisse Saint-Paul, parrain de Marie-Sophie. » Serait-il possible que M. Goëzman, qui se pare de tant de vertu, se fût joué du temple de Dieu, de la religion, et de l'acte le plus sérieux, sur lequel est appuyé l'état du citoyen, en signant *Louis Dugravier*, au lieu de *Louis Goëzman*, et y ajoutant un *faux domicile* à un faux nom ?

Je joins ici les pièces (1) justificatives, et je n'étends point mes réflexions, pour qu'on ne taxe pas de haine

(1) L'extrait baptistaire de Marie-Sophie et le placet de Pierre Dubillon et sa femme, père et mere de Marie-Sophie, atteste par la dame Dufour, maîtresse sage-femme, dont le double a été presenté à M. l'archevêque.

et de vengeance, une dénonciation qui est pour moi un point essentiel de défense. J'ai été moi-même injustement dénoncé, accablé d'injures les plus grossières, et de reproches aussi mal fondés qu'étrangers au fait pour lequel on m'a dénoncé. J'use de tous mes moyens pour me défendre. Je découvre un fait qu'il importe à mes juges et au public de savoir. Je le dénonce à M. le procureur général, pour me servir en tant que de besoin dans le procès intenté contre moi, par-devant les chambres assemblées : il en fera l'usage que sa prudence et son exactitude connues lui dicteront. A Paris, ce 15 décembre 1773.

CARON DE BEAUMARCHAIS.

« Je supplie mes juges de me pardonner si j'ai été
« obligé de leur envoyer à tous ma requête d'atténua-
« tion, sans qu'elle fût signée et d'un avocat titulaire. A
« l'heure que je distribue ces Mémoires, je n'ai pas en-
« core de signature, malgré mes prières, mes efforts,
« et les ordres signés et réitérés de M. le premier prési-
« dent. J'aime mieux commettre une légère irrégula-
« rité, que de courir le risque d'être jugé sans que
« tous mes juges aient lu ma requête d'atténuation. »

REQUÊTE D'ATTÉNUATION

POUR

LE SIEUR CARON DE BEAUMARCHAIS

A

NOSSEIGNEURS DE PARLEMENT

LES CHAMBRES ASSEMBLÉES

Supplie humblement *Pierre-Augustin Caron de Beaumarchais*, écuyer, conseiller secrétaire du roi et lieutenant général des chasses au bailliage et capitainerie de la Varenne du Louvre, grande vénerie et fauconnerie de France.

Disant, que M. Goëzman l'a dénoncé à la cour, comme ayant tenté de gagner son suffrage, par des presents faits à sa femme, et l'ayant ensuite diffamé par des propos offensants et calomnieux.

Ces délits ont paru graves; la cour a ordonné qu'il en serait informé à la requête de M. le procureur général; l'information a été faite, elle a été suivie de tout l'appareil de la procédure extraordinaire; le suppliant n'en a jamais redouté la rigueur, bien persuadé qu'elle fournirait des preuves de son innocence.

Dans ses Mémoires, le suppliant a rendu un compte exact des faits, il ne fera que retracer ici les plus essentiels.

FAIT

Le 1er avril 1773, M. Goèzman fut nommé rapporteur du procès entre le suppliant et le comte de la Blache. Le suppliant n'en fut pas plutôt informé, qu'il désira de voir ce magistrat et de l'entretenir de son affaire.

Dans cette vue, il se présenta jusqu'à trois fois en son hôtel, ce même jour 1er avril, et n'ayant pu parvenir jusqu'à lui, il laissa chaque fois à sa porte un billet conçu en ces termes : « Beaumarchais supplie Monsieur de vouloir bien lui accorder la faveur d'une audience, et de laisser ses ordres à son portier, pour le jour et l'heure. »

Le lendemain 2 avril, le suppliant se rendit encore trois fois chez M. Goèzman, et chaque fois, la portière lui disait qu'il était sorti; cependant, dans une de ces visites, le suppliant et le sieur Santerre, qui l'accompagnait, lui virent ouvrir les rideaux de son cabinet, au premier, qui donne sur le quai, et regarder, à travers les vitres, ceux dont le carrosse venait de s'arrêter à sa porte.

Voilà donc en deux jours six courses infructueuses.

M. Goëzman dit, dans le Mémoire qu'il a distribué au nom de sa femme, et il répète dans sa note intitulée : « Note remise par M. Goëzman à messieurs ses confrères, » que, le 2 avril, il donna audience dans la matinée à Me Falconet, l'un des conseils du suppliant, et que le 3, dans la matinée, il en accorda une autre au suppliant qui lui apporta un Mémoire manuscrit.

Le suppliant ne peut trop se récrier contre cette allégation; Me Falconet nie absolument le premier de ces deux faits qui lui est personnel; à l'égard du second, la fausseté en est attestée par le sieur Santerre, garde serment, que le gouvernement avait alors placé auprès du suppliant dans le temps qu'il était encore en prison. Ce garde venait prendre le matin le suppliant au For-l'Évêque, et ne le quittait que pour le reconduire au même lieu. Or, le sieur Santerre certifie, qu'avant le samedi 3 avril au soir, il n'est point entré chez M. Goezman avec le suppliant; le fait de l'audience du matin est donc supposé.

Cependant il importait au suppliant de voir son rapporteur. Après la dernière course du 2 avril, il se rendit chez la dame de Lépine, sa sœur; il lui fit part de ses inquiétudes sur ce que M. Goëzman se faisait celer, et lui refusait toute audience. Le sieur Bertrand Dairolles, qui se trouva chez la dame de Lépine, dit que le sieur le-Jay, libraire, avait des habitudes chez M. Goëzman, et qu'on pourrait, par son moyen, obtenir audience de ce magistrat. Il vit le sieur le-Jay, qui de son côté alla trouver madame Goëzman, et qui vint dire au sieur

Dairolles que l'audience serait accordée moyennant un sacrifice d'argent.

Le suppliant se récria sur la proposition qu'il trouva malhonnête, et sur la somme qui était exigée. Ses parents et ses amis le déterminèrent à consentir au sacrifice ; l'un d'eux courut chez lui prendre cent louis d'or, et les remit à la sœur du suppliant, qui n'en donna d'abord que cinquante au sieur le-Jay, en lui disant que cette somme lui paraissait bien forte pour la faveur de quelques audiences que l'on demandait. Le lendemain 3 avril, le sieur Dairolles vint chez la dame de Lépine prendre les cinquante autres louis. « Quand on fait un sacrifice, » lui dit-il, « il faut le faire honnête. » Il fit deux rouleaux des cent louis, les cacheta par les deux bouts, et monta dans un carrosse de place avec le sieur le-Jay, pour aller chez madame Goëzman.

De retour, il assura que cette dame avait promis de faire accorder au suppliant toutes les audiences dont il aurait besoin. Il remit en même temps au suppliant une lettre pour madame Goëzman, en lui disant de se rendre chez elle, qu'on lui dirait que M. Goëzman était sorti ; mais qu'en remettant la lettre au laquais de madame, il pourrait être certain d'être introduit chez monsieur.

Le suppliant se transporta le soir chez M. Goëzman, avec M. Falconet, et le sieur Santerre, son garde, qui ne le quittait pas. Tout ce qu'on lui avait prédit arriva : la lettre fut remise au laquais de madame Goëzman, qui la rendit à sa maîtresse, et vint dire au suppliant qu'il pouvait monter dans le cabinet du magistrat, qui allait s'y rendre par l'escalier qui donne dans l'intérieur de l'appartement de madame.

En effet, M. Goëzman ne tarda pas à paraître dans son cabinet; le suppliant l'y vit pour la première fois, il conféra avec lui sur son affaire; le magistrat lui fit des objections, ou si l'on veut des observations, que le suppliant recueillit attentivement pour se mettre en état d'y faire une réponse par écrit et la lui remettre.

Il rédigea en effet cette réponse, et pria le sieur Dairolles de lui faire obtenir une seconde audience pour la présenter. Le croira-t-on? On lui parla d'un second sacrifice pour avoir cette seconde audience; une montre à répétition, enrichie de diamants, fut remise au sieur Dairolles; celui-ci la remit au sieur le-Jay, qui la porta à madame Goëzman; mais, chose étrange, on vint dire au suppliant que cette dame demandait quinze louis pour le secrétaire de son mari, auquel elle se chargeait de les remettre ; le suppliant fut d'autant plus surpris de la proposition, qu'un de ses amis avait remis la veille dix louis à ce secrétaire, qui les avait d'abord refusés, disant qu'il n'avait aucun travail à faire sur le procès du suppliant, dont toutes les pièces étaient dans le cabinet de M. Goëzman. Cependant comme on persista sur les quinze louis, le suppliant les remit en argent blanc; le tout fut porté à madame Goèzman par le sieur le-Jay, auquel elle promit l'audience pour sept heures du soir, du dimanche 4 avril.

Le suppliant se présenta à l'heure indiquée avec son Mémoire chez M. Goëzman; mais il ne put le voir, et fut obligé de laisser ce Mémoire à sa portière.

Il s'en plaignit à ceux qui avaient négocié cette audience; la réponse de madame Goëzman fut que le suppliant pouvait se présenter le lendemain, lundi matin, et que s'il ne pouvait obtenir audience de son mari avnt le jugement du procès, tout ce qu'elle avait eçu serait rendu.

Cette réponse était d'un mauvais présage; cependant le suppliant alla le lendemain matin chez M. Goezman avec un de ses amis, et le sieur Santerre : la portière lui dit qu'elle avait des ordres de ne laisser entrer personne; le suppliant persista avec d'autant plus de force que, d'un côté, les moments pressaient, puisque l'affaire devait être rapportée l'après-midi, et que, de l'autre, il lui était essentiel d'avoir une conférence avec son rapporteur, sur de nouvelles objections qu'il avait faites la veille à l'ami dont le suppliant était accompagné. Toutes les instances du suppliant furent inutiles. Ne pouvant se faire ouvrir la porte de son juge, il pria la portière de lui permettre d'écrire, dans sa loge, les réponses qu'il s'était flatté de faire verbalement, et il donna six livres à un laquais pour faire parvenir ces réponses à M. Goëzman.

Le même jour, le délibéré fut rapporté sur les sept heures du soir, le suppliant perdit sa cause.

Le même soir, les deux rouleaux de louis et la montre furent rendus à la sœur du suppliant; mais madame Goëzman garda les quinze louis qu'elle avait exigés pour le secrétaire.

Le suppliant s'informa de ce secrétaire si ces quinze louis lui avaient été remis; celui-ci répondit qu'on ne les lui avait pas même offerts, et qu'il ne les aurait pas acceptés.

Le suppliant soupçonnant le sieur le-Jay, qu'il ne connaissait pas encore, d'avoir voulu s'approprier ces quinze louis, pria le sieur Dairolles de lui demander ce qu'ils étaient devenus.

Le sieur le-Jay les demanda à madame Goëzman qui, pour toute réponse, dit que ces quinze louis devaient lui rester.

Cette réponse fut rapportée au suppliant; le sieur le-Jay lui fit même dire que, pour se rendre certain du fait, il pouvait en écrire à madame Goëzman.

Le suppliant lui écrivit en effet, le 21 avril, une lettre dont il a rapporté les termes dans son Mémoire à consulter, pages 25 et 26; il lui marque en substance qu'on a rendu de sa part les deux rouleaux de louis et la montre à répétition, mais qu'on n'a point rendu les quinze louis; qu'il n'est pas juste qu'il les perde; que ces quinze louis n'ont pas dû s'égarer dans ses mains, et qu'il espère qu'elle les lui fera remettre.

Madame Goëzman feignant de ne pas entendre cette lettre, quoique très-claire, envoya chercher le sieur le-Jay, et lui dit que le suppliant lui demandait les cent louis et la montre.

Le sieur le-Jay protesta qu'il les avait rendus; il vint trouver la sœur du suppliant et lui fit part des plaintes de madame Goëzman. La dame de Lépine voulut le rassurer, en lui disant que, dans la lettre de son frère, il n'était question ni des cent louis ni de la montre, mais seulement des quinze louis exigés pour le secrétaire, auquel ils n'avaient pas été donnés : le sieur le-Jay était si troublé des plaintes amères que madame Goèzman lui avait faites, qu'il n'en voulut rien croire. Heureusement, le suppliant avait gardé copie de sa lettre ; il l'envoya à sa sœur pour la montrer au sieur le-Jay, qui la porta sur-le-champ à madame Goèzman, et qui lui fit voir par la confrontation qu'elle fit elle-même de la copie avec l'original, qu'il ne s'agissait, dans l'une comme dans l'autre, que des quinze louis qu'elle s'obstina à ne pas vouloir rendre.

Comme la négociation, pour obtenir des audiences de M. Goëzman, s'était faite par différentes personnes, que les cent louis et la montre avaient été rendus devant plusieurs témoins et que le fait des quinze louis indûment retenus, faisait du bruit ; M. Goézman, qui craignit avec raison des reproches de sa compagnie, imagina, pour s'en garantir, un moyen qui aurait répugné à toute âme un peu délicate : il envoya chercher le sieur le-Jay, et lui dicta une déclaration que cet homme faible, et peut-être interdit par des menaces, écrivit et signa, et dont il emporta la minute entièrement écrite de la main du magistrat. Ç'a été sur cette minute que le commis du sieur le-Jay en a fait une copie, qui a été remise à M. Goëzman, qui l'a déposée depuis au greffe de la cour.

Muni de cette déclaration signée du sieur le-Jay,

M. Goëzman, dont elle était l'ouvrage, fit une dénonciation aux chambres. Il dit dans sa note imprimée, page 4, « qu'il y a été forcé par le vœu de la chambre des enquêtes ; » ce n'était point une dénonciation que MM. des enquêtes exigeaient de lui, mais une justification.

Quoi qu'il en soit, il dit dans cette dénonciation qu'on avait eu la témérité, de la part du suppliant, de faire proposer à sa femme un présent considérable, pour l'engager à « solliciter son suffrage, » et qu'à cause de la perte du procès, on avait osé empoisonner la manière même avec laquelle cette offre honteuse avait été rejetée ; il dit ensuite qu'il a interrogé sa femme, qui est convenue des présents offerts, mais qui lui a soutenu les avoir refusés ; que ç'a été par délicatesse qu'elle n'a point voulu compromettre la personne interposée ; que cette personne, pénétrée de douleur d'avoir commis une faute, dont elle ne sentait point les conséquences, a déclaré à lui, M. Goezman, les circonstances qui ont accompagné et suivi l'offre et le refus ; qu'il est en état d'administrer la preuve du délit dont se sont rendus coupables ceux qui, après avoir tenté de séduire sa femme, ont empoisonné par des discours offensants les refus qu'ils ont essuyés.

Tel est le contenu dans la dénonciation par laquelle M. Goëzman défère le suppliant à la justice, comme coupable d'avoir voulu le corrompre, et de l'avoir ensuite calomnié. M. Goezman y dénonce aussi le sieur le-Jay, dont il avait surpris la signature au bas de la déclaration qu'il lui avait dictée. Ainsi cette déclaration par lui suggérée est devenue dans ses mains un instrument pour perdre le sieur le-Jay lui-même. Quel procédé de la part d'un magistrat !

Sur cette dénonciation, il a été arrêté que M. le procureur-général rendrait plainte et ferait information. La plainte contient les mêmes faits de la prétendue séduction mise en usage auprès de madame Goëzman, pour *solliciter* en faveur du suppliant le *suffrage* de son mari, et de la publicité qu'on avait donnée aux moyens pris pour y parvenir.

Le sieur le-Jay a été entendu comme témoin. Il a déposé formellement que la déclaration que M. Goëzman avait représentée, et qui était déposée au greffe, n'était point son ouvrage, mais celui de M. Goëzman; que la minute était écrite de la main de M. Goëzman; que cette minute était restée en la possession de lui, sieur le-Jay, pendant plusieurs jours; que sur cette minute, son commis en avait fait une copie; que M. Goëzman, peu de temps avant sa dénonciation, lui avait retiré cette minute; qu'au surplus, les faits contenus dans la déclaration n'étaient point véritables, en ce que les présents offerts n'avaient eu d'autre but que d'obtenir des audiences, et non de solliciter ni de gagner le suffrage de M. Goëzman.

Le sieur Bertrand d'Airolles a déposé aussi dans les termes les plus exprès, qu'il n'avait été chargé que de demander des audiences.

Madame Goëzman et plusieurs autres témoins ont aussi été entendus.

Sur le rapport fait des informations aux chambres, il

est intervenu arrêt qui a décrété le sieur le-Jay de prise de corps; le sieur Bertrand d'Airolles et le suppliant, d'ajournement personnel; et madame Goëzman, d'assignée pour être ouïe.

Les accusés ont été interrogés; le sieur le-Jay, après son interrogatoire, a été élargi. Le procès a été ensuite réglé à l'extraordinaire.

Il s'agit aujourd'hui, que l'instruction est faite, de statuer sur le fond de l'accusation.

MOYENS

Toute la question se réduit à un seul point. Les présents offerts à madame Goëzman ont-ils eu pour motif de gagner le suffrage de son mari, ou seulement d'obtenir des audiences qu'il refusait, et que le suppliant regardait comme très-nécessaires et très-importantes? Au premier cas, le suppliant qui aurait consenti à faire ces présents, et les agents intermédiaires, par les mains desquels ils ont été faits, pourraient être regardés comme répréhensibles. Au second cas, il n'y a pas même de corps de délit, parce qu'aucune loi ne défend à un plaideur de voir son juge, et de solliciter des audiences par tous les moyens possibles.

Avant d'entrer dans la discussion des preuves que présente l'instruction, il y a un fait capital à éclaircir. Le suppliant a perpétuellement dit qu'il n'avait consenti aux présents, qui ont été exigés pour lui faire obtenir des audiences de M. Goëzman, que parce que ce magistrat les lui avait persévéramment refusées.

M. Goëzman dit au contraire, dans le Mémoire de sa femme et dans sa note imprimée, que, le 2 avril, il donna audience à Me Falconet, l'un des conseils du suppliant, et que, le lendemain 3 avril, dans la matinée, il en donna une seconde au suppliant en personne. Il ajoute qu'il est faux que le suppliant ait été jusqu'à six fois chez lui les 1 et 2 avril; et, pour prouver ce fait, il cite la liste de son portier, sur laquelle, dit-il, le nom du suppliant n'est point inscrit ces jours-là.

Le suppliant soutient, au contraire, qu'il a fait, les 1 et 2 avril, les six courses inutiles dont il a parlé dans sa déposition et dans ses Mémoires ; qu'il est faux que le 2 avril Me Falconet ait eu audience de M. Goèzman, et qu'il est également faux que, le 3 au matin, ce magistrat ait donné audience au suppliant. Le fait concernant l'audience prétendue accordée à Me Falconet, est étranger au suppliant ; mais Me Falconet le dénie formellement; et ce qui rend très-suspecte l'allégation de M. Goèzman sur cette audience, c'est son infidélité sur celle qu'il dit avoir donnée le lendemain 3 dans la matinée, au suppliant. Il est de notoriété qu'alors le suppliant était au For-l'Évêque pour sa malheureuse affaire avec M. le duc de Chaulnes, et que le ministre ne lui avait permis de sortir pour solliciter son affaire, qu'avec un garde qui lui fut donné pour l'accompagner partout où il irait, et le reconduire le soir en prison. Ce garde est le sieur Santerre, dont la probité est connue, et qui a serment en justice. Si le suppliant avait été admis, le 3 avril dans la matinée, à l'audience de M. Goezman, le sieur Santerre l'y aurait accompagné ;

mais le sieur Santerre a déclaré et soutient affirmativement que ni lui, ni le suppliant qu'il ne quittait pas, n'ont point eu, le 3 avril, dans la matinée, d'audience de M. Goëzman. Le fait de l'audience donnée le 3 avril au matin est donc de toute fausseté; et si M. Goëzman a été capable d'en imposer sur cette audience, comment peut-on l'en croire sur celle qu'il dit avoir accordée la veille à Me Falconet; « *Mendax in uno, mendax in omnibus :* » ce sont les expressions de la loi.

Quant à la liste du portier, il est bien étonnant qu'on ose présenter à la justice une pièce aussi méprisable. Si le nom du suppliant ne se trouve pas sur cette liste aux jours indiqués par M. Goëzman, c'est que, pour mieux faire connaître à ce magistrat tout l'empressement qu'il avait de le voir, il avait eu soin d'écrire de petits billets qu'il laissait à sa porte, et par lesquels il demandait jour et heure pour une audience. Présumera-t-on d'ailleurs que le suppliant qui, suivant la liste, avait été trois fois chez M. Goëzman lors des plaidoiries de la cause, et dans le temps qu'il n'était point son rapporteur (1), eût négligé de lui rendre visite après que l'affaire eut été mise à son rapport. Enfin, ce qui tranche toute difficulté à cet égard, et ce qui renverse les inductions qu'on s'est efforcé de tirer de la liste du portier, c'est la déclaration de madame Goëzman dans son récolement, où elle dit que le sieur le-Jay la sollicitait pour obtenir des audiences de son mari pour le suppliant. Si M. Goëzman eût accordé si facilement ces

(1) 23, 26 et 27 mars

audiences, le suppliant n'aurait pas eu recours à des intermédiaires, et ces intermédiaires ne se seraient pas adressés à madame Goëzman pour les obtenir. Le langage tenu par madame Goëzman dans son récolement dément celui qu'on lui a fait tenir dans le Mémoire distribué en son nom.

Mais, dit M. Goëzman dans le Mémoire de sa femme et dans sa note, les anciennes ordonnances interdisent aux juges toute communication avec les parties plaidantes ; le juge ne doit donc point les entendre ailleurs que dans son auditoire.

Le suppliant ne se serait jamais attendu qu'un magistrat qui se vante (1) de marcher sur les traces des Mabillon, des Bignon, des Baluze et des Ducange, fît une application si fausse et si déplacée de nos ordonnances. Il n'est pas vrai qu'elles interdisent aux juges toute communication avec les parties, mais seulement des fréquentations « dont pourront être causées vraisemblables présomptions et suspicions de mal; » tel est leur langage. Ce ne sont donc que les fréquentations et habitudes familières avec les parties qui sont interdites aux juges ; c'est sur ce principe que l'ordonnance de 1446, qui est une de celles citées par M. Goëzman, défend, par l'article 6, aux juges de boire et de manger avec les parties plaidantes devant eux; mais il est absurde de conclure de là que le juge, et surtout celui qui est rapporteur, doive refuser au plaideur la satisfaction de le voir et de lui expliquer

(2) Page 54 du Mémoire de madame Goezman.

son affaire ; il est plus absurde encore de dire que le rapporteur ne doit point entendre les parties ailleurs que dans son auditoire ; il n'y a point d'auditoire pour les procès appointés et les causes mises en délibéré, les parties ne pouvant alors être entendues dans l'auditoire, sont obligées d'aller trouver le juge dans sa maison pour l'instruire. Cela s'est pratiqué de tout temps, dans tous les pays, dans tous les tribunaux, et cela se pratique journellement dans les causes mêmes qui se plaident à l'audience par le ministère d'avocats. Malgré la discussion qui s'en fait dans le lieu de l'auditoire, les juges ne refusent point aux parties la satisfaction de les recevoir chez eux et de les entendre ; le suppliant a pour garant de cette vérité une partie des magistrats qui doivent juger le procès actuel ; ils ont eu la bonté de lui donner audience chez eux et de l'entendre lors même des plaidoiries de sa cause, et ils lui ont accordé la même grâce dans le temps qu'elle a été en délibéré.

Les lois romaines ne défendaient point aux juges d'entendre les parties, mais seulement de vendre les audiences, *non visio ipsa præsidis cum pretio*... (1) *ne quis præsidum munus donumve caperet.* Loi ff. *De officio præsidis;* mais ces lois, loin d'interdire aux juges d'entendre les parties, leur en prescrivaient l'obligation ; elles voulaient que l'oreille du juge fût ouverte aux pauvres comme aux riches : *æque aures judicautis pauperrimis ac divitibus reserentur.*

(1) Lois *Vénales*, cod.

Comment, après des textes aussi précis, M. Goezman peut-il invoquer la disposition des lois pour autoriser le refus par lui fait obstinément d'accorder audience au suppliant?

Mais, dit-on, la cause ayant été amplement discutée lors des plaidoiries, M. Goëzman n'avait pas besoin d'instructions nouvelles.

Le suppliant répond qu'il s'agissait dans la cause, non-seulement de sa fortune, mais de son honneur; que son adversaire avait fait plaider aux audiences auxquelles, à cause de sa détention, il n'avait pu assister, une foule de faits aussi faux qu'injurieux, et entre autres sur des lettres écrites par le suppliant au sieur Duverney, et sur les réponses de celui-ci, qui prouvaient que ce respectable citoyen, cet homme si éclairé, si judicieux, avait discuté le compte et n'en avait signé l'arrêté que dans la plus grande connaissance de cause, il importait au suppliant de faire connaître à son rapporteur toute la noirceur des calomnies qui avaient été débitées contre lui; il lui importait de lui faire voir ces lettres, de les lui faire lire les unes après les autres, de lui montrer que tout ce qu'on avait dit sur le format, sur le pli, était un tissu d'absurdités, et même que s'il y en avait une qui fût altérée, l'altération n'avait été faite que pendant que les pièces avaient été dans les mains de son adversaire, par la communication qui lui en avait été donnée de bonne foi. Le suppliant avait eu, au sujet de ces lettres, plusieurs conférences avec M. Dufour, son rapporteur aux requêtes de l'hôtel; il se flatte de l'avoir convaincu de leur sincérité ; il voulait, il désirait ardemment avoir aussi des conférences avec M. Goëzman, devenu son rapporteur en la grand'chambre, pour lui démontrer, les lettres à la main, jusqu'à quel point son adversaire en avait abusé à l'audience, et cependant M. Goëzman lui refusait tout entretien, tout rendez-vous.

Mais, dit-on encore, le suppliant ne s'est pas contenté de solliciter des audiences ; il a donné de l'argent, il a fait des présents pour les obtenir, et les ordonnances le défendent expressément.

La réponse est simple et péremptoire. Ce sont les dons *corrompables*, les traités faits avec les juges sur le fait du procès, que les lois défendent aux parties. Mais nulle loi ne leur interdit de demander audience aux juges, et de solliciter ces audiences quand elles leur sont refusées. Le suppliant vient de faire voir combien il lui était important de voir son juge et de l'instruire sur les imputations personnelles qui lui étaient faites, il désirait avoir un entretien avec lui ; ce désir était légitime, il serait injuste de lui en faire un crime. Le crime ne consiste que dans l'infraction de la loi ; or, quelle est la loi qui défende aux parties de voir leurs juges et de les solliciter ? Il n'y en a aucune. Si telle loi existait, elle serait sauvage et devrait être abolie, parce que, encore une fois, le juge, pour sa propre instruction, doit voir les parties et les entendre ; or il est prouvé que M. Goëzman avait refusé toute audience au suppliant, les 1 et 2 avril.

Ce refus a fait recourir à toutes les voies possibles

pour se procurer cette audience désirée, et que le suppliant regardait comme indispensable. Le résultat de toutes les démarches qui ont été faites a été que, sans argent, on n'aurait point d'audience. Des agents intermédiaires ont apprécié le sacrifice d'abord à cent louis ; il ont ensuite demandé un bijou ; le suppliant n'a point vu madame Goëzman ; il n'a fait ni fait faire de pacte avec elle ; il ignore personnellement si elle a accepté l'or et le bijou ; mais il sait, et les intermédiaires savent comme lui, qu'il ne demandait que des audiences, parce que tout son objet était d'instruire son rapporteur ; il l'ont tous déposé ; madame Goezman l'a elle-même attesté à la justice dans son récolement ; elle l'a répété dans son Supplément de Mémoire. Si les intermédiaires ont rapporté, le jour de la perte du procès, les cent louis et la montre, ils en ont donné la raison, en déclarant que madame Goezman avait dit que si le suppliant ne pouvait, avant le jugement, obtenir les audiences par elle promises, tout serait restitué. Le suppliant n'a point été partie directe dans la négociation ; on ne peut, pour lui faire un crime, lui supposer une intention qu'il n'a jamais eue, celle de corrompre son juge ; on le peut d'autant moins, que la femme de ce juge déclare elle-même que le suppliant ne lui avait fait demander que des audiences. Où est donc le crime ? Où est même le blâme ? Est-ce du côté du suppliant qui, contraint par une dure nécessité, a fait un sacrifice pour obtenir une chose qu'il demandait ? Non, certes ; mais il est entièrement du côté de ceux qui ont exigé des presents et qui ont mis un prix exorbitant à l'audience qui a été accordée. Le juge qui fait payer une audience au plaideur, est punissable ; mais le plaideur qui la paye, parce qu'il ne peut l'obtenir par une autre voie, ne l'est point, parce que, encore une fois, la demande par lui faite d'une audience est juste, et que jamais on n'est répréhensible lorsqu'on ne fait que des demandes justes. Malheur à ceux qui, pour les accorder, emploient de mauvaises voies! Eux seuls méritent le blâme et la punition.

Aussi rien n'égale la sévérité de nos ordonnances sur ce point.

Celle de Philippe IV, de 1302, art. 13 (1), défend aux juges de rien prendre, même s'il leur était offert.

Celle de Charles VII, du 27 octobre 1445, art. 6, fait défenses aux présidents et conseillers de prendre et recevoir par eux, « leurs Agents et familiers, » aucun don et présent, sous quelque espèce que ce soit, de viande, vin ou autre chose.

Une seconde ordonnance du même roi, 1453, renouvelle la même disposition dans les termes les plus forts, art. 118 : « Voulant obvier à l'indignation de Dieu, et aux grandes esclandres et inconvénients qui pour telle iniquité ou pervertissement de justice, » aviennent souvent, défendons et prohibons à tous nos juges et officiers, tant en notre cour de parlement, qu'en toutes autres cours de notre royaume, que nul ne prenne et ne reçoive, « par soi ou par autre directement ou indirecte-

(1) Conférence du Guesnois.

ment, » dons corrompables... sur peine de privation de leurs offices; et en outre voulons iceux être punis suivant l'exigence des cas et la qualité des personnes, et tellement que ce soit exemple à tous. »

Et l'article 120 enjoint aux présidents des cours « de faire diligente inquisition desdits cas, pour y donner provision convenable, et en faire punition sans dissimulation ou délai, et sans faveur ou exception de personne, sur peine d'encourir notre indignation, et d'en être punis. »

Ces règlements faits par les législateurs pour prévenir les abus de l'administration de la justice, ont été renouvelés par toutes les ordonnances postérieures (1). Ainsi les magistrats ne peuvent les ignorer. Les lois ne leur défendent pas seulement de rien recevoir des parties par eux-mêmes, mais encore par des personnes interposées, « leurs gens ou familiers, directement ou indirectement. » Le suppliant ne va pas jusqu'à supposer que M. Goëzman ait eu connaissance des présents exigés par sa femme pour faire donner audience; elle est néanmoins la personne interposée dont parlent les ordonnances, « leurs gens ou familiers. » D'ailleurs il y a ici contre M. Goezman la présomption de la loi qui porte, *inter proximas personas fraus facile præsumitur.* Si la fraude se présume facilement entre des personnes proches, combien à plus forte raison doit-

(1) Article 16 de l'ordonnance de Charles VIII, de 1493. Article 36 de celle de Louis XII, de 1507. Article 35 de celle de François Ier, de 1535. Article 19 de l'ordonnance de Moulins, de 1556. Article 43 de celle d'Orléans, de 1560. Article 114 de celle de Blois, de 1579.

elle se présumer entre deux personnes étroitement unies par un lien sacré, qui vivent ensemble dans la plus grande intimité, qui ont la même habitation, la même table, le même lit, et qui ne doivent rien avoir de secret l'une pour l'autre ! N'est-ce pas ici le cas de dire, *inter conjunctas personas fraus multo facilius præsumitur.* Mais encore une fois, le suppliant n'entend point inculper M. Goëzman : tout son objet est de se défendre de l'accusation à laquelle sa dénonciation a donné lieu.

Maintenant que les faits ont été discutés, et les principes établis, il ne reste plus au suppliant qu'à mettre sous les yeux de la cour les preuves que fournit l'instruction : s'il en résulte qu'il n'a demandé et sollicité que des audiences, l'accusation en corruption de juge, intentée contre lui sur la dénonciation de M. Goëzman, sera démontrée fausse et calomnieuse.

Or, que disent les témoins ?

La dame le-Jay a déposé que madame Goëzman avait reçu cent louis pour une audience, et qu'elle en avait exigé et retenu quinze autres.

Le sieur Bertrand d'Airolles n'a cessé de dire et de répéter dans sa déposition et dans ses interrogatoires, que lorsqu'il s'adressa à la dame le-Jay pour l'engager à parler à M. Goëzman, il lui observa que ceux qui s'intéressaient pour le suppliant « ne lui avaient parlé que d'audiences, » que ses sollicitations personnelles ne s'étendaient pas au delà ; que lorsqu'il eut fait deux rouleaux des cent louis, il les remit au sieur le-Jay en lui disant encore « qu'on ne lui avait parlé que d'entrevues et d'audiences ; » qu'il ne se serait pas chargé de la commission s'il y soupçonnait de la malhonnêteté.

Le sieur le-Jay, par la main duquel les cent louis et la montre ont été donnés, dit pareillement qu'il n'avait demandé autre chose à madame Goëzman « que des audiences » pour le suppliant.

Mais écoutons madame Goëzman elle-même. Voici ce qu'elle a dit dans son récolement, dans lequel elle a toujours persisté comme contenant vérité : « Jamais le sieur le-Jay ne m'a présenté d'argent pour gagner le suffrage de mon mari, que l'on sait être incorruptible ; mais il sollicitait seulement des audiences auprès de moi pour le sieur de Beaumarchais. »

Deux faits sont constatés par cette déclaration, que madame Goëzman a réitérée dans le Supplément de Mémoire qu'elle vient de distribuer. Le premier, que *jamais* le sieur le-Jay ne lui a présenté de l'argent pour gagner le suffrage de son mari ; écartons donc ici toute idée de corruption. Le second, que toutes les sollicitations du sieur le-Jay se sont bornées à demander des audiences pour le suppliant. Il n'était donc question que d'audiences et non de séduction. Le suppliant n'entendait point gêner le suffrage de Goëzman, mais seulement le voir, et lui expliquer son affaire : en lui demandant une audience, le suppliant ne lui demandait qu'un acte de justice.

Concluons donc que le suppliant n'a jamais demandé que des audiences, que tout son objet était de voir son juge, pour l'instruire et discuter avec lui l'arrêté de compte, les lettres et toutes les autres pièces, et repousser à ses yeux les traits envenimés de la calomnie. Voilà le motif qui lui a fait désirer si ardemment de voir son rapporteur, motif aussi juste qu'honnête.

Mais ce qui n'est pas honnête, c'est tout ce qui s'est passé à l'occasion de la déclaration du sieur le-Jay. Il est prouvé au procès que M. Goëzman est l'auteur de cette déclaration; qu'il a mandé le sieur le-Jay chez lui; qu'en sa présence il en a rédigé le projet, et qu'il la lui a ensuite dictée sur la minute qu'il en avait dressée. Madame Goèzman en convient elle-même dans son Mémoire, page 23, en ces termes : « Le sieur le-Jay pria mon mari de lui arranger dans la forme d'une déclaration les faits dont il venait de lui rendre compte; il fut, en conséquence, fait un brouillon que mon mari corrigea en plusieurs endroits. » Ce brouillon a donc été l'ouvrage de M. Goèzman et de sa femme qui assistait à l'opération. Mais pourquoi tant de précautions? Pourquoi exiger du sieur le-Jay un acte fabriqué dans les ténèbres? Pourquoi du moins ne le pas laisser maître de rédiger la déclaration d'après ses propres connaissances? Pourquoi enfin corriger en plusieurs endroits le brouillon qui venait d'être écrit? *Nimia præcautio dolus;* c'est encore le langage de la loi. N'est-il pas évident que M. Goezman n'a fabriqué cette déclaration clandestine que pour disculper sa femme, en inculpant le suppliant par l'imputation de fait absolument faux, et en inculpant même le sieur le-Jay qui avait eu la faiblesse de se fier à lui. Mais qu'est-il arrivé? Sur la dénonciation de M. Goezman aux chambres, M. le procureur-général a rendu plainte;

le sieur le-Jay a été entendu comme témoin, la vérité a repris tout son empire sur cet homme simple, mais honnête; il a déclaré sous la religion du serment les faits tels qu'ils s'étaient passés; il a dit que les présents n'avaient été faits que pour obtenir des audiences; que la déclaration par lui signée chez M. Goëzman lui avait été suggérée et dictée par ce magistrat. Décrété de prise de corps et mis au secret, il a persisté à soutenir dans son interrrogatoire les faits tels qu'il les avait déclarés dans sa déposition; il n'a varié ni aux récolements, ni aux confrontations. Que devient après cela la déclaration qui lui a été surprise? M. Goèzman ne l'a fabriquée que pour perdre le suppliant; mais elle le perdra lui-même, puisqu'elle prouve de sa part une manœuvre indigne, non-seulement de tout magistrat, mais même de tout homme à qui il reste un peu de sentiment. N'est-ce pas en effet une perfidie de sa part, de tirer du sieur le-Jay cette fatale déclaration qu'il lui a dictée, pour ensuite le dénoncer à la justice et l'impliquer dans un procès criminel? Car s'il y avait du crime dans les démarches faites auprès de madame Goèzman, le sieur le-Jay serait le premier coupable; M. Goèzman aurait donc abusé de la faiblesse de cet homme simple, en lui surprenant à titre de confiance cette déclaration, et en s'en servant ensuite contre lui. Les expressions manquent pour caractériser un pareil procédé.

Heureusement la vérité s'est fait jour dans l'instruction extraordinaire. Il est aujourd'hui démontré que le suppliant ni le sieur le-Jay n'ont fait aucunes tentatives pour gagner le suffrage de M. Goëzman, mais seulement pour obtenir des audiences de lui. Demander audiences à son juge, les solliciter même par des présents faits à la femme pour les obtenir du mari, quand il n'est pas possible de les avoir autrement, n'est point un crime.

Le premier chef d'accusation détruit, le second tombe de lui-même. Il n'est pas vrai que le suppliant ait injurié ni calomnié la personne de M. Goëzman, il a seulement demandé à sa femme les quinze louis qu'elle a exigés pour le secrétaire, et qu'elle a retenus indûment au lieu de les lui remettre. Ces quinze louis ne pouvaient à aucun titre appartenir à madame Goezman; elle devait donc les rendre. Ce n'est pas la faute du suppliant si la rétention de ces quinze louis a donné lieu à des lettres qui ont été écrites et à des propos qui ont été tenus. Un peu moins d'avidité dans madame Goèzman aurait prévenu tous les propos qu'elle ne doit imputer qu'à elle-même.

Ce considéré, NOSSEIGNEURS, il vous plaise décharger le suppliant de l'accusation intentée contre lui, ordonner que l'arrêt qui interviendra sera imprimé et affiché, sous la réserve que fait le suppliant, de tous ses droits et actions contre M. Goèzman, comme son dénonciateur, et vous ferez justice.

Signé,

CARON DE BEAUMARCHAIS.

QUATRIÈME MÉMOIRE

A CONSULTER

CONTRE M. GOEZMAN, JUGE, ACCUSÉ DE SUBORNATION ET DE FAUX; MADAME GOEZMAN ET LE SIEUR BERTRAND, ACCUSÉS; LES SIEURS MARIN, GAZETIER; D'ARNAUD-BACULARD, CONSEILLER D'AMBASSADE ET CONSORTS

> La justice qu'on vous doit servira à purger la société d'une espèce auss venimeuse.
>
> (*Lettre du C. de la Blache, datée de Grenoble.*)

ET RÉPONSE INGÉNUE A LEURS MÉMOIRES GAZETTES-COURANTES, INJURES ET MILLE ET UNE DIFFAMATIONS.

> .... *Sunt quoque gaudia luctus.* OVIDE.
>
> Et les chagrins aussi sont mêlés de plaisirs.

Suivant la marche ordinaire des procès, un homme accusé se défend sur les objets qui lui sont reprochés, et s'en tient là; pourvu qu'il sorte d'intrigue, qu'il ait bien ou mal dit, ses amis ne s'en soucient guère, ni lui non plus.

Il n'en est pas ainsi de ma cause, bizarre à l'excès

dans toutes ses parties. Non-seulement je suis forcé de plaider sur le fond des accusations, mais encore de défendre la nature même de mes défenses.

Beaucoup de gens graves, en s'expliquant sur mes écrits, ont trouvé que dans une affaire où il allait du bonheur ou du malheur de ma vie, le sang-froid de ma conduite, la sérénité de mon âme, et la gaieté de mon ton, annonçaient un défaut de sensibilité, peu propre à leur en inspirer pour mes malheurs. Tout sévère qu'est ce reproche, il a je ne sais quoi d'obligeant, qui me touche et m'engage à me justifier.

Mais, qui a dit à ces personnes qu'il allait ici du bonheur ou du malheur de ma vie? Comment sait-on si je suis faible au point de confier mon bonheur à la fortune, ou sage assez pour le faire dépendre uniquement de moi-même? Parce qu'ils sont souvent tristes au sein de la joie, ils me reprochent d'être froid et tranquille au milieu du malheur! Pourquoi mettre sur le compte de l'insensibilité ce qui peut être en moi le résultat d'une philosophie, aussi noble dans ses efforts que douce en ses effets? Pour des gens très-graves le reproche n'est-il pas un peu léger? Je veux bien qu'ils sachent que le courage qui fait tout braver, l'activité qui fait parer à tout, et la patience qui fait tout supporter, ne rendent pas les outrages moins sensibles, ni les chagrins moins cuisants. Mais je me fais un plaisir de leur rappeler que l'habitude du mal suffit seule pour y résigner les créatures même les plus faibles en apparence.

Les femmes, dont le commerce est si charmant

qu'elles semblent n'avoir été destinées qu'à répandre des fleurs sur notre vie, les femmes mêmes nous donnent sans cesse la douce leçon de ce courage d'instinct, de cette philosophie pratique : formées par la nature, moins fortes que les hommes, et souffrant presque sans cesse, elles ont une patience, une douceur, une sérénité dans les maux qui m'a toujours fait rougir de honte, moi créature indocile, irascible, et qui prétends à l'honneur de savoir me vaincre. Moins occupées de se plaindre que de nous plaire, on les voit oublier leurs souffrances pour ne songer qu'à nos plaisirs. Il semble que notre estime et notre amour les dédommagent de tous leurs sacrifices.

Objet de mon culte en tout temps, ce sexe aimable est ici mon modèle. Il est impossible d'être plus malheureux que moi sous toutes sortes d'aspects ; mais en écrivant, je me sauve de moi-même pour m'occuper de ceux qui pourront m'estimer et me plaindre, si je parviens à les instruire de mes maux sans les ennuyer de leur récit.

Dès lors je suis comme Sosie; ce n'est plus le moi souffrant et malheureux qui prend la plume; c'est un autre moi courageux, ardent à réparer les pertes que la méchanceté m'a causées dans l'opinion de mes concitoyens, qui brûle d'intéresser les âmes sensibles, et peignant à grands traits l'iniquité de mes ennemis ; qui s'efforce d'exciter la curiosité des indifférents, en égayant un sujet aride. J'aspire à m'envelopper de la bienveillance publique, à en opposer la protection tutélaire à la haine de ceux qui me persécutent. Enfin j'oublie mes maux en écrivant, et suis comme un esclave qui ne sent plus le poids de ses chaînes à l'instant qu'il voit compter l'argent de sa rançon.

D'ailleurs je me donne les airs d'avoir aussi ma philosophie, et comme ce Mémoire est moins l'examen sec et décharné d'une question rebattue, qu'une suite de réflexions sur mon état d'accusé, peut-être ne me saura-t-on pas mauvais gré de montrer ici sur quel autre fondement j'établis la paix intérieure d'un homme si cruellement tourmenté, que cette paix paraît factice aux uns et du moins fort extraordinaire aux autres.

Si l'Être bienfaisant qui veille à tout, m'eût honoré de sa présence un jour et m'eût dit : Je suis celui par qui tout est ; sans moi tu n'existerais point ; je te douai d'un corps sain et robuste ; j'y plaçai l'âme la plus active ; tu sais avec quelle profusion je versai la sensibilité dans ton cœur, et la gaieté sur ton caractère ; mais pénétré que je te vois du bonheur de penser, de sentir, tu serais aussi trop heureux, si quelques chagrins ne balançaient pas cet état fortuné ; ainsi tu vas être accablé sous des calamités sans nombre ; déchiré par mille ennemis ; privé de ta liberté, de tes biens ; accusé de rapines, de faux, d'imposture, de corruption, de calomnie ; gémissant sous l'opprobre d'un procès criminel ; garrotté dans les liens d'un décret ; attaqué sur tous les points de ton existence par les plus absurdes *on dit*, et ballotté longtemps au scrutin de l'opinion publique, pour décider si tu n'es que le plus vil des hommes, ou seulement un honnête citoyen...

Je me serais prosterné, et j'aurais répondu : Être

des êtres, je te dois tout, le bonheur d'exister, de penser et de sentir : je crois que tu nous as donné les biens et les maux en mesure égale; je crois que ta justice a tout sagement compensé pour nous ; et que la variété des peines et des plaisirs, des craintes et des espérances, est le vent frais qui met le navire en branle et le fait avancer gaiement dans sa route.

S'il est écrit que je doive être exercé par toutes les traverses que ta rigueur m'annonce, tu ne veux pas apparemment que je succombe à ces chagrins; donne-moi la force de les repousser, d'en soutenir l'excès par des compensations, et, malgré tant de maux, je ne cesserai chanter tes louanges *in cithara et decachordo.*

Si mes malheurs doivent commencer par l'attaque imprévue d'un légataire avide sur une créance légitime, sur un acte appuyé de l'estime réciproque et de l'équité des deux contractants; accorde-moi pour adversaire un homme avare, injuste et reconnu pour tel; de sorte que les honnêtes gens puissent s'indigner que celui qui, sans droit naturel, vient d'hériter de quinze cent mille francs, m'intente un horrible procès, et veuille me dépouiller de cinquante mille écus, pour éviter de me payer quinze mille francs au nom et sur la foi de l'engagement de son bienfaiteur.

Fais qu'aveuglé par la haine il s'égare assez pour me supposer tous les crimes; et que, m'accusant faussement au tribunal du public, « d'avoir osé compromettre les noms les plus sacrés, » il soit enfin couvert de honte, quand la nécessité de me justifier m'arrachera au silence le plus respectueux.

Fais qu'il soit assez maladroit pour prouver sa liaison secrète avec mes ennemis, en écrivant contre moi dans Paris des lettres « de Grenoble, » à celui qui l'aura aidé à me dépouiller de mes biens ; de façon que je n'aie qu'à poser les faits dans leur ordre naturel, pour être vengé de ce riche légataire, par lui-même.

S'il est écrit qu'au milieu de cet orage je doive être outragé dans ma personne, emprisonné pour une querelle particulière;..... s'il est écrit que l'usurpateur de mon bien profite de ma détention pour faire juger notre procès au parlement, et si je suis destiné de toute éternité à tomber à cette époque entre les mains d'un rapporteur inabordable; j'oserais désirer que l'autorité, qui n'est jamais formaliste sur rien, le devînt assez contre moi pour qu'il me fût interdit de sortir de prison, pour solliciter ce rapporteur, sans être suivi d'un homme public et sermenté, dont le témoignage pût servir un jour à me sauver des misérables embûches de mes ennemis, et de la fameuse liste du portier de l'hôtel Goezman.

Si, pour les suites de ce procès, je dois être dénoncé au parlement comme ayant voulu corrompre un juge incorruptible et calomnier un homme incalomniable, suprême Providence, ton serviteur est prosterné devant toi ; je me soumets ; fais que mon dénonciateur soit un homme de peu de cervelle ; qu'il soit faux et faussaire, et puisque ce procès criminel doit être de toute iniquité comme le procès civil qui y a donné lieu ; fais, ô mon maître, que celui qui veut me perdre se trompe sur moi, me croie un homme sans force, et s'abuse dans ses moyens.

S'il se donne une complice; que ce soit une femme de peu de sens : si elle est interrogée, qu'elle se coupe, avoue, nie ce qu'elle a avoué, y revienne encore; et, pour augmenter sa confusion, fais qu'elle rejette enfin, sur des signes ordinaires de jeunesse et de santé, tous les égarements de son esprit malade.

Si mon dénonciateur suborne un témoin; que ce soit un homme simple et droit, que l'horreur des cachots n'empêche pas de revenir à la vérité, dont on l'aura un moment écarté.

Si l'*incorruptible* fait faire une déclaration à ce pauvre honnête homme; qu'il en fabrique la minute, qu'il la confie à ce témoin, qu'il change le sens de la copie qui lui reste, en y commettant des faux très-grossiers; qu'il n'y ait ni suite, ni plan dans sa conduite; afin que tout puisse un jour servir à le confondre dans ses vues iniques, comme mon ennemi « son homme de lettres, » et qui écrit d'une façon si modérée.

Telle eût été ma prière ardente; et si tous ces points m'avaient été accordés, encouragé par tant de condescendance, j'aurais ajouté : Suprême bonté, s'il est encore écrit que quelque intrus doive s'immiscer dans cette horrible affaire et prétendre à l'honneur de l'arranger, en sacrifiant un innocent et me jetant moi-même dans des embarras inextricables; je désirerais que cet homme fût un esprit gauche et lourd; que sa méchanceté maladroite l'eût depuis longtemps chargé de deux choses incompatibles jusqu'à lui, la haine et le mépris public. Je demanderais, surtout, qu'infidèle à ses amis, ingrat envers ses protecteurs, odieux aux auteurs dans ses censures, nauséabond aux lecteurs dans ses écritures, terrible aux emprunteurs dans ses usures, colportant les livres défendus, espionnant les gens qui *l'admettent*, écorchant les étrangers dont il fait les affaires, désolant pour s'enrichir les malheureux libraires; il fût tel enfin dans l'opinion des hommes, qu'il suffît d'être accusé par lui, pour être présumé honnête; son protégé, pour être à bon droit suspecté : *donne-moi Marin.*

Que si cet intrus doit former le projet d'affaiblir un jour ma cause, en subornant un témoin dans cette affaire; j'oserais demander que cet autre *algouzin* fût un cerveau fumeux, un capitan sans caractère, girouette à tous les vents de la cupidité, pauvre hère, qui voulant jouer dix rôles à la fois, dénué de sens pour en soutenir un seul, allât, dans la nuit d'une intrigue obscure, se brûler à toutes les chandelles, croyant s'approcher du soleil; et qui livré, sur l'escarpolette de l'intérêt, à un balancement perpétuel, en eût la tête et le cœur étourdis, au point de ne savoir ce qu'il affirme, ni ce qu'il a dessein de nier : *donne-moi Bertrand.*

Et si quelque auteur infortuné doit servir un jour de conseiller à cette belle ambassade; j'oserais supplier la divine providence de permettre qu'il y remplît un rôle si pitoyable, que, bouffi de colère et tout rouge de honte, il fût réduit à se faire lui-même tous les reproches que la pitié me ferait supprimer. Heureux encore, quand une expérience de soixante-quatre ans et demi ne lui aurait pas appris à parler, que cet événement lui apprît au moins à se taire : *Donne-moi Baculard.*

Que si, pour achever d'exercer ma patience et me mieux tourmenter, quelque magistrat, d'un beau nom, doit se déclarer le protecteur, le conseil et le soutien de mon ennemi; j'oserais demander qu'il fût choisi entre mille, d'un caractère léger, et tel que ses imputations n'obtinssent pas plus créance contre moi, que ses outrages publics ne doivent m'ébranler, ni me nuire. Je sais que mon désir est difficile à satisfaire, mais rien n'est impossible à ta puissance.....

Enfin, si dans la foule des maux prêts à m'accabler, si dans la nécessité d'un procès aussi bizarre, cet Être bienfaisant m'eût laissé le choix du tribunal ; je l'aurais supplié qu'il fût tel que, tout près encore de la naissance de ses augustes fonctions, il pût sentir que l'expulsion d'un membre vicié l'honorerait plus aux yeux de la nation que cent jugements particuliers, où les murmures des malheureux balancent toujours l'éloge que les heureux sont tentés de donner. Je l'aurais demandé ainsi, parce que j'aurais cru n'être point exposé à voir sortir de ce tribunal un jugement équivoque, sous les yeux d'un peuple éclairé, plein de sagacité, d'esprit et de feu ; et qui toujours plus prompt à blâmer qu'à prodiguer la louange, rendrait chaque magistrat attentif et sévère sur sa façon de prononcer.

Eh bien ! dans mon malheur, tout ce que j'aurais ardemment désiré, ne l'ai-je pas obtenu ? L'acharnement de mes ennemis les a rendus peu redoutables; leur nombre les a livrés au défaut de liaison si nécessaire en tout projet ; la haine les a conduits à l'aveuglement : chacun de leurs efforts pour m'arrêter, n'a fait qu'accélérer ma marche et hâter ma justification.

Combien de fois m'étais-je dit, pendant ces temps de trouble : je n'aurai pas la faiblesse de me faire un besoin de l'estime universelle, plus que je n'ai l'orgueil de croire la mienne utile à tout le monde ! Avouons-le de bonne foi, force n'est pas bonheur : il faut une vertu plus qu'humaine pour être heureux étant mésestimé ; mais je n'en ai que mieux goûté depuis combien l'estime publique est douce à recueillir. Aujourd'hui, je sens toute la fermeté de mon cœur s'amollir, se fondre de reconnaissance et de plaisir, au plus léger éloge que j'entends faire de mon courage ou de mon honnêteté.

Si j'ajoute à cela les offres multipliées de secours et de services d'une foule d'honnêtes gens, et les consolations particulières de l'amitié ; vous conviendrez que l'exemple vivant d'une heureuse compensation du mal par le bien, est ici joint aux enseignements de la plus douce philosophie.

. . . . *Sunt quoque gaudia luctus.* OVIDE.
Et les chagrins aussi sont mêlés de plaisirs.

Quant au procès que je défends ; indépendamment de la justice de ma cause sur laquelle se fonde ma sécurité, je ne vois ici qu'un événement qui, tout bizarre qu'il est, mériterait peu d'arrêter les regards, sans la qualité, la quantité de mes ennemis, et sans mon courage à repousser leurs traits. Mais pour obtenir la justice que j'attends, je ne dois pas me lasser de discuter en présence de mes juges, la seule question qui me soit vraiment personnelle dans le procès soumis au jugement de la cour :

« Suis-je un corrupteur ou ne le suis-je pas? »

Dans sa dénonciation, M. Goëzman a dit formellement que j'étais un corrupteur. Cette pièce est la seule contre laquelle j'aie à m'élever aujourd'hui, puisque c'est sur elle seule que le procès est établi; mais le dénonciateur y déclare positivement qu'il n'est instruit du fait dont il m'accuse, que par le témoignage de sa femme.

Laissons donc la dénonciation de côté, pour ne plus nous occuper que de ce témoignage, unique et frêle appui d'un procès beaucoup trop fameux.

Mais la dame interrogée, déclare à son tour, « que jamais le-Jay ne lui a laissé d'argent pour corrompre son mari, qu'on sait bien être incorruptible, et qu'il ne lui marchandait que des audiences. » C'est ainsi qu'en donnant dans son récolement le démenti le plus ferme à sa déclaration concertée, et à la dénonciation qui en est le fruit, cette dame anéantit encore une fois l'accusation de corruption portée contre moi; et tout est dit à cet égard, à moins qu'on ne trouve à la ranimer par les charges mêmes du procès.

Mais les interrogatoires de le-Jay démentent la dénonciation du mari, et renforcent le récolement de la femme.

Mais les interrogatoires de Bertrand; mais ses Mémoires, qu'il faut mettre en ligne de compte aujourd'hui, parce que, sortant d'une plume ennemie, ils doivent en être crus toutes les fois qu'ils s'expliquent en ma faveur; ces interrogatoires, ces Mémoires, en un mot, tout ce qui nous est venu de la part du sacristain, confirment que jamais je n'ai voulu corrompre M. Goëzman, l'incorruptible; et qu'on n'a jamais parlé, à lui, sacristain, *que d'entrevues et d'audiences.*

Enfin, toutes les dépositions renforcent ces aveux non supects ; tous les témoins conviennent que c'est avec la plus grande répugnance que je me suis prêté à payer des audiences, dans le temps de ma vie où j'avais le plus besoin d'argent et le moins de facultés pécuniaires.

Que reste-t-il donc au soutien de cette corruption dont on a fait tant de bruit? Plus rien qu'un adminicule de présomption, fondé sur l'énorme prix de deux mille écus pour une audience; mais le plus simple exposé va faire évanouir de nouveau ce fantôme.

Je demandais à grands cris des audiences, et n'avais, comme je l'ai dit, pas plus d'espoir de les obtenir, que d'argent pour les acheter. Un ami m'offre cent louis, et les confie à la prudence de ma sœur qui, parcimonieuse pour mes intérêts, parle d'abord de vingt-cinq louis, finit par en livrer cinquante, et s'en fût tenue là, si le sieur Bertrand, très-magnifique agent d'audience, à qui rien ne coûtait en fouillant dans ma bourse, pour me donner une preuve de zèle, n'eût été de son chef reprendre à le-Jay les cinquante louis, ne fût revenu dire à ma sœur : « Quand on fait un présent, il faut le faire honnête, » et ne lui eût, par cette phrase, arraché les autres cinquante louis. D'où l'on voit que, sans Bertrand, le *porte-parole*, et son zèle magnifique, le libraire eût peut-être obtenu l'audience au prix des premiers cinquante louis, et que les autres cinquante m'eussent servi à en solliciter une seconde en cas de besoin.

Mais la première audience, acquise au prix de cent louis, il devint impossible d'aller au rabais pour la seconde. On n'offre pas une aigrette de verre à qui l'on a donné des boucles de brillants. Le prix des premières bontés d'une femme est au moins le taux de celles qui les suivent : c'est l'usage. Ainsi, le défaut d'argent m'ayant forcé de recourir aux bijoux, comme c'est encore l'usage, le lendemain de l'audience, je remis au capitan une montre valant cent autres louis, pour arracher une seconde audience.

Quant aux quinze louis exigés pour le secrétaire, ils ne sont en cette qualité sur le compte d'aucune audience ; et l'on voit maintenant par quelle gradation d'incidents la seule audience que j'aie obtenue, estimée d'abord par mes amis moins de cinquante louis, peut avoir l'air, en embrouillant les choses, d'avoir été payée deux mille écus.

L'audience du rapporteur, ainsi rappelée à sa première estimation, le soupçon de la corruption fondé sur l'énormité de son prix, tombe de soi-même ; et remarquez que ce n'était encore là qu'une présomption qui, en affaire criminelle, est sans force : il serait superflu de s'y arrêter plus longtemps.

Mais a-t-on fait de ma part une convention avec madame Goèzman de me rendre mes cent louis, si je ne gagnais pas ma cause? Personne au procès n'a déposé d'un pareil fait ; l'unique madame Goezman, en qualité de seul contradicteur, eût pu fonder ce reproche. Mais loin d'articuler qu'elle ait fait aucun pacte à cet égard avec le-Jay, le seul aussi qui lui ait parlé, toutes ses défenses se réduisent à nier qu'elle ait reçu l'argent, et à dire qu'on l'a glissé furtivement dans son carton de fleurs : ainsi le soupçon, qu'en donnant de l'or, j'ai pu avoir l'intention de corrompre mon rapporteur, n'est ici qu'une vaine fumée, dissipée, comme on voit, par tous les vents de l'horizon ; et c'est ainsi que des détails, insipidement nécessaires, deviennent malgré mes soins nécessairement insipides, au grand dommage de l'indulgent lecteur.

Reste enfin pour dernière ressource à la haine, en faveur de la corruption, la misérable et fausse allégation de M. Goèzman, qui prétend m'avoir donné deux audiences en un jour, et deux autres à deux de mes amis ; et qui s'essouffle à faire entendre que quatre audiences accordées sans intérêt en trois jours, doivent faire soupçonner que mes sacrifices d'argent avaient un autre objet. En attendant qu'il prouve les quatre audiences, je lui soutiens, moi, que je n'en ai reçu qu'une. Mais, malgré le témoignage d'un homme public et sermenté, du sieur Santerre, mon gardien, qui ne me quittait pas, la contradiction sur un fait aussi grave, étant positive entre M. Goëzman et moi, la cour n'a pas négligé d'acquérir les lumières qu'une confrontation indiquée par la loi devait répandre sur l'affaire en général et sur ce point en particulier. Elle apprendra bientôt comment, à cette occasion, mon digne rapporteur est sorti des mains de son humble client.

Les faits ainsi posés, discutés, approfondis, et les témoins, les accusés, les contradicteurs même, détruisant à l'envi le système absurde de la corruption établi contre moi par M. Goëzman, il faut en revenir à cette autre question.

Lorsque le malheur des affaires jette un infortuné sous la dépendance d'un pareil juge, que doit-il faire? Refuser de l'or? On ne l'aborde pas autrement. En donner, et se plaindre de la vexation? On peut se voir à l'instant accusé, décrété, prêt à périr. Entre ces deux quel parti prendre? Voilà le vrai problème; mais, en bonne justice, je ne me crois pas plus obligé de le résoudre, que de relever sérieusement le reproche singulier de séduction que me fait madame Goëzman, dans son Supplément divisé par première, seconde et troisième atrocité, et le reproche, plus singulier encore, que beaucoup de gens me font de n'y avoir pas répondu dans mon dernier Mémoire.

« Vous avez osé (c'est madame Goëzman qui parle, p. 10), en présence du commissaire, du greffier, etc., me dire que je vous aurais, si je voulais, l'obligation de n'être point enfermée par mon mari. Vous avez poussé l'impudence plus loin encore, vous avez osé ajouter (pourquoi suis-je forcée de rapporter des propos aussi insolents qu'il sont humiliants pour moi?); vous avez osé ajouter, dis-je, que vous finiriez par vous faire écouter ; que vos soins ne me déplairaient pas un jour ; que... je n'ose achever, je n'ose vous qualifier. »

Fi donc ! des points !..... Il fallait oser, madame ; il fallait achever ; il fallait me qualifier. Que voulez-vous donc dire avec vos points ?.... vous mettez-là de jolies réticences dans vos Mémoires..... Je répondais à toutes vos injures par des compliments généraux, qu'il paraît qu'un amour-propre éveillé vous a fait prendre du bon ou du mauvais côté, comme il vous plaira l'entendre; mais des points !.... vous me feriez une belle réputation ! quelle femme honnête voudrait jamais m'admettre, si je ne détruisais pas l'impression que vous donnez ici de mon cavalier respect pour les dames ? Quelle femme oserait se croire en sûreté chez elle avec moi, quand elle penserait que la femme de mon ennemi même, agitée, furibonde, et, *critique à part*, dénuée de ces grâces touchantes, de cette douceur qui fait le charme de son sexe, en plein greffe et devant le juge et le greffier, a couru des risques avec moi d'un genre à exiger des points..... et qu'elle se croit en droit de me traduire aujourd'hui en justice comme un audacieux effronté, moi qui n'étais devant elle lorsqu'un très, très, très-modeste confronté : je m'en souviens bien.

« Il est atroce » (dites-vous, page 1) « que ce séducteur préparé au combat » (le joli choix d'expressions !) « jette un coup d'œil de compassion sur une femme timide » (la peste ! quelle timidité !) ; « qu'il triomphe de l'avoir fait rougir, lui qui ne rougit jamais. » Oh! pour cela, madame, c'est bien pure malice à vous de dire que je ne rougis jamais, moi qui, sans reproche, ai eu la bonté de baisser les yeux pour vous deux ou trois fois pendant que le greffier lisait les décentes raisons que vous aviez données de votre défaut de mémoire. A la vérité, je ne rougissais pas; mais je faisais plus : je voulais rougir pour vous en donner l'exemple; et je ne doute pas que M. de Chazal n'ait rendu compte à la cour du ton doux et poli dont j'ai répondu aux mâles injures « d'une femme faible et peu faite, par son inexpérience, pour entrer en lice avec un séducteur adroit. »

En vérité, madame, vous avez de si singulières expressions, qu'on dirait que vous y entendez finesse. « Une femme faible et peu faite par son inexpérience pour entrer en lice avec un séducteur adroit! » Mais c'est que, loin d'être « une femme faible, » vous étiez, madame, à ces confrontations, la femme forte, la véritable femme forte, provoquant, injuriant, maudissant et parlant, parlant, parlant..... Quant à votre « inexpérience pour entrer en lice; » voilà sur quoi, par exemple, il m'est impossible de prononcer; moi qui me suis toujours tenu dans le plus respectueux éloignement de la lice. « Avec un séducteur adroit! » Il ne tiendrait qu'à moi de prendre encore cela pour un compliment, et de le rapporter à ce qu'on appelle proprement la séduction d'une femme : car si vous l'entendez du côté de l'argent, que moi « séducteur adroit » vous ai envoyé par « l'adroit séducteur » Bertrand, qui l'a remis à « l'adroit séducteur » le-Jay, qui l'a remis, comme on sait, « très-adroitement » dans votre carton de fleurs ; vous m'avouerez qu'il n'y a pas là de quoi se vanter d'une merveilleuse *adresse* en fait de séduction.

Quoi qu'il en soit, un seul exemple va mettre la cour en état de juger lequel des deux contendants est sorti de son caractère à ces confrontations. Il était dix heures du soir, nous touchions à la fin de la première séance : « *Homme atroce*, me dites-vous (et j'en tremble encore), on vient de faire la lecture de mes interrogatoires, et vous remettez à demain à y répondre, pour avoir apparemment le temps de disposer vos méchancetés ; mais je vous déclare, misérable ! que si vous ne me faites pas sur-le-champ et sans y être préparé, une interpellation, vous n'y serez plus admis demain matin. »

Aussi surpris de cette fière provocation, que du ton brave qui l'accompagnait : Eh ! d'où savez-vous, madame, que je suis un homme atroce, un misérable ? Je n'ai jamais eu l'honneur avant ce moment-ci, de me rencontrer avec vous. — « Je le sais d'où je le sais ; je l'ai entendu dire. » — A M. de la Blache, sans doute ? — « A tout le monde ; cet hiver, au bal de l'Opéra. » — Il était donc bien mal composé : en vous voyant, madame, je sens qu'il y avait mille choses plus agréables à dire ; et vous avouerez qu'on vous a tenu là de tristes propos de bal. Quoi qu'il en soit, vous voulez absolument une interpellation avant de nous quitter ? Il faut vous satisfaire. Je vous interpelle donc, madame, de nous dire à l'instant, sans réfléchir et sans y être préparée, pourquoi vous accusez dans tous vos interrogatoires, être âgée de trente ans, quand votre visage qui vous contredit, n'en montre que dix-huit? — Je vous fis alors une profonde révérence pour sortir.

Malgré la colère que vous en montrez aujourd'hui, avouez-le, madame, cette *atrocité* vous offensa si peu, que, prenant votre éventail et votre manteau, vous me priâtes de vous donner la main pour rejoindre votre voiture : sans y chercher d'autre conséquence, je vous la présentai poliment, lorsque M. Frémyn, le meilleur des hommes, mais le plus inexorable des greffiers, nous fit apercevoir que nous ne devions pas descendre du palais ensemble avec cet air d'intelligence peu décent pour l'occasion. Alors vous saluant de nouveau, je vous dis : Eh bien! madame, suis-je aussi *atroce* qu'on a voulu vous le faire entendre? — « Eh bien! vous êtes au moins bien malin. » — Laissez donc, madame, les injures grossières aux hommes, elles gâtent toujours la jolie bouche des femmes. — Un doux sourire, à ce compliment, rendit à la vôtre sa forme agréable, que l'humeur avait un peu altérée : et nous nous quittâmes.

Il faut pourtant convenir que tout cela n'est ni si meurtrier, ni si *atroce* que madame Goezman voudrait le faire entendre; et sur la vérité de ces faits, sur la frivolité des reproches de cette dame, j'invoque le témoignage du grave M. Frémyn, et sans le peu d'importance du sujet, j'oserais bien invoquer celui de M. de Chazal lui-même.

Et comme il faut que la bizarrerie éclate dans toutes les parties de ce fameux procès, après avoir eu besoin de très-grands efforts en me défendant, pour détruire l'importance d'une *corruption* qui n'a jamais existé, pour atténuer celle d'une *séduction* à laquelle je n'ai jamais songé ; je me vois forcé d'en employer de plus grands encore pour rétablir l'importance du crime de faux dans l'acte de baptême, sur lequel j'ai dénoncé publiquement M. Goëzman, et pour montrer la liaison intime de cette dénonciation avec mes défenses.

A entendre quelques personnes, je suis un méchant homme, instrument servile de je ne sais quelle haine, qui veut, dit-on, perdre M. Goezman ; et pour accréditer ces bruits, on feint d'oublier que ce n'est pas moi qui ai fomenté la querelle, que je n'ai point attaqué M. Goezman ; on feint d'oublier que je suis accusé de corruption, de calomnie, et décrété depuis huit mois sur le dénoncé de ce magistrat ; que c'est lui qui m'a forcé de me défendre, quoique j'eusse dit à M. de Sartine, à M. le premier Président, et plus nettement encore au *vertueux* conciliateur Marin, que j'invitais mon rapporteur à me laisser tranquille, parce que s'il s'obstinait à m'attaquer, je lui opposerais un courage sur lequel il ne comptait guère ; on feint d'oublier que le propos de M. Goezman, très-public alors, était qu'il me poursuivrait jusqu'aux enfers : à quoi je répliquai : Puisqu'il le veut absolument, voyons donc lequel des deux y laissera l'autre.

Maintenant que, l'action bien engagée, on me voit porter en parant, serrer la mesure et gagner du terrain sur l'adversaire; pour m'inculper, on invoque à son secours la commisération publique ; *vexat censura columbas ;* tout ce qu'il a fait n'est, dit-on, que peccadilles, subornation de témoins, minutation d'écrits, faux dans les déclarations, dénonciation calomnieuse au parlement, tout cela n'est rien : *dat veniam corvis.*

Forcé de prouver à mon tour les faux de ses déclarations, ou de succomber, je montre que tel est son usage.

Eh! comment l'aurait-il négligé pour perdre un ennemi, lui qui n'a pas craint de commettre un faux au premier chef, contre un malheureux enfant dont il s'était rendu le protecteur déclaré! Telle est l'analogie, la liaison intime et nécessaire entre le faux de mon rapporteur dans l'acte baptistaire, et le faux de mon rapporteur dans notre procès.

Mais ce faux du baptême est, dit-on, purement matériel, une misère qui ne mérite pas qu'on s'y arrête un moment : *dat veniam corvis.*

Laissons de côté ces jugement légers, ces absolutions cavalières, et montrons aux citoyens, justement alarmés de voir au parlement un pareil magistrat, que le faux du baptême est un des plus graves qui puissent se commettre contre la société (1).

Quoique je le sente vivement, ma plume inégale et

(1) Croirait-on qu'on a poussé la démence jusqu'à faire l'apologie de ce faux dans une misérable gazette a la main, en date du 30 janvier dernier ? Aucune peine ne peut être prononcée contre un pareil nouvelliste; le bain froid et la saignee est le traitement qui lui convient.

profane est peu propre à peindre l'irrévérence de celui qui, dans le saint lieu, se joue du premier et du plus grand des sacrements : j'aurai le respect de m'en taire; mais la double austérité d'une partie de mes juges, prêtres et magistrats, n'a pas besoin d'être inspirée pour s'armer contre une pareille profanation Et le délit de M. Goezman n'attaquant point le salut de l'enfant, mais son état civil, c'est ce dernier point seulement que je me permettrai de discuter.

Pour rendre le baptême aussi utile à l'homme, qu'il est indispensable au chrétien, la politique a joint, à l'acte religieux le plus nécessaire au salut de tous, l'acte civil le plus important à l'existence de chacun : le point de législation, qui a confié au dépôt public le nom, l'âge et l'état des citoyens, est si utile et si grand, qu'il eût sans doute mérité d'appartenir au christianisme; mais il faut être vrai, nous en devons la reconnaissance au plus sage des païens, au grand Marc-Aurèle, qui le premier ordonna que le nom, l'âge et l'état des citoyens attestés par des témoins, auxquels répondent nos parrains et marraines, fussent inscrits à l'heure de la naissance sur un registre public; qui fit déposer ce livre de vie dans le temple de Saturne, et qui en confia la garde aux prêtres du père de tous les dieux, du dieu du temps et de la durée; du dieu enfin dont l'idée se rapproche le plus de la Majesté que nous reconnaissons à l'Être suprême.

J'ignore en quel siècle l'Église chrétienne adopta cet usage précieux à l'humanité ; mais il faut croire que ce fut assez tard, puisque le baptême ne se donna longtemps qu'aux adultes, suivant l'avis de Tertullien et de quelques Pères de l'Église; et souvent même à l'heure de la mort, par la persuasion que ce sacrement, effaçant le péché originel, devait aussi laver de tous les autres péchés. Avant la réunion du procès-verbal au sacrement, chacun de ces actes séparés était également respectable aux hommes; la politique et la religion gagnèrent à les réunir, l'une de la sûreté pour les citoyens, l'autre de la considération pour ses ministres. Il paraît même que la double utilité dont ces derniers se sont rendus aux hommes par cette réunion, est le vrai fondement de la distance que l'opinion met entre les prêtres séculiers, chargés du dépôt de tous les actes importants de la vie, et les réguliers qui ne sont chargés de rien.

Si donc l'utilité fait tout le mérite des hommes et des choses, qu'on juge de quelle majesté devint le baptême, lorsque les deux points fondamentaux de tout bonheur furent rassemblés en un seul et même acte; sans le baptême, on resta nul en ce monde, et l'on fut perdu pour jamais dans l'autre; et c'est de cet acte si saint, si grand, si révéré, si nécessaire, que M. Goëzman, homme éclairé, jurisconsulte, criminaliste, conseiller de grand'chambre du premier parlement de la nation, fait un badinage perfide et sacrilége; il s'avance au temple de Dieu pour présenter au christianisme un nouveau-né, à la société un nouveau citoyen; il s'agit, pour ce magistrat, de constater légalement qu'un tel est fils d'un tel; le père ne sait pas écrire, il ne peut rien pour assurer l'état civil de son enfant; la marraine est fille mineure, sa signature est sans force aux yeux de la loi; reste pour unique ressource au malheureux enfant, l'attestation de son parrain; lui seul peut donner la sanction à son état; et ce faux protecteur ne rougit pas d'y signer un faux nom; au double faux d'un faux domicile, il joint le triple faux d'un faux état; et par cet acte également barbare et peu sensé, celui qui devait assurer l'existence d'un citoyen, se fait un jeu de la compromettre. Dans l'état où il met les choses, si cet enfant veut un jour appartenir à quelqu'un, il faut qu'un arrêt de la cour, invoquant la notoriété, le réhabilite dans ses droits : sans cela, comment héritera-t-il? comment contractera-t-il? comment signera-t-il en sûreté, « un tel, fils d'un tel? » puisque, grâce à l'honnêteté de Louis-Valentin Goëzman, conseiller au parlement, quai Saint-Paul, « Louis du Gravier, » bourgeois de Paris, rue des Lions, n'est qu'un être idéal et fantastique, qui ne peut constater l'état civil d'aucun être existant et réel?

Voilà le délit, voilà le crime, voilà l'état de celui qui l'a commis. L'importance du cas, du lieu et de la personne est établie : en dénonçant le faux, j'en ai prouvé la liaison, l'intimité, l'identité, l'inhérence à la cause que je défends. J'ai montré de plus qu'il n'a pas tenu à ce funeste magistrat que je ne fusse écrasé sous le poids d'une accusation criminelle. J'ai démontré que la suggestion, la subornation, le faux, la cabale et l'intrigue ont été, sans scrupule, employés contre moi. Et dans ce combat à outrance, où il faut qu'un des deux périsse, des gens légers me blâment d'oser unir la dague à l'épée, contre un ennemi sans pudeur, qui me poursuit avec la flamme et le fer !

Jugeurs aussi légers que tranchants ! je voudrais vous voir au point de balancer le plus pressant intérêt par de petites considérations ; je voudrais vous voir en tête un adversaire aussi violemment soutenu que le mien ; à sa puissance formidable opposant votre dénûment, et votre isolation à ses entours ; n'ayant pour tout soutien que la bonté de votre cause, et votre courage à la défendre ; et ranimant votre cœur par le seul espoir que le parlement prononcera sur les choses, et non sur les personnes ; qu'il jugera leur délit sans avoir égard à leur crédit.

Aucun autre homme ne pouvait dénoncer M. Goezman pour ce fait, sans peut-être encourir le mépris qu'on garde aux vils délateurs ; mais moi ! jeté loin de mon rang par la violence, n'ai-je pas dû le regagner à tout prix, même en expulsant du sien mon injuste adversaire ? Tel de vous ose me blâmer, qui frémirait d'être obligé de se défendre à ma place, et qui, pour perdre l'ennemi, peut-être accueillerait mille moyens offerts, que ma délicatesse m'a fait rejeter jusqu'à ce jour.

Mais quel intérêt ce magistrat avait-il à commettre un pareil délit ? Qui a pu le pousser à cet acte insensé ? — Faut-il l'avouer, messieurs ? sottise et défaut d'âme, deux vices également opposés à la dignité d'un magistrat.

La sottise nous jette en des embarras dont le défaut d'âme ne sait nous dégager que par des voies malhonnêtes.

Dans l'affaire qui me regarde, M. Goezman, instruit de la faiblesse de sa femme, n'avait qu'à remettre au libraire, ou même garder les quinze louis, à son choix, mais se taire sur cet événement ; peut-être aurait-on tenu quelques propos ; il n'en eût été ni plus ni moins pour sa réputation ; mais il ne sait, pour se tirer d'affaire, que suborner le-Jay, fabriquer des déclarations, me dénoncer au parlement, entamer un procès ridicule, et le soutenir par des moyens infâmes : *sottise et defaut d'âme.*

Ce qui lui est arrivé là, pour quinze louis, lui fût également arrivé pour quinze francs. C'est justement l'histoire du baptême : il pouvait dire à cette petite fille *Capelle*, qu'il entretenait à huit louis par mois : Tu conçois bien, mon enfant, qu'il ne convient pas à un grave magistrat qui, pour te plaire, *a mis un mur de séparation entre sa femme et lui* (1), mais dont la liaison avec toi doit être ignorée, d'aller courir le risque de voir publier un pareil compérage à la fin de 1772, fais tenir cet enfant par qui tu voudras ; j'en serai, pour t'obliger, le parrain honoraire : voilà deux louis pour les *frais de gésine* et de baptême, et je prendrai soin du *fillot.* Tel est le manteau dont la prudence, au moins, devait couvrir sa faiblesse.

Au lieu de cela (voici la *sottise*), mon rapporteur ne sait autre chose que d'aller *in fiocchi,* habit noir boutonné, cheveux longs bien poudrés, gants blancs et bouquet à la main, menant sur le poing sa commère

(1) Voyez la note imprimée de M. Goezman.

à l'église, et là, pour accorder la décence et le plaisir (voici le *défaut d'âme*), mon rapporteur signe un faux nom, prend un faux état, donne un faux domicile, ôte l'existence à son filleul, et s'en revient gaiement bourrer de bonbons sa commère, s'attabler au souper de famille, et faire à l'accouchée des promesses pour l'enfant, dont il est bien sûr d'éluder l'effet à son gré quand sa *fringale* amoureuse sera passée ; et vous, ses bons amis, l'on est assez curieux de voir comment vous vous y prendrez pour excuser ses honnêtes plaisirs.

Sera-ce sur sa jeunesse ? il a quarante-quatre ans passés ; sur son ignorance ? il se dit le *Ducange* du siècle ; sur la frivolité de son état ? il est conseiller de grand'chambre ; sur la considération due à sa place ? il l'a dégradée publiquement ; sur la légèreté d'un pareil faux ? je viens de prouver qu'il n'en est point de plus grave ; sera-ce sur son crédit ? il s'est trop mal conduit pour en conserver ; sur le scandale de sa condamnation ? il l'a provoquée lui-même à grands cris ; enfin sur l'honneur de la magistrature ? il est bien prouvé que cet honneur consiste à se défaire d'un homme qui l'a déshonorée.

Vous serez sans doute assez embarrassés à le tirer de là, à moins que le comte de la Blache n'ait encore une lettre *de Grenoble* toute prête au service de son rapporteur : car ce n'est pas assez de parler ici, la parole se perd avec l'haleine et se dissipe dans l'air ; mais la plume ! la plume légère du comte de la Blache serait, je l'avoue, d'un très-grand poids dans cette affaire. Ce juge, dirait-on, a fort bien jugé pour ce plaideur ; à son tour, ce plaideur a fort bien plaidé pour ce juge; tout cela est dans l'ordre; entre les gens vertueux, la vie n'est qu'un commerce de bienfaits et de gratitude le plus touchant du monde.

Mais si vous êtes embarrassés, voici quelqu'un qui ne l'est pas moins que vous. C'est le grand Bertrand qui, depuis une heure, est là, le cou tendu, l'œil en arrêt, la bouche ouverte, attendant son article, inquiet s'il arrivera bientôt; et ce n'est pas sans sujet : en bonne guerre il est dû réponse ferme et franche à son dernier Mémoire : il ne l'attendra plus.

J'ai beau vouloir garder mon sérieux, en parcourant ses écrits; le rire me prend dès la première page, et voilà ma gravité partie. N'est-ce pas aussi la plus plaisante chose du monde que ce grand sacristain, qui ne prend jamais ses épigraphes que dans son bréviaire à deux colonnes, parce que le français est à côté du latin; n'est-il pas, dis-je, bien plaisant qu'oubliant sa qualité de défenseur de M. Goezman, le jour même que ce magistrat éprouve un second décret d'ajournement personnel, il s'avise de choisir pour épigraphe à son Supplément un verset de psaume finissant par ces mots : *Comprehensus est peccator;* ENFIN LE COUPABLE EST PRIS!

Puisqu'il n'y a pas moyen de travailler sérieusement en prenant ce Mémoire par le commencement, essayons de nous remonter au grave en commençant à le lire par la fin. Le voilà retourné. Le premier objet qui me frappe à sa dernière page est un cartel bien imprimé, bien public, bien ridicule et bien lâche; mais le plus risible est que le grand cousin, craignant que son nom ne m'imprimât pas assez de terreur, a fait choix d'un compagnon d'armes qui prend le nom de *Donnadieu.* L'envoi d'un cartel signé *Donnadieu!* il y a de quoi faire expirer d'angoisse.

Mais, consolez-vous, mes amis, ce n'est pas le véritable *Donnadieu* tenant une académie d'armes à Paris, homme estimable qui a trop de sens pour signer une bêtise, et trop d'honneur pour être le second d'une lâcheté. Cet autre *Donnadieu*, mes amis, est une espèce d'avocat, sauf l'honneur de la profession.

Deux chiens, dit-on, naquirent d'une même lice, et furent nommés César. En grandissant, l'un devint chasseur valeureux, élancé, giboyant, guerroyant, et retint le nom de César par excellence. L'autre, écourté, trapu, fidèle au garde-manger, toujours sale, aboyant, écorniflant, avalant ; et notre maître La Fontaine nous apprend que ce César de chien fut surnommé Laridon par les cuisiniers. Ainsi le second de Bertrand le duelliste, s'appelle *Donnadieu de Nopprat*, pour le distinguer du Donnadieu par excellence.

Mais ce cartel m'a moins étonné qu'il ne m'a réjoui, je m'y attendais. Madame Goëzman, dans la première page de son Supplément, chaussant l'éperon, passant le baudrier de son suisse au sacristain, et lui donnant l'accolade en avait fait son chevalier Bertrand. « Un bras vigoureux, » disait-elle en me menaçant, « vient d'arracher son masque, un homme vient de déchirer le voile. Je me repose sur son courage » ... et enfin elle nous apprend que ce chevalier de bal qui « arrache des masques et déchire des voiles, » est le sieur d'Airolles. Étonnez-vous après cela de le voir, le jour du décret du mari, prendre pour devise : *Comprehensus est peccator*, porter les couleurs de sa dame, imprimer le placard et jeter la mitaine !

Si tout cartel imprimé n'était pas une lâche forfanterie, et si lâche que le parlement qui a lu comme moi celui du cousin, n'a pas seulement daigné charger le ministère public d'en informer, si lâche que M. le procureur général a bien voulu me faire la grâce de ne mettre aucune importance à cette « Bertrandade » renforcée ; si ce cartel, dis-je, eût mérité quelque réponse voici quelle eût été la mienne : Quand un guerrier a le courage de sauter seul à bord d'une galère pleine de chevaliers, ce n'est pas pour s'amuser à y faire le coup de poing avec les lépreux de la chiourme. De même ici, me trouvant en tête une foule d'ennemis croisés, fourrés, dignitaires ; ayant le choix des combattants, irai-je exprès me commettre avec les algousins de la troupe, ou brûler une amorce de préférence avec le sacristain de la compagnie, tant en son nom que comme trompette de Marin la Gazette, et chevalier de la dame aux quinze louis ?

Mais de quoi s'agit-il enfin? car il faut faire justice à tout le monde.

Dans mon troisième Mémoire j'avais répondu (page 209) à la demande de quelques avances que le sieur Bertrand avait malhonnêtement réclamées : « Vous avez depuis un an à moi deux effets de cent louis chacun, vous vous payerez dessus, etc. »

Le sieur Bertrand, faisant de l'indigné dans son Supplément, commence par nier mes deux effets de cent louis, en répondant (page 18) : « Peut-on pousser l'impudence plus loin, le cœur serré par l'inspection de ces lignes, etc. » Sa réponse est fort longue, on y reviendra : puis, soutenant sa dénégation de la provocation la plus généreuse, il rappelle la page 121 de mon second Mémoire où j'ai dit :

« Si la haine qui me poursuit a quelquefois altéré mon caractère, que celui que j'ai pu offenser dise de moi que je suis un homme malhonnête, j'y consens, mais qu'il ne dise pas que je suis un malhonnête homme ; car je jure que je le prendrai à partie si je puis le découvrir, et le forcerai par la voie la plus courte à prouver son dire ou à se rétracter publiquement » : à quoi il répond sans hésiter, page dernière : « Eh bien ! M. de Beaumarchais, vous êtes un homme malhonnête et un malhonnête homme, et certainement vous ne prendrez pas la voie la plus courte. » — Eh ! pourquoi donc, cousin, ne la prendrai-je pas ? c'est pourtant ce que je vais faire à l'instant.

Il est vrai que pour forcer Bertrand l'*honnête homme* à se rétracter, je n'ai pas fait battre la caisse à sa porte pour effets égarés, comme un gaillard ressentiment eût pu me l'inspirer. Il est vrai que je n'ai pas dénoncé le cartel de Bertrand *le généreux* au ministère public comme beaucoup d'honnêtes gens, qui ne voient pas si clair que moi dans mes affaires, s'empressaient de me le conseiller. Il est encore vrai que je n'ai pas sanglé un coup d'épée dans la cuisse à Bertrand *le vaillant*, faute d'avoir trouvé chez lui du cœur à percer, comme quelques plaisants l'ont répandu dans le monde. Mais il n'en a pas marché plus roide un instant pour cela, car, dès le lendemain, prenant pour héraut d'armes le brave huissier qui défend mes meubles, j'ai fait sommer à mon tour le capitan, par un cartel timbré, de se rendre en champ clos dans la salle des consuls de Paris, où maître Benoît, mon procureur, et le sieur Mention, qui lui avait remis mes deux effets de cent louis, il y a plus d'un an, l'ont vainement attendu deux jours de suite.

En ennemi prudent, le chevalier Bertrand a laissé prendre deux défauts contre lui ; mais au troisième cartel, sentant bien que, faute de répondre, on allait le condamner à me payer la somme de deux cents louis, il est venu enfin aux consuls en haute personne : et là, le sieur Mention ayant réclamé les deux effets de cent louis qu'il lui avait remis de ma part, en tel temps, pour en poursuivre le payement, et maître Benoît l'ayant sommé de déclarer s'il convenait avoir reçu lesdits effets, ou s'il persistait à les nier comme il l'avait fait dans son Mémoire ; alors de ce ton de confrérie, avec lequel en mentant le jour de son interrogatoire aux pieds de la cour, il avait pris le *ciel et le crucifix à témoin de la vérité de ses discours ;* emporté par l'enthousiasme de sa dernière production, il dit (page 1re de son Supplément) : » Ennemi du mensonge et de l'artifice... puissent ma candeur et ma sincérité me faire des protecteurs de mes juges (p. 8)! Qu'un homme de bien est malheureux d'être livré à la fureur d'un pervers ! » — Mais les deux cents louis de M. de Beaumarchais? — (Page 9.) « Un homme audacieux marche à la lueur d'un flambeau qui l'égare, il court après une chimère et veut entraîner un (grand) innocent dans l'abîme où sa haine va le plonger. » — Entendez-vous par là que le sieur de Beaumarchais ne vous ait pas remis les deux effets qu'il redemande? — (Page 10.) « Il n'a connu ni la honte, ni les périls des moyens dont il se servait, et sa méchanceté a ressemblé au tonnerre qui ne cesse d'être à craindre que lorsqu'il est tombé. » — Oui, mais tout cela ne nous apprend pas si vous avez, ou non, les deux effets de cent louis? — (Page 13.) « Le plus lâche des hommes ose, avec un front d'airain, attaquer et mon cœur et mon esprit et mon âme..... Il assure avec impudence des faits faux et défigurés. » — Quoi! monsieur, vous niez que vous ayez les deux effets de cent louis? — (Page 11.) « Comment juge-t-on des motifs des hommes? par leurs actions? (Page 17.) Prenez le flambeau de la haine, et portez-le dans tous les replis de ma vie, je vous défie de me trouver en défaut. » — Il n'est ici besoin de haine, ni de flambeau, pour prouver que vous retenez deux effets de cent louis qui ne vous appartiennent pas. — (Page 9.) « Est-ce là la marche de l'innocence? agit-elle ainsi par des souterrains et des détours, et se permet-elle d'aussi bas artifices? (et page 15) la vérité n'a-t-elle pas toujours présidé à tout ce que j'ai dit; la probité, à tout ce que j'ai fait? » — Mais il n'y a pas plus de vérité à nier des billets au porteur, quand on les a reçus, qu'il n'y a de probité à les garder. — (Page 17.) « Ainsi les méchants rejettent sur le compte d'un homme de bien les perfidies dont ils se rendent coupables. » — Vous voudriez faire croire à ces messieurs que je ne les ai pas remis? Quel homme êtes-vous donc? — (Page 17.) « Me voici en peu de mots tel que je suis. Je m'abandonne à la pente naturelle de mon caractère, la droiture en est la base..., et je sais que la candeur de mon âme est incorruptible. »

Alors le sieur Mention, se fâchant tout de bon, rappelant tous les faits et discours relatifs à la remise des deux effets, lui dit : C'est moi-même qui vous les ai portés chez vous, et si vous les niez, je vous accuse en mon nom d'en imposer à la justice. — (Page 13.) « Les magistrats que vous outragez par l'audace avec laquelle vous comptez sur leur indulgence, respectent les lois, les mœurs, l'intérêt public; ils puniront le calomniateur. » — Calomniateur vous-même; et je sais bien le moyen de vous forcer à nous rendre nos deux effets de cent louis. — (Page 16.) « Écoutez, monsieur, votre façon de penser est celle d'un homme qui ne connaît pas le prix de la candeur, de l'honnêteté et de la pudeur; de cette pureté, de cette innocence, de cette droiture d'intention enfin, qui toutes réunies forment un si bel ensemble, qu'il ne peut s'exprimer que par le mot de vertu : ainsi ce que vous dites ne me fait aucune sensation. »

Alors Me Gornaut, procureur du sieur Bertrand, prenant la parole, dit tout haut : Messieurs, mon client embrouille les choses fort mal à propos; j'ai les deux billets au porteur, appartenant au sieur de Beaumarchais, qui m'ont été remis par ledit sieur Bertrand ; et j'offre de les rendre à l'instant, si l'on me paye les frais de poursuites que j'ai faites sur ces billets contre leur débiteur, au nom et par ordre dudit sieur Bertrand. — Mais pourquoi donc, dit le sieur Mention, les a-t-il niés si crûment, si malhonnêtement dans son dernier Mémoire ? — Messieurs, reprit Bertrand, je ne les ai pas niés tout à fait dans ce Mémoire ; il est vrai que je me suis écrié sur leur demande (page 18) : « Peut-on pousser l'impudence plus loin ! » Mais ce n'est pas là une négation formelle ; et si vous vous donnez la peine de lire vous-mêmes, messieurs, vous verrez que non-seulement ma réponse est équivoque, mais encore amphigourique.

Voici l'équivoque : « Peut-on pousser l'impudence plus loin ! le cœur serré par la seule inspection de ces lignes, je suis forcé à en détourner les yeux pour conserver la présence d'esprit nécessaire à la continuation de mon récit. »

Voici l'amphigouri : « O vérité ! tout se tait à ton nom ; je n'entends que ta voix : c'est une satisfaction, une sérénité dont l'âme jouit après t'avoir prononcée. Sauve-moi, pendant le cours de ma vie, les occasions de feindre et de dissimuler..... Il me semble qu'on ne peut pas être malheureux lorsqu'on a toujours été vrai. » — Vous avez raison, cela est très-amphigourique ; mais tout le monde n'en a pas moins cru qu'une pareille logomachie était un démenti formel donné par un esprit tortu, mais compagnon d'un cœur droit et indigné. Pourquoi donc avez-vous induit le public en erreur sur ce fait important? — (Page 17.) « Messieurs, j'ai cru que tous les hommes aimaient le bien, qu'ils ne se défiaient point du mal, et qu'ils ne soupçonneraient jamais le vice. » — Mais si la demande juridique n'eût pas été appuyée de preuves testimoniales aussi fortes, le sieur de Beaumarchais n'ayant pas de reconnaissance de vous, non-seulement on croirait encore que je ne vous avais pas remis les deux effets de cent louis, mais il y a grande apparence que vous les auriez gardés, puisque vous avez laissé prendre deux défauts, avant de répondre à la demande qu'il vous en faisait juridiquement. — (Page 17.) « Je sais, messieurs, que je ne suis pas exempt de faiblesses; mais jamais je ne serai ni fourbe, ni faux, ni vicieux; » et puisque je suis convaincu devant la justice, par mon procureur même, d'avoir reçu les deux billets au porteur, je vais les rendre, en faisant mes petites réserves pour les petites sommes, petits frais, petits courtages, et autres menus gains qui peuvent m'être dus par le sieur de Beaumarchais. Et à l'instant est sorti le jugement dont voici l'extrait :

« Les Juges et Consuls, etc., Salut... savoir faisons qu'entre le sieur Caron de Beaumarchais, etc., demandeur et comparant par Benoist, fondé de procuration, et assisté de Jacques-Pierre Mention, d'une part; et le sieur Bertrand d'Airolles, etc., défendeur et comparant en personne, de l'autre. Par le demandeur (*Beaumarchais*) a été dit, qu'il aurait fait assigner le défendeur à comparoir, etc., pour se voir condamner, et par corps, à rendre et remettre au demandeur deux effets de 2333 livres chacun, à lui confiés par le demandeur pour lui en procurer le payement..... sinon, etc. Et par le défendeur (*Bertrand*) a été dit..... qu'il nous représente lesdits billets, etc. A quoi, par ledit demandeur, a été répliqué, qu'il requiert acte, « de ce qu'encore que le défendeur ayant, » dans le Supplément de son Mémoire (page 18), « répondu, en éludant le point de fait de la remise et de la possession desdits billets ; il convient actuellement devant nous que lesdits billets lui ont été remis ; » en conséquence, il requiert que lesdits billets lui soient rendus, etc. *Nous*, parties ouïes, lecture faite, avons donné et donnons acte.... de la remise à l'instant faite au demandeur, ès mains du sieur Mention, son secrétaire, des deux billets dont est question, etc. Mandons à nos huissiers-audienciers, etc. Donné à Paris, le mercredi 12e jour de janvier 1774. Signé, Scellé, etc.

Voilà comment, « prenant à partie celui qui m'avait dit que j'étais un malhonnête homme, je l'ai forcé par la voie la plus courte à se rétracter publiquement ; » voilà comment, sans coup férir, j'ai mis à fin, par ma sagesse et prud'hommie, la fameuse aventure du cartel du grand Bertrand, trompette de Marin la Gazette, et soi-disant chevalier de la dame aux quinze louis. *Parturient montes, nascetur ridiculus mus.*

Ces deux maudits effets de cent louis étaient précisément nichés dans la moitié paralysée de la cervelle du grand cousin : il ne s'en souvenait plus. Je ne parlerai pas ici de quelques autres oublis du même genre, parce qu'ils me sont étrangers, et ne sont encore livrés qu'à l'œil vigilant de la police.

Il est certain que toutes les affaires d'éclat commencent par être dites à l'oreille de M. de Sartine, juge et conseil de paix dans la capitale ; mais lorsque l'espèce de dictature, qu'il exerce toujours avec succès sur les objets pressants, a cessé ; lorsque le ministère de confiance a fait place à la riguenr des formes juridiques, bien des gens vont citant à tort et à travers ce que M. de Sartine a dit et fait pour arrêter les progrès du mal : certains de n'être pas démentis par ce magistrat que des considérations majeures, ou l'intérêt des familles, empêchent toujours de s'expliquer, et dont la discrétion reconnue serait la première vertu, si son zèle pour le bien public ne méritait pas un éloge encore plus distingué ; ce qui rend toutes ces citations indécentes et malhonnêtes. Et c'est moins l'oubli de Bertrand qui me suggère cette observation, que l'interrogatoire de M. Goezman, où cet autre accusé, pour se couvrir d'un nom respecté, cite sans cesse M. de Sartine. Mais quel rapport peut-il y avoir entre le magistrat vigilant, dont le cabinet est ouvert à toute la France, et M. Goèzman, qui renfermait la clef du sien au fond de la bourse de sa femme? J'aurai lieu de relever vertement cette licence de citer, lorsque je rendrai compte de ma confrontation avec M. Goëzman. (1)

Quant au sieur Bertrand, je n'ai plus à le poursuivre que comme faux témoin, alimenté, suborné, soudoyé

(1) Cette confrontation eût été le sujet d'un cinquieme Mémoire. Le jugement intervint trop tôt. Ce Memoire ne fut point fait.

par Marin « et autres personnes respectables, » pour oublier la vérité ; car s'il ne se souvenait pas qu'il eût à moi deux billets très-réels, en revanche il se souvient fort bien que j'ai reçu de M. Goezman, le samedi 3 avril, au matin, une audience qui n'a jamais existé, sur laquelle il a offert son faux témoignage à ce magistrat, chez lui, chez Marin, et chez M. le président de Nicolaï, s'il en faut croire M. Goezman à son interrogatoire. Ce qui prouve de plus en plus que la conduite du cousin tient à l'état singulier de son cerveau, miroir fidèle de tout ce qui lui sert, faux ou vrai ; mais absorbant parfait de tout ce qui peut lui nuire.

L'interrogatoire de M. Goëzman prouve encore ce que j'ai dit plusieurs fois, que ces messieurs s'assemblent très-souvent pour aviser aux moyens de me perdre. Pour le seul faux témoignage de Bertrand, je vois déjà trois assemblées : chez M. Goézman, où étaient Bertrand « et autres personnes respectables ; » chez Marin, où se trouvèrent M. Goëzman, Bertrand, « et autres personnes respectables ; » chez M. de Nicolaï, où se trouvèrent Bertrand, M. Goezman « et autres personnes respectables ; » tous lesquels ont fait preuve de leur bonne intention pour moi.

Le jour même que le Supplément du sieur Bertrand parut, le hasard nous rassembla au greffe criminel, lui, moi, le-Jay et madame Goëzman, que j'aurais dû nommer la première ; mais en ce moment aucun de nous ne songeait à rire de la mine de son voisin : occupés tous de l'interrogatoire que nous allions subir aux pieds de la cour, chacun pensait à son affaire ; et ce n'était pas sans raison.

Quelques personnes regardent cet acte important comme une chose de forme, uniquement autorisée par l'usage ; mais donner l'usage pour motif d'une action est bien expliquer comment on a continué, mais non pourquoi l'on a commencé à l'adopter.

Ce seul mot, *l'usage*, annonce que le motif qui fait interroger le millième accusé devant la cour, est le même par lequel on interrogea le premier qui le fut ainsi ; reste donc toujours pour base de cet interrogatoire, l'importance dont il est dans une instruction criminelle, et son influence majeure sur le jugement qui le suit de près ; et cette importance est telle, qu'un des premiers magistrats du parlement m'a confié, que, dans une affaire aussi grave que difficile, son opinion ne s'était décidée qu'à cette époque du procès.

Si donc la publicité d'un tel interrogatoire devant tous les juges est un bien, en quel sens une plus grande publicité pourrait-elle être un mal? N'est-il pas égal aux magistrats, qui sont froids sur la question à juger, qu'on ignore ou connaisse ce qu'ils ont demandé? L'accusé seul est intéressé qu'on sache ou ne sache pas ce qu'il a répondu. Mais comme il n'y a que la sottise ou l'hypocrisie qui aient intérêt à cacher leurs démarches, et que je tâche d'éviter l'une autant que je déteste l'autre, je dirai comment on m'a interrogé, comment j'ai répondu, tout ce que j'ai dit, bien ou mal ; ne voulant pas plus déguiser mes torts dans ce procès, que ce qui peut paraître louable dans ma conduite.

Le gazetier d'Utrecht, qui se donne des libertés en tout genre sur cette affaire, et qui tient ses articles *Paris* de Marin, suppose, dans sa gazette du 17 janvier, une conversation entre M. le premier Président et moi, et croit me donner pour un audacieux personnage en publiant une de mes prétendues réponses à ce magistrat.

Certainement si quelque homme en place, m'honorant de ses conseils m'avait dit (ce que le gazetier met dans la bouche de M. le premier Président) : « Quel besoin avez-vous d'instruire le public en cette affaire ? est-il votre juge ? et quel autre intérêt met-il à tout ceci que celui d'une vaine curiosité ? » je n'aurais pas cru m'écarter de mon devoir en lui répondant avec modestie : Cette affaire, monsieur, intéresse un membre du parlement, et je ne ferai point à mon siècle l'injure de le croire assez avili pour être indifférent sur ce qui touche ses magistrats. La nation, à la vérité, n'est pas assise sur les bancs de ceux qui prononceront ; mais son œil majestueux plane sur l'assemblée. C'est donc toujours un très-grand bien de l'instruire. Car si elle n'est jamais le juge des particuliers, elle est en tout temps le juge des juges : et loin que cette assertion, que j'ai déjà oser imprimer en d'autres termes, soit un manque de respect à la magistrature, je sens vivement qu'elle doit être aussi chère anx bons magistrats que redoutable aux mauvais.

Eh ! quel homme aisé voudrait, pour le plus modique honoraire, faire le métier cruel de se lever à cinq heures pour aller au palais tous les jours s'occuper, sous des formes prescrites, d'intérêts qui ne sont jamais les siens ; d'éprouver sans cesse l'ennui de l'importunité, le dégoût des sollicitations, le bavardage des plaideurs, la monotonie des audiences, la fatigue des délibérations, et la contention d'esprit nécessaire aux prononcés des arrêts, s'il ne se croyait pas payé de cette vie laborieuse et pénible, par l'estime et la considération publique ; et cette estime, monsieur, est-elle autre chose qu'un jugement, qui n'est même aussi flatteur pour les bons magistrats, qu'en raison de sa rigueur excessive contre les mauvais ?

Peut-être serait-il à désirer que la jurisprudence criminelle de France eût adopté l'usage anglais d'instruire publiquement les procès criminels.

Le seul mal qui pût en résulter serait de soustraire quelquefois un coupable au châtiment mérité. Mais combien d'innocents l'usage contraire a-t-il fait périr ! Dans l'ordre civil, sauver un coupable est un léger inconvénient ; supplicier un innocent fait frémir la nature : c'est le plus effrayant des malheurs.

Je ne pousserai pas plus loin ce parallèle : il n'est pas de mon ressort. Peut-être un jour oserai-je exposer avec respect le fruit de mes réflexions à cet égard, persuadé que chaque citoyen doit à l'État le tribut de ses vues patriotiques, en échange de la protection que le prince lui accorde, et des agréments dont la société le fait jouir.

Voilà quelle eût été ma réponse. Le gazetier Marin

peut bien envenimer, engourdir tout ce qu'il touche; c'est une torpille. Mon devoir, à moi, c'est de rendre à mes idées le vrai sens, quand l'ignorance ou la malignité les ont défigurées.

Posant donc pour principe que le plus ou moins de publicité de l'interrogatoire aux pieds de la cour importe à l'accusé seulement, deux autres considérations, d'un grand poids à mes yeux, me déterminent à suivre mon projet à cet égard :

1° Je dois aux officiers qui ont assisté à l'instruction de ce procès, d'anéantir l'imputation que mes adversaires leur ont faite dans leurs défenses, de m'en avoir communiqué les pièces pour écrire les miennes. Et rien n'y est plus propre que de donner au parlement qui m'a interrogé, cette preuve de la fidélité de ma memoire.

2° J'aime à rendre à la cour l'hommage public de l'étonnement où cet interrogatoire m'a jeté. Mille bruits scandaleux et relatifs à des affaires antérieures m'avaient fait croire que ces interrogatoires se faisaient avec un éclat, un tumulte, un désordre capables d'effrayer l'innocent le plus intrépide. Si l'on en croyait ces bruits, il semblait que la cabale et l'intrigue attendissent ce moment pour triompher de la froide équité des bons juges, et du trouble d'esprit des malheureux opprimés. Jamais, je dois le dire, la religion, tout auguste qu'elle est dans ses cérémonies, ne m'a rien présenté de plus noble, mais en même temps de plus consolant que le ton, la forme et l'ensemble de ce majestueux interrogatoire.

Le 22 décembre donc, vers les 7 heures du soir, toutes les chambres assemblées, je fus appelé pour être interrogé à la barre de la cour. En ce moment je travaillais au greffe à un précis de l'affaire, que je voulais présenter le lendemain à tous les magistrats, lorsqu'ils entreraient au palais pour me juger. Mon travail avait encore un objet plus intérieur, celui d'examiner le soir chez moi ce que j'avais écrit au greffe, pour juger si, dans une position si nouvelle, j'avais conservé le sang-froid nécessaire à un résumé aussi sérieux. Une des choses que j'ai le plus constamment étudiées, est de maîtriser mon âme dans les occasions fortes : le courage de se rompre ainsi m'a toujours paru l'un des plus nobles efforts dont un homme de sens pût se glorifier à ses yeux.

Mais qu'il y a loin encore d'attendre un événement, à se voir forcé d'en soutenir le spectacle ou d'y figurer soi-même ! En approchant du lieu de la séance, un grand bruit de voix confuses me frappait sans m'émouvoir ; mais j'avoue qu'en y entrant, un mot latin prononcé plusieurs fois à haute voix par le greffier qui me devançait, et le profond silence qui suivit ce mot m'en imposa excessivement : *Adest, adest.* Il est présent, voici l'accusé , renfermez vos sentiments sur son compte ; *adest.* Ce mot me sonnera longtemps à l'oreille. A l'instant je fus conduit à la barre de la cour.

A l'aspect d'une salle qui ressemble à un temple, au peu de lumières qui la rendaient auguste et sombre, à la majesté d'une assemblée de soixante magistrats, uniformément vêtus et tous les yeux fixés sur moi, je fus saisi du plus profond respect ; et (faut-il avouer une faiblesse ?) la seule bougie qui fût sur une table où s'appuyait M. Doë de Combault, rapporteur, éclairait le visage d'un conseiller au parlement accoté sur la même table, de M. Gin en un mot ; je le crus, par la place où je le voyais, chargé spécialement de m'interroger, et je me sentis le cœur subitement resserré, comme si une goutte de sang figé fût tombée dessus et en eût arrêté le mouvement. Je me rappelle bien que, surmontant cette faiblesse par une secousse interne assez violente, je crus n'avoir porté mon âme qu'au degré de l'équilibre ; mais j'ai eu lieu de juger depuis, en m'examinant mieux, qu'elle avait été jetée fort loin au delà du but. Mais je m'étais trompé sur M. Gin ; ce fut M. le premier Président qui m'interrogea sur mon nom, sur mon âge et mes qualités ; son air de bonté, le son d'une voix qui jusqu'alors ne m'avait fait entendre que des choses obligeantes, me rendit une partie de ma sérénité.

« N'avez-vous pas eu, continua-t-il, un procès contre le comte de la Blache sur le délibéré duquel M. Goëzman étant nommé votre rapporteur, vous avez cherché à le voir chez lui par plusieurs courses réitérées ? »

Ma réponse ayant un peu d'étendue, M. le premier Président me dit : « Soyez concis, monsieur, répondez oui ou non à tout ce qu'on vous demande. » Alors il me fit deux ou trois questions fort simples, qui n'exigeaient de moi aucune explication et je me renfermai dans l'ordre qu'il m'avait prescrit ; mais ce magistrat m'ayant interrogé d'une manière plus composée, et l'ardeur de répondre m'écartant du profond respect dû à M. le premier Président, et plus occupé du fond de mes idées que de la manière de les rendre, j'articulai vivement : Monsieur, la question n'est pas bien posée pour que je réponde oui ou non.

A l'instant il s'éleva un murmure de défaveur contre moi, qui me punit de mon indiscrétion ; je sentis ma faute, et voulant m'en relever sur-le-champ : Si mon expression, messieurs, paraît déplacée à la cour, je la supplie de considérer que je ne puis avoir ici l'intention de manquer de respect à M. le premier Président ; je la supplie d'avoir la bonté de s'arrêter uniquement au sens que je donne à mon idée peut-être mal rendue. Je ne puis répondre par oui ou non, comme on me l'a ordonné, qu'à une question fort simple, et non lorsqu'elle est complexe comme celle-ci. M. le premier Président me demande :

« N'avez-vous pas remis ou fait remettre à le-Jay une somme de cent louis pour être présentée à madame Goëzman, dans la vue de gagner le suffrage de son mari ? »

Si je dis oui, j'avoue la corruption ; si je dis non, je nie le sacrifice. Or je supplie la cour de me pardonner si j'observe que, sur des interrogats de cette nature, il m'est impossible de me renfermer dans la concision qui m'est recommandée, une réponse obscure tournerait contre moi, et la cour n'a pas intention de me tendre des piéges.

Il est certain qu'en ce moment je n'eus que des grâces à rendre à la cour, et surtout à M. le premier Président de la bonté d'oublier l'espèce de roideur que contenait ma première réponse ; et je saisis cette nouvelle occasion d'en témoigner aujourd'hui ma reconnaissance à tous les magistrats qui m'écoutaient alors.

Je divisai donc la demande, et ramenant la question à son principe : L'accusation de corruption sur laquelle je défends, messieurs, n'est fondée que sur la dénonciation de M. Goëzman qui n'est elle-même appuyée que sur un ouï-dire de sa femme ; mais cette accusée n'a-t-elle pas déclaré dans ses récolement et Supplément que le-Jay ne lui avait jamais demandé que des audiences ? Le-Jay n'a-t-il pas toujours dit à ses interrogatoires que Bertrand ne l'avait chargé que de solliciter des audiences ? Celui-ci n'est-il pas convenu partout que ma sœur ne lui avait parlé que d'entrevues et d'audiences ? Mes deux sœurs, les sieurs de la Châtaigneraie, de Miron et Santerre n'ont-ils pas tous déposé que l'impatience qui m'avait porté malgré mes répugnances à faire un sacrifice d'argent ne venait que de l'impossibilité d'avoir autrement des audiences ? Or, quand je me fonde avec droit sur la dénonciation de M. de Goëzman pour l'accuser de m'avoir calomnié, en me taxant de corruption, pourrait-on user de cette même pièce contre moi, pour établir que j'ai voulu le corrompre ?

Les deux propositions contraires, ne pouvant être vraies en même temps, prouver par toutes les pièces du procès que M. Goëzman a suborné le-Jay, en suggérant, minutant et dictant ses déclarations, et m'a calomnié dans sa dénonciation, n'est-ce pas détruire le fantôme absurde, insoutenable, d'une intention de corrompre, qui, quand elle eût existé, devient nulle au procès, puisque rien au monde n'en peut fournir de preuve légale, et qu'en affaire criminelle, tout est de fait et rien de présomption? Ramenant ensuite ce plaidoyer à la question qui m'a été faite par M. le premier Président, je réponds : « Oui, » j'ai donné de l'argent pour obtenir des audiences de M. Goëzman, et : « Non, » je n'en ai pas donné pour le corrompre ; c'est aussi trop l'avilir que de supposer que j'aie cru ce magistrat corruptible et corruptible au misérable prix de ving-cinq ou cinquante louis, que ma sœur avait jugés suffisants pour le soin dont elle était chargée. Je supplie la cour de ne point perdre de vue cette réflexion en jugeant le procès.

Lorsque je finissais ma réponse, je me sentis violemment tiraillé par une crampe à la jambe, qui ne me permit pas de poursuivre. Je suppliai la cour de vouloir bien suspendre un moment la séance, forcé de convenir que je souffrais incroyablement. A l'instant, le ton de l'humanité, de la bonté, de l'intérêt succéda, dans la bouche de tout le monde, à l'austère majesté d'un interrogatoire ; et je fus vivement touché de l'indulgence avec laquelle messieurs m'ordonnèrent unanimement de m'asseoir sur un banc des avocats, et me permirent d'étendre ma jambe douloureuse sur un autre banc. Je ne rapporte ici cette légère circonstance que pour détruire par l'exposé le plus vrai, les bruits qui se répandirent le soir même dans Paris, qu'on m'avait fait au palais des questions si foudroyantes, que je m'en étais trouvé mal et avais été longtemps sans connaissance. Après un peu d'intervalle, M. le premier Président reprit la parole, et me dit :

— « Vous convenez donc que vous avez donné 100 louis pour avoir audience? »

— Oui, monseigneur.

— « Vous convenez qu'une audience vous a été accordée? »

— Oui, monseigneur.

— « Vous convenez que madame Goëzman vous a fait remettre volontairement les 100 louis ? »

— Oui, monseigneur. A toutes ces questions, comme on voit, les réponses les plus simples de ma part

— « Mais si madame Goëzman ne vous eût pas fait rendre vos 100 louis, les eussiez-vous exigés d'elle? »

— Pardon, monseigneur, si j'observe que ce que j'aurais fait est étranger à la cause, et que c'est seulement de ce que j'ai fait qu'il s'agit. Cependant voici ma réponse. Je crois fermement que j'aurais eu le droit de me plaindre; car je n'avais pas demandé une audience, mais des audiences; et j'espère que la cour, en rendant M. Goèzman partie au procès, voudra bien me donner l'occasion de le confondre sur la fausseté des audiences qu'il prétend que mes amis ou moi avons reçues de lui. Je n'avais donc pas demandé une seule audience, mais des audiences; et le prix de 100 louis, dans mon idée, ayant plus de rapport à l'état de la personne qui m'obligeait qu'à la nature du service qui m'était rendu, je me serais sans doute plaint à la dame du peu de délicatesse de son procédé; mais je crois pourtant que j'aurais fini par lui laisser les 100 louis.

— « Puisque vous lui auriez laissé les 100 louis, pourquoi donc lui avez-vous redemandé les 15 louis? Il y a ici contradiction dans votre conduite. »

— Il n'y en a point, monseigneur; j'aurais pu laisser les 100 louis à madame Goëzman, quoiqu'elle les eût mal acquis, parce que j'avais consenti qu'on les lui remît pour elle-même; et j'ai cru devoir lui redemander les 15 louis, parce qu'elle les avait exigés pour un secrétaire auquel ils n'ont pas été remis. L'argent manquant sa destination doit être rendu à celui qui ne l'a donné que pour un usage indiqué. Hors de cet usage prescrit, toute autre destination à lui inconnue est un vol, une escroquerie; aussi, la malhonnêteté du moyen que cette dame avait employé pour s'approprier mes 15 louis me parut-elle mériter la petite leçon que je lui donnai par ma lettre du 21 avril, mais lettre secrète et tournée de façon à ôter à la dame l'envie de la publier; aussi n'est-ce pas ma faute si, par l'imprudence de mes ennemis, la leçon est devenue publique. En un mot, tel homme veut bien donner 100 louis qui ne veut pas être dupé de 15; et j'avoue à la cour que je suis cet homme-là.

Après ma réponse, M. le premier Président réfléchit un moment; puis il me demanda :

— « Comment ce Bertrand d'Airolles, qui était votre ami, est-il devenu subitement votre ennemi? »

— Monseigneur, il me semble que ceci ne touche pas le fond de la question sur laquelle je subis interrogatoire.

— « J'ai droit, monsieur, de vous interroger sur la fin, sur le commencement, le fond ou les accessoires du procès, à ma volonté. »

— Ce n'est pas, monseigneur, pour contester un droit très-respecté que j'observe; mais seulement pour faire remarquer à la cour que, dans la partie de l'interrogatoire qui se rapporte à la corruption, je suis accusé; et qu'en tout le reste je suis accusateur; ce qui doit mettre une très-grande différence dans ma façon de répondre, et me faire sortir, pour éclaircir les faits, de la concision qui m'a été prescrite, sans que la cour s'en trouve offensée.

— « Répondez comme vous l'entendrez; mais soyez bref. »

— Messieurs, je n'étais point l'ami de ce Bertrand d'Airolles, mais seulement sa connaissance : aujourd'hui je ne suis point son ennemi, mais seulement son accusateur. L'amitié et l'inimitié supposent dans leur objet une importance qu'on ne peut pas attacher à l'homme dont il s'agit; créature faible et toujours entraînée par le plus misérable intérêt : froid à mon égard tant qu'il n'a pas cédé à l'impulsion de Marin; ayant fait depuis le mal sans scrupule, quand cette impulsion s'est fortifiée par je ne sais quel espoir de fortune. Avec les esprits de cette trempe on n'y fait pas tant de façon; l'appât le plus grossier les fait mordre et les tire de leur élément. Je prouverais bien, si je voulais, comment en très-peu de temps ce Bertrand est devenu un fort malhonnête homme; mais je déclare que je n'ai pas contre lui la moindre animosité. Il n'y a dans tout cela que Marin qui en mérite.

— « Pourquoi donc êtes-vous devenu l'ennemi de Marin, dont vous aviez été l'ami jusqu'alors ? »

— Monseigneur, tant que Marin ne m'a pas fait de mal, je me suis tenu à son égard dans les termes de la politesse ordinaire. Il censurait mes pièces de théâtre ; il prétend aujourd'hui qu'il les corrigeait, qu'il les faisait même ; il n'y a que mes Mémoires sur lesquels il ne prétend rien. Mais il n'y a pas là de quoi se brouiller : cela prouve seulement que le censeur Marin veut avoir en tout l'air d'une importance au delà de ses pouvoirs : son bonheur est de paraître tout savoir, tout faire et tout arranger. Il conseille la magistrature, il dirige les opérations du ministère, il refait les ouvrages des auteurs, il est de tous les conseils, entre dans tous les cabinets ; sa fureur est d'être pour quelque chose dans tout ce qui se fait : c'est l'*omnis homo*, la mouche du coche, il bourdonne et tourne et sue pour les chevaux qui tirent, et se donne la gloire de tous les événements où il n'est pas prouvé qu'on l'a forcé de se taire. Dans cette querelle il a jugé qu'il y aurait pour lui plus de profit à servir le magistrat qu'à défendre le particulier. Le parti pris par un tel homme, on sent que les moyens sont comptés pour rien. L'habitude de mal faire lui a peut-être même ôté la conscience du mal qu'il me faisait. Je ne le hais pas non plus, et si tout le monde l'estimait aussi juste que moi, il y a longtemps que pour toute peine on l'aurait réduit à l'inaction et au silence, seul vrai tourment des gens de son caractère.

Il s'éleva dans l'assemblée un murmure qui me parut être celui d'un sourire universel.

M. le premier Président, s'adressant alors à la cour, demanda si quelqu'un avait des questions à me faire, et M. Doë de Combault, rapporteur, prit la parole :

— « Quel jour avez-vous remis à le-Jay la montre enrichie de diamants ? »

— Monsieur, c'est le dimanche 4 avril, lendemain du jour où j'ai obtenu la seule audience qui m'ait été donnée.

— « Prenez garde, monsieur, si ce n'est pas plutôt le samedi 3, avant l'audience obtenue, rappelez-vous bien. »

— Je sens, monsieur, toute l'importance de votre question ; si j'ai donné la montre avant l'audience, on peut croire que j'ai plutôt eu dessein, en accumulant les présents, d'exciter la cupidité de ceux dont je voulais gagner le suffrage, que de payer successivement des audiences : mais j'ai la mémoire très-fraîche sur ce fait ; la montre n'a été par moi remise à Bertrand, pour être remise à le-Jay, pour être remise à madame Goëzman, que le dimanche 4 avril, à défaut de cent autres louis que je n'avais pas, et sur les difficultés que mes amis et moi aperçûmes d'obtenir une autre audience sans de nouveaux sacrifices.

— « Mais le libraire déclare qu'il a reçu la montre le samedi ; qu'elle a passé une nuit chez lui. »

— Monsieur, le libraire a tort. Si cette montre est restée chez lui, ce que j'ignore, ce ne peut être à la rigueur que la nuit du dimanche au lundi. Je ne sais pas ce qui s'est dit de la part d'autrui; mais de la mienne, messieurs, vous ne trouverez jamais d'obscurité dans mes réponses, ni de contradiction dans ma conduite. Je déclare que je n'ai remis la montre à Bertrand que le dimanche au matin.

Alors, il se fit un bruit dans l'assemblée; chacun disait : Oui, oui, c'est le dimanche, et telle est la dernière déclaration de le-Jay.

La séance paraissait finie, lorsqu'un des messieurs des enquêtes, élevant la voix, me dit de la manière du monde la plus polie :

— « Monsieur de Beaumarchais, répondez à ce que je vais vous dire : vous êtes un homme instruit, et vous connaissez les lois de la morale. »

— Monsieur, la morale est le principe de toutes les actions de l'homme en société; il n'est permis à personne de les ignorer.

— « Répondez donc exactement. Dans la persuasion où vous paraissez être, que votre rapporteur était d'accord avec sa femme sur les sommes qui devaient vous acquérir son suffrage, si son rapport en votre faveur eût fait sortir un arrêt à votre avantage, auriez-vous cru en homme délicat pouvoir profiter du bénéfice de cet arrêt? »

— Je vous demande pardon, monsieur, si j'observe que votre question, étrangère à la cause, me paraît seulement un cas de conscience. Ce n'est pas pour éluder d'y répondre que je fais cette remarque, mais seulement pour que la cour ne soit pas étonnée si je divise la question, et ne la fais rentrer dans l'espèce de celles auxquelles je dois répondre comme accusé, qu'après y avoir répondu comme moraliste.

Si j'avais eu, monsieur, l'intention de corrompre M. Goezman, en faisant un sacrifice d'argent, il est certain que son suffrage acheté m'ayant rendu l'arrêt favorable, je n'aurais pas pu délicatement profiter du bénéfice d'un arrêt qui n'eût été, dans ce cas-là, que le fruit de ma propre séduction.

Mais voici pourquoi la question me paraît hors de la cause : c'est qu'un homme assez délicat pour refuser le bénéfice d'un arrêt obtenu par des voies malhonnêtes, n'aurait pu l'être en même temps assez peu pour tenter de corrompre un rapporteur ; et que celui qui aurait acheté le samedi le suffrage du rapporteur, ne serait pas devenu subitement assez scrupuleux pour restituer le lundi le produit de cet arrêt : mais si vous me demandez : « Monsieur, lorsque vous avez payé des audiences de votre rapporteur, si vous aviez su que le mari fût du secret, auriez-vous cru le gain du procès légitime ? » en qualité d'accusé, je réponds à cette question toute simple, et qui a un rapport direct au procès, que n'ayant en effet jamais entendu payer que des audiences, quand j'aurais été convaincu que M. Goëzman était d'accord avec sa femme, et quand ces audiences m'auraient coûté trois, quatre, cinq cents louis, j'aurais sans scrupule profité du bénéfice d'un arrêt qui ne m'eût adjugé que le prix du plus légitime arrêté de compte, et ne m'eût fait gagner qu'un procès imperdable. J'aurais seulement trouvé les audiences du rapporteur un peu chères.

— « Mais puisque vous croyez votre cause si simple, qu'elle était absolument imperdable, quel besoin pensiez-vous donc tant avoir d'instruire votre rapporteur? »

— Le voici, monsieur : si j'avais pu me flatter que l'on s'occupât uniquement au palais du fond de la question, qui, dégagée de tous les accessoires dont mon adversaire la chargeait, n'eût jamais mérité d'en former une, je n'aurais pas fait au parlement et à mon rapporteur l'injure de croire qu'on s'arrêtât une minute aux misérables défenses de mon adversaire; mais j'avais trop éprouvé qu'en feignant de plaider au civil la discussion d'un arrêté de compte, son avocat ne plaidait en effet que des moyens d'inscription de faux : de sorte que, par cette ruse odieuse, mon ennemi gagnait de me rendre odieux, sans courir le risque des terribles condamnations à quoi s'exposent ceux qui usent de l'inscription de faux contre un acte légitime. Aussi n'était-ce pas le fond du procès que je voulais instruire chez le rapporteur; c'étaient les horribles impressions du comte de la Blache et de Me Caillard que je voulais détruire (1). Car que faisait à ma cause qu'il parût étonnant à M. Goëzman, comme il me le dit, que M. Duverney m'eût prêté 200,000 livres en ses billets au porteur, puisque dans l'acte qui les atteste je n'en demande pas le payement, et qu'ils ont été rendus et reçus en nature? Ce n'était donc que pour en tirer des inductions défavorables contre moi qu'on faisait ces objec-

(1) Me Caillard, avocat, qu'il faut bien se garder de confondre avec M. Gaillard de l'Académie française, de qui nous avons des morceaux de littérature très-éloquents.

tions. Et pourquoi? répondis-je à M. Goëzman : « Vous serez bien plus surpris, monsieur, si je vous prouve légalement que M. Duverney m'a prêté en un seul jour 560,000 livres : de pareils services supposent un attachement sans bornes, ou de grands intérêts à ménager; et l'homme qui en oblige un autre avec de tels moyens croit sans doute avoir d'excellentes raisons pour le faire? » Je n'avais pas besoin non plus de prouver au procès ce prêt de 560,000 livres, puisqu'il n'en est pas question dans notre acte, et qu'ils ont été rendus longtemps avant qu'il fût rédigé.

De quoi donc s'agissait-il pour moi chez le rapporteur? De prouver qu'il y avait eu des liaisons d'intérêt et d'amitié aussi longues qu'intimes entre M. Duverney et moi, et que l'arrêté de compte le plus exact avait le fondement le plus légitime : il me fallait plaider l'historique de ces liaisons que mon ennemi s'efforçait de faire passer pour des chimères; il m'importait de les établir par des instructions, que mon respect pour la mémoire du plus honorable citoyen ne m'avait pas permis de mettre dans la bouche de mon avocat; non qu'elles ne fussent à la gloire de mon ami, mais parce qu'elles tenaient à des considérations majeures, et qui exigeaient de ma part la plus grande circonspection; de sorte que, sans inquiétude sur la vraie question à juger (*la validité d'un acte entre majeurs*), je ne l'étais pas sur l'opinion que mon adversaire avait donnée de moi qui présentais cet acte : et voilà pourquoi, monsieur, il m'était aussi impossible d'instruire mon rapporteur, qu'inutile de le corrompre : voilà pourquoi j'ai payé des audiences qu'on me refusait, et n'ai pas acheté un suffrage qui m'était dû à toute sorte de titres : tel a été le principe de ma conduite en cette affaire.

Il semblait alors que la cour n'eût plus rien à me demander, lorsqu'un autre de messieurs des enquêtes me dit du ton le plus grave et même un peu austère :

— « Monsieur de Beaumarchais, êtes-vous l'auteur d'un écrit, intitulé : *Supplément au Mémoire à consulter*, etc. ? »

— Je pense, monsieur, que mon aveu ne fait rien du tout, pour ou contre le parti que la cour entend prendre relativement à ces Mémoires.

— « Répondez-moi, monsieur de Beaumarchais, d'une façon nette et sans biaiser. »

— Messieurs, la cour sait bien la peine que j'ai journellement à faire signer la plus simple requête : forcé d'abord de présenter à M. le premier Président une requête extrajudiciaire, pour obtenir un ordre exprès à un avocat titulaire de m'en signer une juridique, tous me refusant leur ministère contre un conseiller de la cour, l'on m'a vu souvent revenir jusqu'à quatre fois à la charge sans rien obtenir : et cela est au point que ma requête d'atténuation a été envoyée à tous messieurs sans qu'elle fût signée, ce dont je leur ai demandé pardon, dans une note à la fin de mon dernier Mémoire. Cette difficulté de trouver des défenseurs, sur laquelle il serait à désirer que la cour prît un parti certain, car enfin je ne suis pas ce qu'on appelle en Angleterre *ex-lex*, hors la loi, cette difficulté, je l'ai éprouvée de même sur mes écrits, de sorte qu'à défaut de conseils, de consultants, et surtout d'une bonne plume pour me défendre, je me suis trouvé forcé d'en employer une mauvaise, qui est la mienne.

— « Monsieur de Beaumarchais, êtes-vous l'auteur d'un écrit intitulé : *Addition au Supplément du Mémoire à consulter*, etc. ? »

— Monsieur, si c'est un nouveau crime, vous voyez le coupable : il n'y a pas trente heures que j'y travaillais encore.

Le magistrat cessa de parler, et M. le premier Président m'ordonna de me retirer ; je demandai la permission de faire une observation à la cour.

— « Vous êtes ici pour répondre et non pour observer, » me dit M. le premier Président.

— Monseigneur, je crois avoir rempli le vœu de la cour à cet égard, puisqu'elle cesse de m'interroger ; mais cet interrogatoire lui-même étant destiné à éclaircir quelques faits du procès sur lesquels la cour était incertaine, ne puis-je en profiter pour porter la lumière sur un fait des plus graves ? C'est en quoi consiste l'observation que je demande la liberté de faire à la cour.

— « Je vous ai déjà dit qu'un accusé n'avait pas le droit d'observer. »

— Aussi, monseigneur, n'est-ce pas comme accusé, que je désire observer, mais en qualité d'accusateur ; et j'ose assurer la cour, que mon observation est d'une telle importance que, si l'on passait au jugement définitif de l'affaire avant de m'avoir entendu, l'arrêt ne serait peut-être pas injuste au fond, mais au moins, serait-il irrégulier dans la forme.

La cour eut la bonté de me permettre de parler.

Mon observation avait pour objet l'histoire d'un dîner, pendant lequel, selon le sieur Bertrand, quatre conseillers avaient trahi devant lui le secret du parlement, en s'expliquant sur le parti violent que la cour entendait prendre contre le-Jay, ledit Bertrand, et moi, qui avions, ajoutait-on, voulu flétrir la vertu du plus intègre magistrat, M. Goëzman. J'essayai d'établir qu'il importait à l'honneur de la magistrature, autant qu'à ma propre sûreté, que ce fait fût éclairci, chaque magistrat pouvant craindre à bon droit qu'on ne le soupçonnât d'être un des quatre ennemis qui s'étaient expliqués aussi indiscrètement sur mon compte, et dont les voix pouvaient faire pencher contre moi la balance d un jugement formidable. « Et cet indigne soupçon, messieurs, qui doit blesser tous les membres de cette auguste assemblée, ne peut cesser que par une addition d'information, dans laquelle le sieur Bertrand, interrogé de nouveau, sera forcé de s'expliquer : car si tout ce procès m'a été intenté sur le seul soupçon qu'un magistrat était compromis par des bruits vagues et publics, avec combien plus de raison la cour doit-elle ordonner d'informer sur une grave imputation faite devant dix témoins, contre quatre de ses membres qu'on refuse de nommer ! Dans le cas où cette imputation serait calomnieuse de la part de ce Bertrand, ce qui me paraît à moi très-probable, il est essentiel que la cour apprenne par l'instigation de quel fourbe adroit, un fourbe maladroit est venu calomnier devant moi quatre magistrats, uniquement pour tâcher de m'effrayer, et me porter à quelques fausses démarches. »

Mon plaidoyer s'étendit à d'autres branches de l'affaire, et je conclus, tant sur le fait de l'audience que M. Goëzman prétend m'avoir donnée le samedi matin, 3 avril, que sur celui du dîner des quatre conseillers, à ce qu'il plût à la cour me permettre de lui présenter requête tendante à obtenir une addition d'information.

M. le premier Président me demanda « pourquoi je n'avais pas parlé de ces objets dans ma requête d'atténuation ? »

— Par la raison, monseigneur, que, dans cette requête, j'agissais comme accusé, dont je dépouille en ce moment le caractère pour revêtir à la barre de la cour celui d'accusateur.

M. le premier Président me dit alors avec la plus grande bonté, que la cour verrait le cas qu'elle devait faire de mes observations, et qu'elle me permettait de lui présenter requête à ce sujet. Je témoignai ma reconnaissance, et je me retirai, soutenu par le digne Me Fremyn, l'un des greffiers criminels ; car ma jambe me faisait un mal excessif.

Bien persuadé que la Cour ne rendrait le lendemain qu'un arrêt interlocutoire, qui mettrait M. Goëzman en cause, j'abandonnai le précis que j'avais fait au greffe, pour m'occuper toute la nuit de ma nouvelle requête ; et j'attendis le jour avec autant de sécurité que d'impatience. Continuons mon récit ; il n'y a rien de petit dans cette affaire.

Dès le matin je fus au parquet solliciter M. le procureur général de me nommer un avocat titulaire ; tant d'importunités me paraissent fatiguer excessivement ce magistrat ; mais je lui demande pardon si je ne me lasse point d'invoquer sa louable exactitude, en une affaire où tout le monde me parle beaucoup de prudence et semble n'avancer que malgré soi. Enfin je le suppliai si instamment d'enjoindre à un titulaire de signer cette nouvelle requête, que je réussis à la faire présenter aux chambres assemblées pendant qu'on était aux opinions.

Bien des gens me trouvaient imprudent de rester au palais le jour qu'il devait sortir un jugement dans mon affaire ; mais, j'en appelle à tous les bons esprits, la confiance avec laquelle j'attendais ce jugement n'est-elle pas la plus haute marque de respect que je pusse donner à la cour ? et plus les gens peu éclairés supposaient de cabale et d'intrigue en ce moment au palais, plus ma confiance dans le tribunal qui me jugeait démontrait quelle opinion j'avais de son intégrité.

L'événement n'a pas tardé à justifier mes espérances. Mon adversaire, M. Goëzman, qui la veille avait été décrété d'ajournement personnel, pour le faux commis par lui sur les registres de baptême, a été une seconde fois décrété d'ajournement personnel relativement à notre procès ; et j'ai pu goûter d'avance la joie que j'aurais un jour de confondre, à la confrontation, celui qui n'a pas craint d'imprimer qu'il m'avait donné quatre audiences, lorsqu'il est prouvé que je n'en aurais pas même obtenu une seule sans l'or que j'y sacrifiai. Et quelle audience encore !

Mon premier soin fut de suivre M. le premier Président pour lui rendre mes actions de grâces. Je revenais, plein de mon objet, chercher mon avocat, lorsqu'à la croisière des quatre galeries du palais, je vis venir de loin une file de magistrats entourés de gardes : je me rangeai sur le côté, laissant entre ces messieurs et moi assez d'espace pour qu'il fût à l'instant rempli de gens de toute espèce, attirés par la curiosité du spectacle. J'étais confondu dans la foule et sur les derniers rangs, mon chapeau à la main, très-modestement, et tellement occupé de l'arrêt qui venait d'être rendu, que je ne vis aucun des magistrats qui passaient : aussi fus-je très-surpris lorsque M. le président de Nicolaï qui marchait à la tête et déjà en avant de plus de dix pas, se retournant, dit à quelqu'un de sa suite, en me montrant du doigt, et me désignant par mon nom : « Exempt, faites sortir cet homme, Beaumarchais, là ; faites-le retirer ; il n'est ici que pour me braver. » On sait avec quelle ardeur les subalternes exécutent de pareils ordres. « Retirez-vous ; sortez ; point de raisons ; M. le président l'ordonne. » Un second accourt à l'appui du premier ; je me vois durement poussé, pressé de sortir, du geste et de la voix, et toujours au nom de M. le président ; le public m'entourait : « Je ne sortirai point (dis-je aux hommes bleus), je suis ici dans une salle appartenant au roi, destinée à servir de refuge aux plaideurs : j'y suis à ma place le jour de mon jugement, et M. le président sort de la sienne pour m'en chasser : mais je prends la nation à témoin de l'outrage qui m'est fait devant elle, et dont je vais à l'instant porter ma plainte au ministère public.

Au lieu de me retirer, je remonte au parquet, où, suivi par la foule et tout chaud d'indignation, je dis à M. le procureur général : Je vous supplie, monsieur, de recevoir ma plainte ; M. le président de Nicolaï, oubliant le respect qu'il doit au roi, à son propre état, au droit des citoyens, à l'auguste compagnie à la tête de laquelle il avait l'honneur de marcher, sans égard pour le temps, le lieu, ni les personnes, vient de me faire outrager par les gardes de sa suite, au milieu du public que son action scandalise. Mon plaidoyer fut aussi bouillant que rapide ; et M. le procureur général, ne pouvant refuser de m'entendre, me dit après avoir un peu rêvé : Avez-vous des témoins d'un fait aussi extraordinaire ? — Mille, monsieur. — Je ne puis vous empêcher de présenter votre requête à la cour : mais surtout soyez prudent. — Monsieur, il y a huit mois que je le suis ; il y a huit mois que je dévore par respect les insultes publiques que me fait en toute occasion M. le président de Nicolaï ; mais mon silence le fait enfin aller si loin à mon égard, qu'il n'y a plus moyen de m'en taire.

A l'instant je rentre dans la grand'salle, où, m'adressant à toutes les personnes qui m'environnaient, je dis : Messieurs, il n'y a pas un de vous qui n'ait vu ce qui vient de m'arriver ; j'espère que vous ne me refuserez pas d'en déposer lorsqu'il en sera question. — Plusieurs voix s'élevèrent à la fois : « Allez, allez chez vous, monsieur, vous y trouverez une liste de cent témoins. » Dès le même jour, en effet, je reçus le nom d'une foule d'honnêtes gens.

Mais M. le président de Nicolaï, pour rejeter sur moi le blâme de sa vivacité, répand, dit-on, que je lui ai « tiré la langue en lui faisant la grimace. »

Eh ! monsieur le président, il me semble que, dans mes défenses, je n'ai pas trop l'air d'un grimacier, et que leur dure franchise annonce plutôt un caractère trop ferme que celui d'un plat saltimbanque. Est-ce donc entre nous une guerre de collége où des grimaces se payent par des coups de poing? Et des intérêts si graves se traitent-ils avec d'aussi puérils moyens que ceux que vous me prêtez?

Dites, dites, monsieur, qu'outré de l'arrêt du parlement qui venait de décréter une seconde fois votre ami M. Goëzman, et vous en prenant à moi de n'avoir pu rester dans l'assemblée pour vous y opposer, vous avez fait tomber sur un innocent toute la colère que vous causait le décret d'un coupable : et s'il faut tout avouer, monsieur, lorsque vous avez donné l'ordre à l'exempt de me chasser du palais, où je voudrais n'être jamais entré, votre physionomie, assez douce pour l'ordinaire, était en feu ; les yeux hors la tête, et les cheveux hérissés comme Calchas, vous aviez plutôt l'air d'un prêtre emporté qui ordonne un sacrifice, que du chef d'une compagnie respectable allant faire un acte de bienfaisance en faveur des prisonniers.

Depuis ce moment, comptant pour peu cet outrage

non mérité, je ne me pressais point de réclamer mon droit de citoyen offensé, lorsque j'ai appris pour quel insolent et grimacier personnage vous voulez encore me faire passer.

Et parce que le hasard m'a fait peu de temps après me rencontrer à quelques places de vous au parquet de la comédie Italienne, vous avez dit tout haut, à la buvette du palais, que je vous avais de nouveau provoqué de *clignotements* et de *grimaces*, et que vous en aviez demandé justice au roi. Mais il sera prouvé par le témoignage de tous ceux qui m'ont vu ce jour même au spectacle, que je n'y ai pas levé les yeux sur vous ; et qu'à l'instant du ballet, où les bancs de devant se sont degarnis de monde, j'ai passé sur l'un d'eux dans la crainte que mon voisinage ne vous déplût ou mît quelque embarras à votre sortie.

Et comme si un homme en valait moins, parce que vous l'avez beaucoup outragé, j'apprends que vous comblez par votre discours la multitude d'insultes publiques que vous m'avez faites depuis un an. Tant de partialité, de procédés si offensants, me forcent de revenir à la charge, et de supplier encore une fois le parlement qu'il me commette un avocat titulaire pour signer ma requête en forme de plainte contre vous.

On m'assure que je ne l'obtiendrai pas ; mais cela ne peut être. En posant ainsi des bornes arbitraires à tout, en étendant ou resserrant les droits de chacun au gré des considérations particulières, que resterait-il de certain? Les tribunaux ne connaîtraient plus l'étendue de leur ressort, ni les citoyens celle de leur liberté. Le désordre et la confusion servant de base à tout, le despotisme oriental serait moins dangereux qu'une pareille anarchie. Si, au lieu d'être froids sur les contestations, comme la loi dont ils sont les organes, les magistrats, plus animés de l'esprit de corps que de celui de justice qu'ils nous doivent, foulaient aux pieds le droit des citoyens : ou le système d'une telle législation serait mauvais, ou il faudrait un tribunal supérieur aux cours souveraines auquel chaque citoyen eût droit de porter sa juste plainte.

Je mets ici de côté mon ressentiment particulier. Toute cette affaire est devenue trop grave pour la renfermer dans les bornes individuelles. Mais est-il donc indifférent à la nation, que, sous le règne d'un prince équitable, il puisse tomber dans l'esprit d'un magistrat qu'un pouvoir sans bornes est le premier droit de sa place ? qu'il a celui de cabaler, d'intriguer, de solliciter ouvertement pour un de ses confrères, au mépris des ordonnances, et d'abuser du respect qu'on porte à sa simarre pour déchirer partout l'adversaire de son ami ? et parce que le plus juste arrêt viendrait de décréter une seconde fois cet ami, qu'il peut abuser du moment de la plus auguste fonction pour faire outrager publiquement un citoyen par ses gardes ? et, surtout, comment ce magistrat à qui l'on doit supposer un cœur doux, un esprit pacifique (puisqu'il a déposé l'etendard de la guerre, qui tire son droit de la force, pour arborer le drapeau de la justice, qui ne tient son pouvoir que des lois), se trompe au point de croire qu'il peut traiter les sujets du roi, étant président, comme il dut traiter ses ennemis, étant colonel; porter l'esprit militaire au barreau, les abus du commandement jusque dans l'administration de la justice; enfin abuser, pour troubler l'ordre public, des moyens mêmes établis par la loi pour la faire respecter ?

Mais posons la thèse en sens contraire, et supposons un moment qu'un citoyen eût été assez fou pour insulter ce magistrat dans ses fonctions. A l'instant une punition rigoureuse eût fait un exemple éclatant du malheureux insensé. Cependant son action isolée importait-elle à la chose publique comme la conduite d'un magistrat entre les mains duquel sont tous les jours l'honneur la fortune ou la vie des citoyens? Eh! comment espérer du respect pour les droits d'autrui, de celui qui ne saurait pas respecter l'auguste emploi dont il serait lui-même honoré ?

L'outrage du citoyen au magistrat, puni sur-le-champ, ne peut donc tirer à conséquence pour personne, au lieu que l'outrage public du magistrat au citoyen importe à toute la nation : car, ou cette licence est l'effet de la corruption générale, ou rien n'est plus propre à l'engendrer bientôt; et si l'offense faite à un particulier paraît un petit mal en soi, l'oubli de l'ordre et de la justice de la part d'un magistrat peut devenir la source de mille abus effrayants. La nation n'est pas juge en cette affaire; mais elle s'y rend partie dans ma personne; et ma cause est celle de tous les citoyens.

Je prends avec autant de justice que de plaisir le nom de citoyen partout où je parle de moi dans cette affaire : ce nom est doux à ma bouche et flatteur à mon oreille. Hommes simples dans la société, sujets heureux d'un excellent monarque, chacun de nous, Français, a l'honneur d'être citoyen dans les tribunaux; c'est là seulement où nous pouvons soutenir les droits de l'égalité. Ils y sont même tellement respectés, que le souverain ne croit pas au-dessous de lui d'y soumettre les siens contre nous, et de s'y laisser condamner à notre avantage sur tous les points qui lui seraient justement contestés. Ainsi le Dieu terrible, enveloppé d'un nuage et tempérant son éclat, ne dédaigna pas autrefois de disputer contre Moïse, et de céder même à son serviteur.

Et lorsque mon souverain, mon seul maître, mon roi, permet qu'on plaide contre lui dans les tribunaux établis par lui-même, je ne pourrais obtenir, contre un officier de ces mêmes tribunaux, la permission d'informer et d'y poursuivre la juste réparation d'un outrage public et non mérité! Oui je l'obtiendrai par la seule force de mon droit et de mes raisons. Nous ne sommes plus dans ce siècle où l'on fit un crime à la maréchale d'Ancre d'avoir bien raisonné, dans ces temps superstitieux où l'empire de Galigaï conduisait une âme forte au bûcher. Je suis soumis aux lois de mon pays; je paye avec joie le tribut de mes facultés à mon prince; en revanche, il ne refusera pas sa protection pour ma personne, et sa justice pour mes droits offensés.

En tout ceci, monsieur, je suis bien loin d'attaquer la noblesse et les dignités qui sont en vous l'enseigne des vertus de vos ancêtres; j'ose, au contraire, vous demander compte de cette vertu qui doit être en vous l'enseigne de la noblesse et des dignités qu'ils vous ont transmises.

Mais je m'aperçois que tant d'ardeur à vous poursuivre affligerait tout un corps respectable, et désobligerait les chefs du parlement. Est-ce égard pour votre famille, et noble et toujours chère à la nation? Je partage avec eux cette honorable considération. Est-ce attachement pour votre personne? Je déclare volontiers que mon respect pour vous marche à côté de ce tendre intérêt. Est-ce inquiétude pour le désagrément qui peut résulter de ma poursuite? Eh bien! monsieur, j'y renonce ; persuadé que la haine, qui vous égare en ce moment, fera place à des sentiments plus justes, quand l'événement vous aura convaincu que je ne fais ici que soutenir les droits d'une défense légitime.

A la vérité, si j'avais l'honneur d'être M. de Nicolaï, je serais bien mécontent de ne devoir ma tranquillité qu'aux respectueux égards d'un offensé pour ma famille ou pour le vœu de ma compagnie ; et j'aurais la hauteur de vouloir réparer un tel outrage, ne fût-ce que pour enlever à mon inférieur l'honneur de l'oublier ou de me le pardonner : chacun a de l'amour-propre à sa manière ; et pour moi, telle eût été ma fierté.

Pour conserver l'avantage que vous voulez bien m'abandonner, monsieur, je renonce donc avec plaisir à ma poursuite, en vous assurant qu'il n'a jamais entré un seul mouvement de haine ou de vengeance dans tout ce que j'ai fait contre vous.

Je vais plus loin à votre égard : je trouve dans un

excès que vous blâmez sûrement vous-même, sinon sa propre excuse, au moins l'apologie du sentiment qui vous y a conduit : et si j'ai désiré que vous ne fussiez pas mon juge, c'est qu'un ami ardent et passionné est rarement un juge impartial, et que votre amitié pour M. Goëzman pouvait tourner contre moi, dans l'acte important d'un jugement, où toute abnégation de soi-même est la première loi qu'un magistrat doit s'imposer.

Si la fermeté de cet article est prise en mauvaise part et si mes ennemis donnent ce courage, de publier mes sentiments sur des points aussi délicats, pour un dessein formé de mépriser pied à pied le tribunal qui doit me juger, j'opposerai ma confiance et mon respect reconnus à l'odieuse intention qui m'est ici prêtée.

J'opposerai l'éloge public que j'ai constamment fait de MM. Doè de Combault et de Chazal, commissaires-rapporteurs de ce procès, que je ne connais que par la marche exacte et pure de leur instruction, au blâme public que je n'ai pas craint de répandre sur M. Goezman en une occasion semblable.

A la nécessité de relever un trait peu réfléchi de M. le président de Nicolaï, j'opposerai l'action magnanime et généreuse de M. le président de la Briffe qui, sans aucun autre motif que l'amour du bien, sacrifie sans faste, à la délivrance des prisonniers, les 12,000 francs dont la grandeur du roi couvre les dépenses du Président qui tient la chambre des vacations. On me crierait cent fois : M. de la Briffe est l'ami de

M. Goëzman, que je le supplierais encore de rester au rang de mes juges : l'amour des hommes, celui de l'ordre et celui de la justice ont tous la même base dans le cœur d'un homme vertueux.

A l'obstination que je ne puis approuver dans quelques magistrats, de vouloir absolument rester parmi mes juges avec un cœur plein d'attachement pour mon adversaire et de haine pour moi, j'opposerai la pureté délicate avec laquelle MM. Quirot, Désirat et plusieurs autres conseillers se sont récusés volontairement, sur le léger soupçon que l'opinion qu'ils ont de M. Goëzman avait pu percer dans le public.

Enfin, à la chaleur avec laquelle on dit que quelques membres du parlement voudraient disculper M. Goëzman, j'opposerai le nombre infini de magistrats généreux, qui, ne faisant point consister la gloire d'un corps illustre dans le soutien d'un membre gangrené, préféreront d'en purger leur compagnie sous le risque de quelque inconvénient passager, à la faiblesse de le supporter au milieu d'eux, s'il n'est pas jugé digne d'y rester.

Voilà ma profession de foi relativement à mes juges; et je ne fais point parade ici de sentiments équivoques : j'ai pesé tout avant de m'expliquer. Tout magistrat, dit-on, doit être jugé par ses pairs. Mais les officiers d'un autre parlement sont également les pairs de M. Goëzman ; mais ses amis n'auraient pas la douleur de le condamner, et les miens peut-être auraient quelques inquiétudes de moins : loin de moi toute frayeur insultante : je fais profession ouverte de la plus grande confiance dans le parlement de Paris : jamais respect ne fut plus entier ni plus sainement motivé : les opinions pour et contre ici ne font rien. Voilà des faits : je leur dois la sécurité de mon attente et le courage d'un travail aussi pénible que celui que j'ai entrepris : je leur dois la force de vaincre mes dégoûts en passant d'un objet dont la discussion élevait mon cœur à de misérables tracasseries qui le font soulever. De tous les travaux d'Hercule, celui de nettoyer les étables d'Augias était le plus aisé, sans doute, et n'en fut pas moins celui qui l'irrita davantage. Ramenons les choses à des comparaisons plus justes, plus voisines de ma faiblesse.

Après avoir détourné la tête et les yeux d'une médecine, repoussé vingt fois la main qui la présente, un enfant, malgré sa répugnance, finit pourtant par l'avaler, et même à grands flots pour en être plus tôt quitte, et moi aussi, je suis un grand enfant : voilà je ne sais combien de fois que je prends la plume pour faire l'article *Marin*, et la remets dans l'encrier. A quoi bon ces délais? Malgré la nausée, il faut toujours y venir. Allons donc, une bonne résolution, et finissons, quitte à se rincer la bouche après en avoir parlé.

— Mais à quoi donc répliquez-vous? Il n'a pas répondu à votre addition. — A quoi je réplique? N'est-ce donc rien que ses requêtes au parlement, et ses gazettes à la main, et ses gazettes à la bouche, et les lettres infâmes qu'il fait trotter par la ville, et les articles *Paris* de la *Gazette d'Utrecht*? — Mais ces nouvelles à la main, cette gazette étrangère ne sont pas de lui. — Elles en sont, et voici mes preuves.

Premièrement, l'article de ce procès y est toujours mal fait, lourdement ruminé, pesamment écrit : vous conviendrez que c'est là déjà une forte présomption contre Marin. Deuxièmement, cet article dit toujours beaucoup de mal de moi : ma preuve se renforce contre Marin. Troisièmement, l'article dit toujours du bien de Marin, vante à l'excès la noblesse et la beauté de son style, la distinction avec laquelle il remplit les places qui lui ont été confiées : la preuve est complète ; il n'y a plus moyen d'en douter ; c'est Marin qui fait l'article, puisque l'article dit du bien de Marin.

Ressassons donc un peu celui de la *Gazette d'Utrecht* du 4 janvier, puisqu'il sert de supplément aux Mémoires de Marin.

« Le sieur de Beaumarchais, en attendant la sentence que le parlement lui prépare : » une sentence du parlement ! c'est Marin, vous dis-je. Si notre affaire eût été consulaire, comme celle du grand cousin, il n'eût pas manqué d'écrire : « En attendant l'arrêt que les consuls, » etc. C'est Marin, c'est Marin, comme ce n'est pas moi.

Mais qui a dit au sieur Marin que le parlement me préparait une *sentence?* pendant qu'il est de notoriété que je poursuis un jugement contre M. et madame Goezman, concussionnaires et calomniateurs, contre Marin la Bourse, et Bertrand la Main-d'œuvre, l'un suborneur, et l'autre suborné. « Le sieur de B...... vient de publier un troisième Mémoire qui, par le fiel qui y est mêlé, mérite le nom de libelle. » Remarquez en passant, que ce n'est point du tout sur les reproches mérités que je fais à M. et madame Goëzman, au comte de la Blache, à Bertrand, Baculard et consorts, que Marin se fâche contre mes Mémoires : regardant le mal d'autrui comme un songe, et ne s'occupant, dans la gazette, que de l'intérêt du gazetier, voyez comment il s'explique ici : « Ses Mémoires méritent le nom de libelle, puisqu'il s'efforce d'y diffamer un homme de lettres (M. Marin). » Marin le gazetier, homme de lettres!.... comme un facteur de la petite-poste, « qui a toujours rempli *avec distinction* les places qui lui ont été confiées par le gouvernement. » Avec distinction! cette *distinction* de Marin me rappelle un propos que le jacobin Affinati, dans son bouquin, intitulé : *Le Monde sens sus dessous par les menées du diable* fait tenir à Dieu, parlant au pécheur Adam : « De toutes mes créatures, vous seul avez forfait. Avancez, maraud, que je vous timbre au front, que je vous *distingue.* »

Avancez, Marin; suivons votre article. « Quoique l'on puisse lire les Mémoires du sieur de Beaumarchais qu'avec mépris, il s'en est cependant vendu plus de dix mille exemplaires en deux-jours. » Je n'entends pas cette phrase; elle sera toujours louche, à moins d'y restituer quelques mots, oubliés à l'impression. Pour qu'elle ait le sens commun, voici comment elle a dû être faite : « Quoique l'on (ne) puisse lire les Mémoires du sieur de Beaumarchais qu'avec mépris (pour Marin), il s'en est cependant vendu plus de dix mille exemplaires en deux jours. » Cela est clair, voilà qui s'entend : car le mépris que mes Mémoires auraient inspiré pour moi les eût laissé moisir au grenier du libraire, au lieu que le mépris dont ils ont couvert Marin a rendu tout le monde avide de les lire, « il s'en est vendu plus de dix mille en deux jours ; » ou bien : malgré le degoût qu'on avait d'entendre parler de Marin dans ces Mémoires, « il s'en est cependant vendu, etc. » Cette version est bonne aussi, mais les gens de lettres préfèrent la première, comme plus sûre et plus naturelle : « Quoiqu'on ne puisse lire les Mémoires du sieur de Beaumarchais qu'avec mépris pour Marin, il s'en est cependant vendu dix mille exemplaires en deux jours. » On y rêverait cent ans que voilà le vrai sens de la phrase, ou elle n'en a aucun. Mais pourquoi répètent-ils tous sans cesse que je fais vendre mes Mémoires, et m'entends à ce sujet avec Ruault, libraire, rue de la Harpe, pour débiter mes sottises ? Les ingrats qu'ils sont ! ils décrient mon affaire de finance, comme s'ils n'y avaient pas un bon intérêt. Et, si je ne faisais pas vendre mes Mémoires, qui donc ferait vendre les leurs ? « Mais le sieur Marin étant irréprochable,..... » (Vous voyez bien, lecteur, qu'il n'y a que Marin au monde qui puisse écrire de pareils contes sur Marin.) « il va le poursuivre au criminel pour obtenir une réparation éclatante de toutes les calomnies du sieur de Beaumarchais. »

Cela va bien. Marin avait déjà dit dans sa requête imprimée, qu'en le montrant au doigt, j'avais insulté la majesté du trône, berné le gouvernement, injurié la magistrature, bravé les tribunaux, outragé les citoyens : car

> Qui meprise Marin n'estime point son roi,
> Et n'a, selon Marin, ni Dieu, ni foi, ni loi.

Mais, gardez-vous bien d'en croire ce monsieur-là ; à son compte il n'y aurait pas un seul bon Français dans la capitale.

Puis ayant rappelé, d'après moi, toutes ses friperies « de mémoires, de littérature, de censure, de nouvelles, d'affaires, de courtage, » (condamnation passée sur *l'espionnage*, puisqu'il n'en dit mot,) « d'usure, d'intrigue, etc., quatre pages d'*et cætera*, » il avait prié la cour de lui permettre de faire informer des faits énoncés dans mes Mémoires. Mais trouvant bientôt qu'il était trop dangereux pour lui de laisser informer, il s'était retranché à demander à la cour que, sans autre examen, et attendu, disait-il, que ce ne sont que des *calomnies atroces*, elle ordonnât que mes Mémoires fussent déclarés faux et *calomnieux*, défense de récidiver, et dommages-intérêts applicables à œuvres pies, etc.

Mais moi, qui prétends à l'honneur de soutenir tout ce que j'ai avancé, de ces deux manières de conclure, imaginées par Marin, j'ai adopté la première ; et par ma requête en réponse à la sienne, j'ai supplié la cour, avec lui ou sans lui, d'ordonner qu'il fût informé sur les faits et les imputations contenues dans mon Mémoire contre ledit Marin.

Pour réclamer à cet égard la vigilance du ministère public, il me suffirait de mon intérêt personnel; mais ici l'intérêt de l'État et de la société doivent fixer encore plus l'attention de messieurs les gens du roi. La police, aussi exacte que patriotique en cette grave occasion, n'aura certainement point de secrets pour la cour, elle ouvrira ses registres; et c'est à la faveur des renseignements qu'on y puisera, que le parlement et la nation seront en état de prononcer si l'intérêt public et particulier ne sont pas ici combinés le plus heureusement du monde pour démasquer le précepteur Marin, et pour renvoyer ledit précepteur à l'orgue de la Ciotat (1), d'où il est descendu si mal à propos.

Et si dans les informations qu'on ferait contre l'ami Marin, qui m'a voulu faire passer pour l'auteur de la..... on découvrait par hasard que l'ami était un zélé distributeur de la....! Au reste, ce n'aurait été qu'une des branches ordinaires de son commerce; car il faut savoir que l'ami, confisquant par état tous les livres défendus, ne les en a toujours vendus que plus cher aux amateurs.

Quelqu'un m'arrête ici, qui me dit : Prenez garde, ce n'est pas Marin, c'est Bertrand qui, dans son Mémoire, a voulu vous faire passer pour l'auteur de la..... Eh! messieurs, ne savez-vous pas que les Mémoires du grand cousin ne sont que des enveloppes de gazettes, et qu'ici le sacristain et l'organiste s'entendent comme larrons pour sauver le publiciste?

(1) La Ciotat, petite ville de Provence où le petit Marin fredonnait, pour de petits gages, sur un petit orgue, dans une petite paroisse.

Ah! monsieur Marin, que vous êtes loin aujourd'hui de cet heureux temps où, la tête rase et nue, en long habit de lin, symbole de votre innocence, vous enchantiez toute la Ciotat par la gentillesse de vos fredons sur l'orgue, ou la claire mélodie de vos chants au lutrin! Si quelque prophète arabe abordant sur la côte, et vous voyant un si joli enfant..... de chœur, vous eût dit : « Petit abbé, prenez bien garde à vous, mon ami; ayez « toujours la crainte de Dieu devant les yeux, mon en- « fant, sinon vous deviendrez un jour....... » tout ce que vous êtes devenu enfin ; ne vous seriez-vous pas écrié, dans votre tunique de lin, comme un autre Joas :

Dieu qui voyez mon trouble et mon affliction,
Detournez loin de moi sa malediction,
Et ne souffrez jamais qu'elle soit accomplie :
Faites que Marin meure avant qu'il vous oublie.

Il a bien changé, le Marin! Et voyez comme le mal gagne et se propage quand on néglige de l'arrêter dans son principe! ce Marin qui d'abord, pour toute volupté,

. . . . Quelquefois a l'autel,
Présentait au vicaire ou l'offrande ou le sel,

quitte la jaquette et les galoches ; ne fait qu'un saut de l'orgue au préceptorat, à la censure, au secrétariat, enfin à la *Gazette;* et voilà mon Marin les bras retroussés jusqu'au coude, et pêchant le mal en eau trouble : il en dit hautement tant qu'il veut ; il en fait sourdement tant qu'il peut ; il arrête d'un côté les réputations qu'il déchire de l'autre : censures, gazettes étrangères, nouvelles à la main, à la bouche, à la presse ; journaux, petites feuilles, lettres courantes, fabriquées, supposées, distribuées, etc., etc., encore quatre pages d'*et cætera;* tout est à son usage. Écrivain éloquent, censeur habile, gazetier véridique, journalier de pamphlets; s'il marche, il rampe comme un serpent; s'il s'élève, il tombe comme un crapaud. Enfin, se traînant, gravissant, et par sauts et par bonds, toujours le ventre à terre, il a tant fait par ses journées, qu'enfin nous avons vu de nos jours le corsaire allant à Versailles, tiré à quatre chevaux sur la route, portant pour armoiries aux panneaux de son carrosse, dans un cartel en forme de buffet d'orgues, une Renommée en champ de gueule, les ailes coupées, la tête en bas, raclant de la trompette *marine;* et pour support une figure dégoûtée, représentant l'Europe ; le tout embrassé d'une soutanelle doublée de gazettes, et surmontée d'un bonnet carré, avec cette légende à la houppe : *Ques-à-co? Marin.*

Mais, entraîné par mon sujet, je m'aperçois que j'oublie cette *Gazette d'Utrecht* que je commentais : puis, en y songeant mieux, je m'aperçois que j'ai fort bien fait de l'oublier ; tout cela est si mal pensé, si mal écrit, qu'on me saura gré de l'avoir laissé là. J'ai quelque chose de mieux sous la main : toute espèce de gazette n'est que du Marin ordinaire, au lieu que voici du Marin superfin pour les amateurs de noirceurs.

Depuis douze ou quinze jours, Marin fait courir par la ville une lettre d'un soi-disant ambassadeur adressée à lui, dans laquelle on suppose que j'ai commis, en pays étranger, des crimes dignes du dernier supplice. Les uns mettent la scène en Italie, d'autres la portent en Angleterre ; les commis de Marin, les sieurs Adam et Mercier, en racontant ce prétendu délit, ont attesté devant neuf ou dix témoins, qui le certifieront, qu'à son occasion mon procès m'avait été commencé ; que si je n'eusse pris promptement la fuite, j'aurais été *pendu*.

Le fameux Bertrand, en faisant circuler la lettre, prétend qu'elle est signée d'un ambassadeur d'Espagne et de cinq ou six personnes de considération ; c'est un triomphe, une joie, une liesse parmi ces messieurs, qui ne se conçoit pas. Chacun court, s'évertue, se rend chez Marin qui régale tout l'enfer, taille des plumes empoisonnées, remplit les cornets de fiel, échauffe les esprits par un verre de bitume, et met les démons au travail : et de tout cela doit sortir un long et superbe article pour le Mémoire de Marin qui, à ce sujet, a déjà pris, dit-on, cent rames de papier chez Bougy, et les a envoyées à son imprimeur.

Et voilà encore les pauvres honnêtes gens de la ville qui disent, comme à la liste de la portière : « Jamais, jamais Beaumarchais ne se tirera de la lettre d'Espagne. Cela est sans réplique ; voilà des faits, des témoignages, des signatures : on a écrit pour avoir les pièces justificatives ; et cette anecdote est son coup de grâce. »

Mes amis s'inquiètent pour moi, s'agitent, cherchent la lettre de toute part. Enfin hier au soir, 12 janvier 1774, on m'en a remis une copie, et je tiens dans mes mains ce chef-d'œuvre. Avant de l'imprimer, j'ai commencé par déposer au greffe de la cour cette copie telle qu'on me l'a remise ; et par ma requête au parlement en réponse à celle de Marin, je supplie la cour d'ordonner qu'il soit informé sur la lettre, ainsi que sur autres faits et gestes du gazetier.

Copie exacte de l'écrit soi-disant envoyé à Marin, et qui m'a été remis de la part d'un de ses amis, qui le certifiera s'il est entendu sur ce fait.

« Après toutes les horreurs que le sieur Caron a vo-« mies contre vous, monsieur, et contre tout le monde, « je crois que vous voulez le faire repentir ; il a l'inso-« lence de vous défier de parler ; il faut qu'il soit, « comme on dit, fou ; cela m'a plus révolté que tout « le reste ; et, comme en vous vengeant vous nous « vengerez aussi, et autant pour punir un scélérat « que pour faire plaisir à tant d'offensés, il faut le « prendre par où il ne s'attend pas ; il croit être en sûreté, « parce qu'il a pu dans ce pays ici cacher sa méchan-« ceté sous des apparences qui le tireraient toujours « de nos reproches, il dit partout qu'il fera repentir le « premier qui l'attaquera dans sa conduite ; peut-être « a-t-il raison pour ce qui regarde la France, mais « le misérable, il ne croit pas qu'il y a des gens in-« struits de ses coquineries en Espagne. Mais moi « j'y étais, tous mes amis et mes parents y sont encore, « et la preuve est au bout ici. Il avait sa sœur, maî-« tresse du seigneur Joseph Clavio, à Madrid, garde « des archives de la couronne, mon parent, qui s'en

« dégoûta par mauvaise conduite. Son frère vint dans « l'espérance de faire épouser malgré lui sa sœur à « mon parent, qui, le 24 mai 1764, rendit une plainte « que le sieur Caron, dit Beaumarchais, était venu à « six heures du matin, s'était fait introduire sous un « faux nom chez M. Portugais, chef des bureaux d'État « où il logeait, et qu'ayant fermé la porte et présenté « un pistolet, lui avait fait signer une promesse de « mariage dans son lit, sous peine de le tuer s'il bron- « chait ; c'est bien pis que ce qu'il dit de M. Goëzman. « Et, comme chez nous les présents sont une preuve « qu'on veut épouser, il s'était fait en même temps « donner des bijoux, des pièces d'or étrangères ; enfin « pour près de 8,000 liv. comme présents de noces, faits « de bon gré : là-dessus il y eut ordre, sur la plainte « de mon parent à M. le marquis de Robion, comman- « dant de Madrid, de faire mettre le fripon au cachot, « qui se sauva chez l'ambassadeur de France ; mais « quand il fallut rendre les bijoux, il dit que son « laquais les avait volés, et garda tout comme un gueux, « déshonoré par cette friponnerie, et puis après pour « rendre au seigneur Clavio le tour qu'il lui avait joué, « il fut chercher une femme de chambre, que Clavio « avait entretenue avant sa sœur, il donne de l'argent à « cette fille pour présenter à la justice des lettres de « mon parent ; il prétendit que c'était des promesses « de mariage ; et comme on est très-rigoureux chez « nous sur ce cas, en attendant que tout fût clair, on « arrêta mon parent qui eut bientôt prouvé et fait « avouer à la fille que le fripon avait remué cette

« corde. Enfin, pour couronner tout, il finit par tenir
« la banque un soir chez l'ambassadeur de Russie avec
« des cartes arrangées, et gagna près de cent mille
« livres la nuit : l'ambassadeur le fit chasser ; on se
« plaignit à M. Dossun, qui lui ordonna de sortir d'Es-
« pagne vite, où il laissa tout, habit, linge, pour s'en
« aller bien vite à cheval ; il aurait été pourrir en
« cachot, et ce n'est pas là des contes. J'ai écrit pour
« avoir la preuve, et lever la plainte de mon parent qui
« est publique pour faits de violence et friponnerie, il
« a fait un conte différent du vrai en France ; mais
« vous aurez plus de témoins qu'il n'en faut, parce
« qu'ayant chez lui le vrai, dans le temps qu'on a fait
« inventaire chez lui, il a voulu arracher les papiers
« à la justice, qui les a lus malgré lui, et tous l'ont
« connu pour ce qu'il est ; faites-en ce qu'il vous
« plaira, vous ou M. Goëzman. Voilà pour le payer
« du *baptême*, qui est une chose très-innocente. Une
« femme qui était son amie, vous entendez, là-bas, veut
« bien conter les choses comme lui, quand ils en par-
« lent, mais nous avons, Dieu merci, toutes les preuves,
« les lettres et tout. Il vous défie ; eh bien ! défiez-le de
« se justifier sur sa coquinerie d'Espagne, sur sa
« sœur, et s'il ose parler, comme il ne dira que des
« mensonges, il sera pris, nous fondrons tous sur lui,
« comme pour instruire de tout contre un si grand
« imposteur, et une fois bien démasqué là-dessus, il
« faut qu'il s'enfuie tout le reste de sa vie. Il n'y a
« rien qui vaille ça, et M. Portugais et M. Lianos et
« M. Pachico et autres personnes du conseil du roi, à

« Madrid, tous amis de mon parent, donneront leur « attestation, et on fournira tout au parlement, on « peut en être sûr : s'il n'avait pas été protégé par « M. Dossun avant que l'ambassadeur sût la vérité, « jamais il n'aurait revu le jour. M. Dossun s'en est bien « repenti après l'affaire du jeu. Il l'a écrit aux Dames, « c'est la vraie cause secrète qu'elles n'ont plus voulu « que le fripon approchât d'elles à Versailles ; mais « voilà ce qu'on ne dit pas tout haut : encore un petit « moment ! Je suis avec bien de l'empressement et à « votre service et celui de tous les honnêtes gens qui « sont les ennemis de ce fripon-là,

MONSIEUR,

Votre très-humble et obéissant serviteur.

« Voulez-vous m'envoyer votre Mémoire et autres « par mon laquais ; je les ferai passer à Madrid, par le « premier courrier, ça fera plaisir à tout le monde. »

Cette misérable lettre n'est point signée, ou parce que l'original lui-même est anonyme, ou parce qu'on n'a pas voulu en me l'envoyant mettre le nom de celui qui l'avait écrite, dans la crainte de mes recherches. Les uns disent qu'elle est d'un ambassadeur, les autres d'un homme venu d'Espagne avec M. le comte d'Aranda ; d'autres, qu'elle est signée d'un gentilhomme arrivé depuis peu. Jamais gentilhomme n'a écrit de ce style. Quoi qu'il en soit, en attendant que ce gentilhomme de cuisine ou de gazette fasse venir ses preuves d'Espagne, et les fournisse à Marin pour en guirlander son Mémoire, voici ma réponse à la lettre échappée du tripot :

Quelques notions confuses d'une querelle d'éclat que j'eus en 1764, à Madrid, ont fait sans doute espérer à mes ennemis qu'ils pourraient établir une nouvelle diffamation sur cette aventure ignorée en France, et sur laquelle il resterait au moins des soupçons affreux contre moi, de quelque façon que j'entreprisse de m'en justifier après dix ans de silence et à quatre cents lieues de l'endroit de la scène.

Et moi, pressé de relever des faits aussi graves, je vais tout uniment ouvrir les mémoires de mon voyage d'Espagne en 1764, et donner en 1774, à ce fragment de ma vie, une publicité qu'il ne devait jamais avoir.

Dans un événement aussi extraordinaire que celui dont je vais rendre compte, tout ne peut être à mon avantage : et quoi que je fasse, il me sera toujours reproché par les uns d'avoir mis trop de fierté dans ma conduite ; par les autres cette fierté sera peut-être appelée « arrogance ; » mais un jour mieux connu, et toutes mes actions se servant d'appui, l'on finira par trouver que je n'ai mis à celle-ci ni dureté, ni arrogance, mais seulement une fermeté d'âme que l'orgueil de bien faire a quelquefois exaltée.

S'il se mêle un peu d'amour-propre à faire le bien, cet amour-propre est de la plus noble espèce. Loin de le regarder comme un mal, et sans nous donner pour meilleurs que nous ne sommes en effet, il faut avouer que le bonheur d'être estimable tient beaucoup à l'honneur d'être estimé. Rois, sujets, grands et petits, tous sont affamés de la considération publique. Heureux celui qui ne l'a jamais perdue ! plus heureux mille fois celui qui, n'ayant pas mérité de la perdre, a pu enfin la recouvrer ! C'est à quoi je travaille nuit et jour.

Je remercie mes ennemis de la sévère inquisition qu'ils établissent sur ma vie. Cette liberté dans les procès a au moins cela de bon, que la crainte d'être diffamé à la première querelle peut retenir dans le devoir nombre de gens dont les principes ne sont pas assez certains. Je rends grâces à ces messieurs des occasions qu'ils me fournissent sans cesse de me justifier ; mais je prie le lecteur de se souvenir que quelque extraordinaire que lui paraisse ce qu'il va lire, ma précédente réponse au comte de la Blache, sur l'incroyable fait des lettres supposées de Mesdames, n'offre rien de plus évident ni de plus respectable que les preuves dont j'appuierai cette étonnante narration.

ANNÉE 1764.

Fragment de mon voyage d'Espagne.

Depuis quelques années j'avais eu le bonheur de m'envelopper de toute ma famille. L'union, la joie, la reconnaissance étaient la récompense continuelle des sacrifices que cet entour exigeait, et me consolaient de l'injure extérieure que des méchants faisaient dès lors à mes sentiments.

De cinq sœurs que j'avais, deux confiées dès leur jeunesse par mon père à l'un de ses correspondants d'Espagne, ne m'avaient laissé d'elles qu'un souvenir faible et doux, quelquefois ranimé par leur correspondance.

En février 1764, mon père reçoit de sa fille aînée une lettre pleine d'amertume, dont voici la substance :

« Ma sœur vient d'être outragée par un homme aussi accrédité que dangereux. Deux fois, à l'instant de l'épouser, il a manqué de parole et s'est brusquement retiré sans daigner même excuser sa conduite ; la sensibilité de ma sœur offensée l'a jetée dans un état de mort dont il y a beaucoup d'apparence que nous ne la sauverons pas : tous ses nerfs se sont retirés, et depuis six jours elle ne parle plus.

« Le déshonneur que cet événement verse sur elle nous a plongées dans une retraite profonde, où je pleure nuit et jour en prodiguant à cette infortunée des consolations que je ne suis pas en état de prendre pour moi-même.

« Tout Madrid sait que ma sœur n'a rien à se reprocher.

« Si mon frère avait assez de crédit pour nous faire recommander à M. l'ambassadeur de France, Son Excellence mettrait à nous protéger une bonté de prédilection qui arrêterait tout le mal qu'un perfide nous fait, et par sa conduite et par ses menaces, etc..... »

Mon père vient me trouver à Versailles et me remet, en pleurant, la lettre de sa fille. Voyez, mon fils, ce que vous pouvez pour ces deux infortunées, « elles ne sont pas moins vos sœurs que les autres. »

Je me sentis aussi ému que lui au récit de la terrible

situation de ma sœur. Hélas ! mon père, lui dis-je, quelle espèce de recommandation puis-je obtenir pour elles ? Qu'irai-je demander ? Qui sait si elles n'ont pas donné lieu par quelques fautes qu'elles nous cachent à la honte qui les couvre aujourd'hui ? — J'oubliais, reprit mon père de vous montrer plusieurs lettres de notre ambassadeur à votre sœur aînée, qui annoncent la plus haute estime pour l'une et pour l'autre.

Je lisais ces lettres, elles me rassuraient ; et la phrase, « elles ne sont pas moins vos sœurs que les autres, » me frappant jusqu'au fond du cœur : Ne pleurez point, dis-je à mon père, je prends un parti qui peut vous étonner, mais qui me paraît le plus certain, comme le plus sage.

Ma sœur aînée indique plusieurs personnes respectables, qui déposeront, dit-elle, à son frère à Paris de la bonne conduite et de la vertu de sa sœur. Je veux les voir, et si leur témoignage est aussi honorable que celui de M. l'ambassadeur de France, je demande un congé, je pars, et, ne prenant conseil que de la prudence et de ma sensibilité, je les vengerai d'un traître, ou je les ramène à Paris partager avec vous ma modique fortune.

Le succès de mes informations m'échauffe le cœur ; alors sans autre délai je reviens à Versailles apprendre à mes augustes protectrices qu'une affaire aussi douloureuse que pressée exige ma présence à Madrid et me force de suspendre toute espèce de service auprès d'elles.

Étonnées d'un départ aussi brusque, leur bonté respectable va jusqu'à vouloir être instruites de la nature de ce nouveau malheur. Je montre la lettre de ma sœur aînée : « Partez, et soyez sage, » fut l'honorable encouragement que je reçus des princesses ; « ce que vous entreprenez est bien, et vous ne manquerez pas d'appui en Espagne, si votre conduite est raisonnable. »

Mes apprêts furent bientôt faits. Je craignais de ne pas arriver assez tôt pour sauver la vie à ma pauvre sœur. Les plus fortes recommandations auprès de notre ambassadeur me furent prodiguées et devinrent l'inestimable prix de quatre ans de soins employés à l'amusement de Mesdames.

A l'instant de mon départ, je reçois la commission de négocier en Espagne une affaire très-intéressante au commerce de France. M. Duverney, touché du motif de mon voyage, m'embrasse et me dit : « Allez, mon fils, sauvez la vie à votre sœur. Quant à l'affaire dont vous êtes chargé, quelque intérêt que vous y preniez, souvenez-vous que je suis votre appui : je l'ai promis publiquement à la famille royale, et je ne manquerai jamais à un engagement aussi sacré. Je m'en rapporte à vos lumières ; voilà pour deux cent mille francs de billets au porteur que je vous remets pour augmenter votre consistance personnelle par un crédit de cette étendue sur moi. »

Je pars et vais nuit et jour de Paris à Madrid. Un négociant français, feignant d'avoir affaire à Bayonne, mais engagé secrètement par ma famille de m'accompagner et de veiller à ma sûreté, m'avait demandé une place dans ma chaise.

J'arrive à Madrid le 18 mai 1764, à onze heures du matin. J'étais attendu depuis quelques jours ; je trouvai mes sœurs entourées de leurs amis, à qui la chaleur de ma résolution avait donné le désir de me connaître.

A peine les premières larmes sont-elles épanchées, que, m'adressant à mes sœurs : Ne soyez pas étonnées, leur dis-je, si j'emploie ce premier moment pour apprendre l'exacte vérité de votre malheureuse aventure ; je prie les honnêtes gens qui m'environnent, et que je regarde comme mes amis, puisqu'ils sont les vôtres, de ne pas vous passer la plus légère inexactitude. Pour vous servir avec succès, il faut que je sois fidèlement instruit.

Le compte fut exact et long. A ce récit, la sensibilité de tout le monde justifiant la mienne, j'embrassai ma jeune sœur et lui dis : A présent que je sais tout, mon enfant, sois en repos ; je vois, avec plaisir, que tu n'aimes plus cet homme-là ; ma conduite en devient plus aisée ; dites-moi seulement où je puis le trouver à Madrid. Chacun élève sa voix et me conseille de commencer par aller à Aranjuèz, voir M. l'ambassadeur, dont la prudence consommée devait diriger mes démarches dans une affaire aussi épineuse, notre ennemi etant excessivement soutenu par les relations que sa place lui donnait avec des gens fort puissants : je ne devais rien hasarder à Madrid avant d'avoir eu l'honneur d'entretenir Son Excellence à Aranjuèz.

Cela va bien, mes amis, car je vous regarde tous comme tels ; procurez-moi seulement une voiture de route, et demain je vais saluer M. l'ambassadeur à la cour. Mais ne trouvez pas mauvais que je prenne, avant de le voir, quelques instructions essentielles à mon projet : la seule chose en laquelle vous puissiez tous me servir, est de garder le secret sur mon arrivée jusqu'à mon retour d'Aranjuèz.

Je fais tirer promptement un habit de mes malles et, m'ajustant à la hâte, je me fais indiquer la demeure de don Joseph Clavico (1), garde des archives de la couronne, et j'y cours ; il était sorti : l'on m'apprend l'endroit où je puis le rencontrer, et, dans le salon même d'une dame chez laquelle il était, je lui dis, sans me faire connaître, qu'arrivé de France le jour même, et chargé de quelques commissions pour lui, je lui demandais la permission de l'entretenir le plus tôt possible. Il me remit au lendemain matin à neuf heures en m'invitant au chocolat, que j'acceptai pour moi et pour le négociant français qui m'accompagnait.

Le lendemain 19 mai, j'étais chez lui à huit heures et demie ; je le trouvai dans une maison splendide, qu'il me dit appartenir à dom Antonio Portuguès, l'un des chefs les plus estimés des bureaux du ministère, et tellement son ami, qu'en son absence il usait librement de sa maison comme de la sienne propre.

« Je suis chargé, monsieur, lui dis-je, par une société de gens de lettres, d'établir, dans toutes les villes où je passerai, une correspondance littéraire avec les hommes les plus savants du pays. Comme aucun Espagnol n'écrit mieux que l'auteur des feuilles appelées

(1) Ce mot, qui s'écrit Clavijo, se prononce à peu près Clavico : je le fais imprimer ainsi pour la facilité de la lecture.

le Pensador (1) à qui j'ai l'honneur de parler, et que son mérite littéraire a fait même assez distinguer du roi pour qu'il lui confiât la garde d'une de ses archives, j'ai cru ne pouvoir mieux servir mes amis qu'en les liant avec un homme de votre mérite. »

Je le vis enchanté de ma proposition. Pour mieux connaître à quel homme j'avais affaire, je le laissai longtemps discourir sur les avantages que les diverses nations pouvaient tirer de pareilles correspondances. Il me caressait de l'œil ; il avait le ton affectueux ; il parlait comme un ange, et rayonnait de gloire et de plaisir.

Au milieu de sa joie, il me demande à mon tour quelle affaire me conduisait en Espagne? heureux, disait-il, s'il pouvait m'y être de quelque utilité. — « J'accepte avec reconnaissance des offres aussi flatteuses, et n'aurai point, monsieur, de secrets pour vous. »

Alors voulant le jeter dans un embarras dont la fin seule de mon discours devait le tirer, je lui présentai de nouveau mon ami. « Monsieur » lui dis-je, « n'est pas tout à fait étranger à ce que je vais vous dire, et ne sera pas de trop à notre conversation. » Cet exorde le fit regarder mon ami avec beaucoup de curiosité.

« Un négociant français, chargé de famille et d'une fortune assez bornée, avait beaucoup de correspondants en Espagne. Un des plus riches, passant à Paris il y a neuf ou dix ans, lui fit cette proposition : Donnez-moi deux de vos filles, que je les emmène à Ma-

(1) En français, *le Penseur*.

drid, elles s'établiront chez moi, garçon âgé, sans famille, elles feront le bonheur de mes vieux jours et succéderont au plus riche établissement de l'Espagne.

« L'aînée, déjà mariée, et une de ses sœurs lui furent confiées. En faveur de cet établissement, leur père se chargea d'entretenir cette nouvelle maison de Madrid de toutes les marchandises de France qu'on lui demanderait.

« Deux ans après, le correspondant mourut et laissa les Françaises sans aucun bienfait, dans l'embarras de soutenir toutes seules une maison de commerce. Malgré ce peu d'aisance, une bonne conduite et les grâces de leur esprit leur conservèrent une foule d'amis qui s'empressèrent à augmenter leur crédit et leurs affaires. (Ici je vis Clavico redoubler d'attention.)

« A peu près dans ce même temps, un jeune homme, natif des îles Canaries, s'était fait présenter dans la maison (toute sa gaieté s'évanouit à ces mots qui le désignaient). Malgré son peu de fortune, les dames lui voyant une grande ardeur pour l'étude de la langue française et des sciences, lui avaient facilité les moyens d'y faire des progrès rapides.

« Plein du désir de se faire connaître, il forme enfin le projet de donner à la ville de Madrid le plaisir, tout nouveau pour la nation, de lire une feuille périodique dans le genre du *Spectateur anglais;* il reçoit de ses amis des encouragements et des secours de toute nature. On ne doute point qu'une pareille entreprise n'ait le plus grand succès ; alors, animé par l'espérance de réussir à se faire un nom, il ose se proposer ouvertement pour épouser la plus jeune des Françaises.

« Commencez, lui dit l'aînée, par réussir ; et lorsque quelque emploi, faveur de la cour, ou tel autre moyen de subsister honorablement, vous aura donné le droit de songer à ma sœur, si elle vous préfère à d'autres prétendants, je ne vous refuserai pas mon consentement. (Il s'agitait étrangement sur son siége en m'écoutant ; et moi, sans faire semblant de m'en apercevoir, je poursuivis ainsi.)

« La plus jeune, touchée du mérite de l'homme qui la recherchait, refuse divers partis avantageux qui s'offraient pour elle, et, préférant d'attendre que celui qui l'aimait depuis quatre ans eût rempli les vues de fortune que tous ses amis osaient espérer pour lui, l'encourage à donner sa première feuille philosophique sous le titre imposant du *Pensador*. » (Ici je vis mon homme prêt à se trouver mal.)

« L'ouvrage (continuai-je avec un froid glacé) eut un succès prodigieux ; le roi même, amusé de cette charmante production, donna des marques publiques de bienveillance à l'auteur. On lui promit le premier emploi honorable qui vaquerait. Alors il écarta tous les prétendants à sa maîtresse par une recherche absolument publique. Le mariage ne se retardait que par l'attente de l'emploi qu'on avait promis à l'auteur des feuilles. Enfin au bout de six ans d'attente d'une part, de soins et d'assiduités de l'autre, l'emploi parut et l'homme s'enfuit. » (Ici l'homme fit un soupir involontaire, et, s'en apercevant lui-même, il en rougit de confusion; je remarquais tout sans cesser de parler.)

« L'affaire avait trop éclaté pour qu'on pût en voir le dénoûment avec indifférence. Les dames avaient pris une maison capable de contenir deux ménages; les bans étaient publiés. L'outrage indignait tous les amis communs, qui s'employèrent efficacement à venger cette insulte : M. l'ambassadeur de France s'en mêla; mais lorsque cet homme apprit que les Françaises employaient les protections majeures contre lui, craignant un crédit qui pouvait renverser le sien et détruire en un moment sa fortune naissante, il vint se jeter aux pieds de sa maîtresse irritée. A son tour il employa tous ses amis pour la ramener, et comme la colère d'une femme trahie n'est presque jamais que de l'amour déguisé, tout se raccommoda; les préparatifs d'hymen recommencèrent, les bans se publièrent de nouveau, l'on devait s'épouser dans trois jours. La réconciliation avait fait autant de bruit que la rupture. En partant pour Saint-Hildephonse, où il allait demander à son ministre la permission de se marier : Mes amis, dit-il, conservez-moi le cœur chancelant de ma maîtresse jusqu'à ce que je revienne du Sitio-real, et disposez toutes choses de façon qu'en arrivant je puisse aller au temple avec elle. »

Malgré l'horrible état où mon récit le mettait, incertain encore si je racontais une histoire étrangère à moi, ce Clavico regardait de temps en temps mon ami, dont le sang-froid ne l'instruisait pas plus que le mien. Ici je renforçai ma voix en le fixant, et je continuai :

« Il revient en effet de la cour le surlendemain ; mais au lieu de conduire sa victime à l'autel, il fait dire à l'infortunée qu'il change d'avis une seconde fois, et ne l'épousera point ; les amis indignés courent à l'instant chez lui ; l'insolent ne garde plus aucun ménagement et les défie tous de lui nuire, en leur disant que si les Françaises cherchaient à le tourmenter, elles prissent garde à leur tour qu'il ne les perdît pour toujours dans un pays où elles étaient sans appui.

« A cette nouvelle, la jeune Française tomba dans un état de convulsions qui fit craindre pour sa vie. Au fort de leur désolation, l'aînée écrivit en France l'outrage public qui leur avait été fait ; ce récit émut le cœur de leur frère au point que, demandant aussitôt un congé pour venir éclaircir une affaire aussi embrouillée, il n'a fait qu'un saut de Paris à Madrid ; et ce frère, « c'est moi » qui ai tout quitté, patrie, devoirs, famille, état, plaisirs, pour venir venger en Espagne une sœur innocente et malheureuse ; c'est moi qui viens, armé du bon droit et de la fermeté, démasquer un traître, écrire en traits de sang son âme sur son visage : et ce traître, « c'est vous. »

Qu'on se forme le tableau de cet homme étonné, stupéfait de ma harangue, à qui la surprise ouvre la bouche et y fait expirer la parole glacée ; qu'on voie cette physionomie radieuse, épanouie sous mes éloges, se rembrunir par degrés, ses yeux s'éteindre, ses traits s'allonger, son teint se plomber.

Il voulut balbutier quelques justifications. — Ne m'interrompez pas, monsieur, vous n'avez rien à me dire et beaucoup à entendre de moi. Pour commencer, ayez la bonté de déclarer devant monsieur, qui est exprès venu de France avec moi, si, par quelque manque de foi, légèreté, faiblesse, aigreur, ou quelque autre vice que ce soit, ma sœur a mérité le double outrage que vous avez eu la cruauté de lui faire publiquement. — Non, monsieur, je reconnais dona Maria, votre sœur, pour une demoiselle pleine d'esprit, de grâces et de vertus. — Vous a-t-elle donné quelque sujet de vous plaindre d'elle depuis que vous la connaissez ? — *Jamais, jamais.* — Eh ! pourquoi donc, monstre que vous êtes (lui dis-je en me levant), avez-vous eu la barbarie de la traîner à la mort, uniquement parce que son cœur vous préférait à dix autres plus honnêtes et plus riches que vous? — Ah ! monsieur, ce sont des instigations, des conseils ; si vous saviez ... — Cela suffit. »

Alors me retournant vers mon ami : « Vous avez entendu la justification de ma sœur, allez la publier. Ce qui me reste à dire à monsieur n'exige plus de témoins. » Mon ami sort. Clavico, bien plus étonné, se lève à son tour ; je le fais rasseoir. — « A présent, monsieur, que nous sommes seuls, voici quel est mon projet, et j'espère que vous l'approuverez.

« Il convient également à vos arrangements et aux miens que vous n'épousiez pas ma sœur ; et vous sentez que je ne viens pas ici faire le personnage d'un frère de comedie qui veut que sa sœur se marie : mais vous avez outragé à plaisir une femme d'honneur, parce que vous l'avez crue sans soutien en pays étranger ; ce procédé est celui d'un malhonnête homme et d'un lâche.

Vous allez donc commencer par reconnaître, de votre main, en pleine liberté, toutes vos portes ouvertes et vos gens dans cette salle, qui ne nous entendront point, parce que nous parlerons français, que vous êtes un homme abominable qui avez trompé, trahi, outragé ma sœur sans aucun sujet, et, votre déclaration dans mes mains, je pars pour Aranjuèz où est mon ambassadeur, je lui montre l'écrit, je le fais ensuite imprimer ; après demain la cour et la ville en seront inondées ; j'ai des appuis considérables ici, du temps et de l'argent : tout sera employé à vous faire perdre votre place, à vous poursuivre de toute manière et sans relâche, jusqu'à ce que le ressentiment de ma sœur apaisé m'arrête et me dise holà.

— « Je ne ferai point une telle déclaration, me dit Clavico d'une voix altérée. — Je le crois, car peut-être, à votre place, ne la ferais-je pas non plus. Mais voici le revers de la médaille. Écrivez ou n'écrivez pas ; de ce moment je reste avec vous ; je ne vous quitte plus ; je vais partout où vous irez, jusqu'à ce que, impatienté d'un pareil voisinage, vous soyez venu vous délivrer de moi derrière Buenretiro (1). Si je suis plus heureux que vous, monsieur, sans voir mon ambassadeur, sans parler à personne ici, je prends ma sœur mourante entre mes bras, je la mets dans ma voiture, et je m'en retourne en France avec elle. Si, au contraire, le sort vous favorise, tout est dit pour moi ; je fais mon testament avant de partir ; vous aurez eu tous les avantages

(1) L'ancien palais des rois d'Espagne à Madrid.

sur nous, permis à vous alors de rire à nos dépens. Faites monter le déjeuner. »

Je sonne librement : un laquais entre, apporte le chocolat. Pendant que je prends ma tasse, mon homme absorbé se promène en silence, rêve profondément, prend son parti tout de suite, et me dit :

« Monsieur de Beaumarchais, écoutez-moi. Rien au monde ne peut excuser ma conduite envers mademoiselle votre sœur. L'ambition m'a perdu ; mais si j'eusse prévu que *dona Maria* eût un frère comme vous, loin de la regarder comme une étrangère isolée, j'aurais conclu que les plus grands avantages devaient suivre notre union. Vous venez de me pénétrer de la plus haute estime, et je me mets à vos pieds pour vous supplier de travailler à réparer, s'il est possible, tous les maux que j'ai faits à votre sœur. Rendez-la-moi, monsieur ; et je me croirai trop heureux d'obtenir de vous ma femme et le pardon de tous mes crimes. — Il n'est plus temps ; ma sœur ne vous aime plus : faites seulement la déclaration, c'est tout ce que j'exige de vous ; et trouvez bon, après, qu'en ennemi déclaré je venge ma sœur au gré de son ressentiment. »

Il fit beaucoup de façons, et sur le style dont je l'exigeais, et sur ce que je voulais qu'elle fût toute de sa main, et sur ce que j'insistais à ce que les domestiques fussent présents pendant qu'il écrirait ; mais comme l'alternative était pressante, et qu'il lui restait encore je ne sais quel espoir de ramener une femme qui l'avait aimé, sa fierté se soumit à écrire la déclaration suivante, que je lui dictai, en me promenant dans l'espèce de galerie où nous étions :

Déclaration dont j'ai l'original.

« Je soussigné Joseph Clavico, garde d'une des ar-
« chives de la couronne, reconnais qu'après avoir été
« reçu avec bonté dans la maison de madame Guil-
« bert, j'ai trompé mademoiselle Caron, sa sœur, par
« la promesse d'honneur, mille fois réitérée, de l'é-
« pouser, à laquelle j'ai manqué, sans qu'aucune faute
« ou faiblesse de sa part ait pu servir de prétexte ou
« d'excuse à mon manque de foi ; qu'au contraire la
« sagesse de cette demoiselle, pour qui j'ai le plus
« profond respect, a toujours été pure et sans tache. Je
« reconnais que, par ma conduite, la légèreté de mes
« discours et par l'interprétation qu'on a pu y donner,
« j'ai ouvertement outragé cette vertueuse demoiselle,
« à laquelle je demande pardon par cet écrit, fait li-
« brement et de ma pleine volonté, quoique je me
« reconnaisse tout à fait indigne de l'obtenir ; lui pro-
« mettant toute autre espèce de réparation qu'elle
« pourra désirer, si celle-ci ne lui convient pas. Fait à
« Madrid, et écrit tout de ma main, en présence de
« son frère, le 19 mai 1764.

« *Signé*,

« JOSEPH CLAVIJO. »

Je prends le papier, et lui dis en le quittant : Je ne suis point un lâche ennemi, monsieur, c'est sans mé-

22

nagement que je vais venger ma sœur. Je vous en ai prévenu. Tenez-vous bien pour averti de l'usage cruel que je vais faire de l'arme que vous m'avez fournie. — « Monsieur, je crois parler au plus offensé, mais au plus généreux des hommes : avant de me diffamer, accordez-moi le moment de tenter un effort pour ramener encore une fois *dona Maria :* c'est dans cet unique espoir que j'ai écrit la réparation que vous emportez : mais, avant de me présenter, j'ai résolu de charger quelqu'un de plaider ma cause auprès d'elle; et ce quelqu'un, c'est vous. » — Je n'en ferai rien. — « Au moins vous lui direz le repentir amer que vous avez aperçu en moi. Je borne à cela toutes mes sollicitations. A votre refus je chargerai quelque autre de me mettre à ses pieds. » Je le lui promis.

Le retour de mon ami chez ma sœur avait porte l'alarme dans tous les esprits. En arrivant, je trouvai les femmes éplorées et les hommes très-inquiets : mais au compte que je rendis de ma séance, à la vue de la déclaration, les cris de joie, les embrassements succédèrent aux larmes; chacun ouvrait un avis différent les uns opinaient à perdre Clavico, les autres penchaient à lui pardonner; d'autres s'en rapportaient à ma prudence, et tout le monde parlait à la fois. Mais ma sœur de s'écrier : « Non, jamais, jamais je n'en entendrai parler : courez, mon frère, à Aranjuèz : allez voir M. l'ambassadeur, et, dans tout ceci, gouvernez-vous par ses conseils. »

Avant de partir pour la cour, j'écrivis à Clavico que ma sœur n'avait pas voulu entendre un seul mot en sa faveur, et que je m'en tenais au projet de la venger et de le perdre. Il me fit prier de le voir avant mon départ, et je me rendis librement chez lui. Après mille imprécations contre lui-même, toutes ses prières se bornèrent à obtenir de moi qu'il allât pendant mon absence, avec un ami commun, parler à ma sœur aînée, et que je ne rendisse son déshonneur public qu'à mon retour, s'il n'avait pas obtenu son pardon. Je partis pour Aranjuèz.

M. le marquis d'Ossun, notre ambassadeur, aussi respectable qu'obligeant, après m'avoir marqué tout l'intérêt qu'il prenait à moi, en faveur des augustes recommandations qui lui étaient parvenues de France, me dit : « La première preuve de mon amitié, monsieur, est de vous prévenir que votre voyage en Espagne est de la dernière inutilité quant à l'objet de venger votre sœur ; l'homme qui l'a insultée deux fois par sa retraite inopinée n'eût jamais osé se rendre aussi coupable s'il ne se fût pas cru puissamment soutenu. Quel est votre dessein ? Espérez-vous lui faire épouser votre sœur ? » — Non, monsieur, je ne le veux pas ; mais je prétends le déshonorer. — «Et comment? » Je lui fis le récit de mon entrevue avec Clavico, qu'il ne crut qu'en lisant son écrit que je lui présentai.

« Eh bien ! monsieur, me dit cet homme respectable, un peu étonné de mon action, je change d'avis à l'instant. Celui qui a tellement avancé les affaires en deux heures est fait pour les terminer heureusement. L'ambition avait éloigné Clavico de mademoiselle votre sœur ; l'ambition, la terreur ou l'amour le lui ramènent. Mais à quelque titre qu'il revienne, le moins d'éclat qu'on puisse faire en pareille occasion est toujours le mieux. Je ne vous cache pas que cet homme est fait pour aller loin ; et sous ce point de vue, c'est peut-être un parti très-avantageux. A votre place, je vaincrais ma sœur sur ses répugnances, et, profitant du repentir de Clavico, je les marierais promptement. » — Comment, monsieur, un lâche? — « Il n'est un lâche que s'il ne revient pas de bonne foi. Mais ce point accordé, ce n'est qu'un amant repentant. Au reste, voilà mon avis, je vous invite à le suivre, et même je vous en saurai gré, par des considérations que je ne puis vous expliquer. »

Je revins à Madrid un peu troublé des conseils de M. le marquis d'Ossun. A mon arrivée j'appris que Clavico était venu , accompagné de quelques amis communs, se jeter aux pieds de mes sœurs ; que la plus jeune, à son arrivée, s'était enfuie dans sa chambre et n'avait plus voulu reparaître ; et l'on me dit qu'il avait conçu beaucoup d'espérance de cette colère fugitive. J'en conclus à mon tour qu'il connaissait bien les femmes, douces et sensibles créatures, qu'un peu d'audace, mêlée de repentir, trouble à coup sûr étrangement, mais dont le cœur ému n'en reste pas moins disposé en faveur de l'humble audacieux qui gémit à leurs pieds, d'autorité.

Depuis mon retour d'Aranjuèz, ce Clavico désira me voir tous les jours, me rechercha, m'enchanta par son esprit, ses connaissances, et surtout par la noble confiance qu'il paraissait avoir en ma médiation. Je le servais de bonne foi ; nos amis se joignent à moi ; mais le profond respect que ma pauvre sœur paraissait avoir pour mes décisions me rendait très-circonspect à son égard ; c'était son bonheur et non sa fortune que je désirais; c'était son cœur et non sa main que je voulais forcer.

Le 25 mai, Clavico se retira brusquement du logis de M. Portuguès, et fut se refugier au quartier des Invalides, chez un officier de sa connaissance. Cette retraite précipitée ne m'inspira d'abord aucun ombrage, quoiqu'elle me parût singulière. Je courus au quartier ; il allégua pour motif de cette retraite que, M. Portuguès étant un des plus opposés à son mariage, il comptait me donner la plus haute preuve de la sincérité de son retour en quittant la maison d'un si puissant ennemi de ma sœur. Cela me parut si probable et si délicat, que je lui sus un gré infini de sa retraite aux Invalides. Le 26 mai, j'en reçus la lettre suivante :

Copie de la lettre de Clavico dont j'ai l'original.

« Je me suis expliqué, monsieur, d'une manière « très-précise, sur la ferme intention où je suis de « réparer les chagrins que j'ai causés involontaire- « ment à mademoiselle Caron ; je lui offre de nouveau « de l'épouser, si les malentendus passés ne lui ont pas « donné trop d'éloignement pour moi. Mes propo- « sitions sont très-sincères. Toute ma conduite et « mes démarches tendent uniquement à regagner son « cœur ; et mon bonheur dépendra du succès de mes « soins ; je prends donc la liberté de vous sommer « de la parole que vous m'avez donnée, de vous rendre

« le médiateur de cette heureuse réconciliation. Je sais « qu'un galant homme s'honore en s'humiliant devant « une femme qu'il a offensée, et que tel qui croit s'a- « vilir en demandant excuse à un homme a bonne « grâce de reconnaître ses torts aux yeux d'une per- « sonne de l'autre sexe. C'est donc en connaissance de « cause que j'agis dans toute cette affaire. L'assurance « libre et franche que je vous ai donnée, monsieur, et « la démarche que j'ai faite pendant votre voyage d'A- « ranjuèz aupres de mademoiselle votre sœur, peuvent « me faire un certain tort dans l'esprit des personnes « qui ignorent la pureté de mes intentions : mais j'es- « père que, par un exposé fidèle de la vérité, vous me « ferez la grâce d'instruire convenablement tous ceux « que l'ignorance ou la malignité ont fait tomber dans « l'erreur à mon égard. S'il m'était possible de quitter « Madrid sans un ordre exprès de mon chef, je parti- « rais sur-le-champ pour aller à Aranjuèz lui deman- « der son approbation ; mais j'attends encore de votre « amitié, que vous prendrez le soin vous-même de lui « faire part des vues légitimes et honnêtes que j'ai sur « mademoiselle votre sœur, et dont cette lettre vous « réitère l'assurance ; la promptitude de cette démar- « che est, selon mon cœur, la plus grande marque que « vous puissiez me donner du retour que je vous de- « mande pour l'estime parfaite et le véritable attache- « ment avec lequel j'ai l'honneur d'être, monsieur, « votre, etc.

« *Signé*,

« CLAVIJO.

« 26 mai 1764. »

A la lecture de cette lettre, que je faisais devant mes sœurs, la plus jeune fondit en larmes. Je l'embrassai de toute mon âme : « Eh bien ! mon enfant ! tu « l'aimes encore, tu es bien honteuse, n'est-ce pas ? je « le vois. Mais, va ! tu n'en es pas moins une honnête, « une excellente fille, et puisque ton ressentiment tire « à sa fin, laisse-le s'éteindre dans les larmes du par- « don ; elles sont bien douces après celles de la colère. « C'est un monstre (ajoutai-je en riant) que ce Clavico, « comme la plupart des hommes ; mais, mon enfant, « tel qu'il est, je me joins à M. le marquis d'Ossun pour « te conseiller de lui pardonner. J'aimerais mieux pour « lui qu'il se fût battu, j'aime mieux pour toi qu'il ne « l'ait pas fait. »

Mon bavardage la fit sourire au milieu de ses larmes : et je pris ce charmant conflit pour un consentement tacite aux vues de M. l'ambassadeur ; je courus chercher mon homme, à qui je dis bien qu'il était cent fois plus heureux qu'il ne le méritait ; il en convint avec une bonne foi qui finit par nous charmer tous : il arriva tremblant chez ma sœur. On enveloppa la pauvre troublée, qui, rougissant, moitié honte et moitié plaisir, laissa échapper enfin, avec un soupir, son consentement à tout ce que nous allions faire pour l'enchaîner de nouveau.

Dans son enchantement, Clavico prit la clef de mon secrétaire et fut écrire le papier suivant, qu'il signa et qu'il apporta, le genou en terre, à signer à sa maîtresse, devant MM. Laugier, secrétaire d'ambassade de Pologne; Gazan, consul d'Espagne à Bayonne; Devignes, chanoine de Perpignan; Durocher, premier chirurgien de la reine mère ; Durand et Périer, négociants français ; Don Firmin de Salsedo, contador de la trésorerie du roi ; de Bievardi, gentilhomme italien ; Boca, officier des gardes flamandes, et autres : chacun joignit ses instances aux miennes, et l'on arracha par-dessus le consentement verbal la signature de ma pauvre sœur, qui, ne sachant plus où mettre sa tête, de confusion, vint se jeter dans mes bras en pleurant, et m'assurant tout bas qu'en vérité j'étais un homme dur et sans pitié pour elle.

Copie exacte de l'écrit de la main de Clavijo, signé de lui et de ma sœur, dont j'ai l'original.

« Nous soussignés, Joseph Clavico et Marie-Louise « Caron, avons renouvelé par ce présent écrit les « promesses mille et mille fois réitérées que nous « nous sommes faites de n'être jamais l'un qu'à l'au- « tre ; et nous nous engageons de sanctifier ces pro- « messes par le sacrement de mariage le plus tôt qu'il « sera possible : en foi de quoi nous avons signé cet « écrit entre nous.

« *Signé*,

« Marie-Louise Caron et Joseph Clavijo.

« A Madrid, ce 26 mai 1764. »

Tout le monde passa la soirée avec nous, dans la joie d'un si heureux changement ; et je partis pour

Aranjuèz à 11 heures du soir : car dans un pays aussi chaud,la nuit est le temps le plus agréable pour voyager.

Je supplie le lecteur de suspendre encore son jugement sur la futilité de ces détails ; il verra bientôt s'ils étaient importants.

En arrivant à Aranjuèz, je rendis un compte exact à M. l'ambassadeur, qui eut la bonté de donner plus d'éloges à toutes les parties de ma conduite qu'elles n'en méritaient, mais qui me conseilla de ne rien dire à M. Grimaldi, de ce qui s'était passé, de peur de nuire à mon futur beau-frère.

Je me rendis chez ce ministre ; il me reçut avec bonté, lut la lettre de Clavico, donna son consentement au mariage, et souhaita toute sorte de bonheur à ma sœur ; en remarquant seulement que don Joseph Clavico eût pu m'épargner le voyage, la forme usitée en pareil cas étant d'écrire au ministre. Je rejetai tout sur l'empressement que j'avais montré moi-même de venir lui faire ma cour, avant le temps où je le prierais de m'honorer de quelques audiences pour l'entretenir d'objets très-importants.

A mon retour à Madrid, je trouvai chez moi la lettre suivante du seigneur Clavico :

Copie de la lettre dont j'ai l'original.

« Voici, monsieur, l'indigne billet qui s'est répandu « dans le public, tant à la cour qu'à la ville : mon hon- « neur y est outragé de la manière la plus sanglante, « et je n'ose pas voir même la lumière, tandis qu'on

« aura de si basses idées de mon caractère et de mon honneur. Je vous prie, monsieur, très-instamment de « faire voir le billet que j'ai signé et d'en donner des « copies. En attendant que le monde se désabuse, *pen-« dant quelques jours, il n'est pas convenable de nous « voir :* au contraire cela pourrait produire un mauvais « effet ; et l'on croirait que ce malheureux papier est le « véritable, et que celui qui paraîtrait à sa place n'était « qu'une composition faite après coup. Imaginez « monsieur, dans quelle désolation doit me mettre un « pareil outrage, et croyez-moi, monsieur, votre, etc.

« *Signé*,

« CLAVIJO. »

Il avait joint à sa lettre une déclaration fausse, gigantesque, abominable, et qui était tout entière de son écriture.

J'ai pris un peu d'humeur de la conclusion que tirait Clavico de cet indigne papier ! je courus lui en faire les plus tendres reproches ; je le trouvai couché. Partie de ses effets étant restée chez M. Portuguès, je lui envoyai sur-le-champ du linge de toute espèce à changer, et, pour le consoler du chagrin où cet écrit fabriqué paraissait le plonger, je lui promis qu'à son rétablissement je le mènerais partout avec moi comme mon frère et comme un homme honorable, en l'assurant que je voyais dans les dispositions de tout le monde qu'on se plairait à m'en croire à ma parole.

Nous convînmes de tous les préparatifs du mariage

de ma sœur ; et le lendemain plusieurs de ses amis me menèrent, à son invitation, chez le grand vicaire, chez le notaire apostolique, etc. Cela fait, je revins chez lui très-content : « Mon ami, lui dis-je en l'embrassant, l'état où nous sommes à l'égard l'un de l'autre me permet de prendre quelques libertés avec vous ; si vous n'êtes pas en argent comptant, vous ferez fort bien d'accepter ma bourse dans laquelle j'ai mis cent quadruples cordonnés et autres pièces d'or, le tout valant environ neuf mille livres argent de France, sur quoi vous enverrez vingt-cinq quadruples à ma sœur, pour avoir des rubans : et voici des bijoux et des dentelles de France ; si vous voulez lui en faire présent, elle les recevra de votre main plus agréablement encore que de la mienne. »

Mon ami accepta les bijoux et dentelles, ayant de la peine à croire, dit-il, qu'on en trouvât d'aussi bon goût à Madrid ; mais quelques instances que je lui fisse, il refusa l'argent, que je remportai.

Le lendemain, jour de l'Ascension, un valet métis ou quart d'Espagnol Indien que j'avais pris à Bayonne, et qui la veille avait été me chercher de l'or cordonné chez mon banquier, me vola mes cent quadruples, ma bourse, toutes les pièces d'argenterie de mon nécessaire, qui n'étaient pas apparentes, un carton de dentelles à mon usage, tous mes bas de soie, et quelques vestes d'étoffe d'or, le tout valant à peu près quinze mille francs, et prit la fuite.

Je fus sur-le-champ chez le commandant de Madrid faire ma plainte et je demeurai un peu surpris de l'air glacé dont elle fut accueillie. On sera moins étonné dans un moment que je ne le fus alors moi-même; l'énigme va bientôt se débrouiller.

Cet accident ne m'empêcha pas de donner tous mes soins à mon ami malade; je lui reprochai doucement ma perte, en lui disant que s'il eût accepté mes offres la veille au soir, il m'eût fait grand plaisir et m'eût empêché d'être volé. Mon ami m'assura que ce petit malheur était irréparable, parce que ce valet, qui avait sûrement pris la route de Cadix, serait parti avec la flotte avant qu'on l'eût attrapé. J'en écrivis à M. l'ambassadeur et ne m'en occupai plus.

Les jours suivants se passèrent en soins assidus de ma part et en témoignages de la plus tendre reconnaissance de celle de Clavico. Mais le 5 juin, étant venu pour le voir à l'ordinaire au quartier des Invalides, j'appris avec surprise que mon ami avait encore brusquement délogé.

Changer de gîte une seconde fois sans m'en donner avis, me parut, je l'avoue, très-extraordinaire. Je le fis chercher dans tous les hôtels garnis de Madrid, et l'ayant enfin trouvé rue Saint-Louis, je lui témoignai mon étonnement avec un peu moins de douceur que la première fois, mais il m'avoua qu'ayant été instruit qu'on avait reproché à son ami de partager avec un étranger un logement de quartier que le roi ne lui donnait que pour lui seul, sans consulter l'embarras, ni sa santé, ni l'heure indue, il avait cru devoir quitter à l'instant l'appartement de son ami. Il fallut bien approuver sa délicatesse : mais je le grondai obligeamment de n'être pas venu prendre un logement dans la maison de ma sœur ; je voulais même l'y conduire à l'instant. Il me serra les mains avec reconnaissance, et m'objecta que, venant de prendre médecine, il ne s'exposerait pas à sortir de chez lui, cet usage étant celui de tous les Espagnols.

Le lendemain il refusa, sous le même prétexte, mes offres réitérées de venir chez ma sœur. Alors nos amis commencèrent à secouer la tête, à concevoir des soupçons ; mais ils me paraissaient encore plus absurdes que malhonnêtes. A quoi bon des feintes avec moi? Le contrat était fait; il ne put être signé de plusieurs jours à cause de ces impatientantes « purgeries » ; en Espagne, me disait-on, tout acte est nul lorsqu'il se trouve daté du jour qu'un des contractants a pris médecine : chaque pays, chaque usage.

Ma sœur tremblait de nouveau ; c'était par de semblables délais que cet homme les avait déjà deux fois conduites à des dénoûments affreux. Je lui imposais silence avec amertume; cependant le soupçon se glissait dans mon cœur. Pour m'en délivrer tout à fait, le 7 juin, jour pris enfin pour signer le contrat, j'envoyai chercher d'autorité le notaire apostolique.

Mais quelle fut ma surprise, lorsque cet homme me dit qu'il allait faire signer au seigneur Clavico une déclaration bien contraire à mes vues; qu'il avait reçu la veille une opposition au mariage de ma sœur, par une jeune personne qui prétendait avoir une promesse de Clavico, datée de 1755; de neuf années avant l'époque où nous étions, 1764.

Je m'informe vite du nom de l'opposante. Le notaire m'apprend que c'était « una duenna » (fille de chambre). Humilié, furieux, je cours chez l'indigne Clavico.

« Cette promesse de mariage vient de vous, lui dis-je : elle a été fabriquée hier. Vous êtes un homme abominable, auquel je ne voudrais pas donner ma sœur pour tous les trésors de l'Inde. Mais ce soir je pars pour Aranjuèz : je rends compte à M. de Grimaldi de votre infamie; et loin de m'opposer pour ma sœur à la prétention de votre « duenna », je demande pour unique vengeance qu'on vous la fasse épouser sur-le-champ. Je lui servirai de père, je lui payerai sa dot, et lui prodiguerai tous mes secours, pour qu'elle vous poursuive jusqu'à l'autel. Alors, pris dans votre propre piége, vous serez déshonoré, et je serai vengé.

« Mon cher frère, mon ami, me dit-il, suspendez vos ressentiments et votre voyage jusqu'à demain ; je n'ai nulle part à cette noirceur. A la vérité, dans un délire amoureux, je fis cette promesse autrefois à la « duenna » de madame Portuguès, qui était jolie, mais qui depuis notre rupture ne m'en a jamais reparlé. Ce sont les ennemis de dona Maria, votre sœur, qui font agir cette fille : mais croyez, mon ami, que le désistement de la malheureuse est l'affaire de quelques pistoles d'or. Je vous conduirai ce soir chez un célèbre avocat, que j'engagerai même à vous accompagner à Aranjuez; et nous aviserons ensemble, avant que vous partiez, aux moyens de parer à ce nouvel obstacle, beaucoup moins important que votre vivacité ne vous le fait craindre. Mettez-moi aux pieds de dona Maria votre sœur, que je fais vœu d'aimer toute ma vie, ainsi que vous; et ne manquez pas de vous rendre ici ce soir à huit heures précises. »

L'amertume était dans mon cœur, et l'indécision dans ma tête. Je n'écoutais pourtant pas encore les pronostics affreux que l'on répandait : il était possible que j'eusse été joué par un fripon ; mais quel était son but? Ne pouvant le deviner, n'en voyant même aucun qui fût raisonnable, je suspendais mon jugement, quoique l'effroi eût déjà gagné tout ce qui m'environnait. Je me rends à 8 heures chez cet étrange mortel, accompagné des sieurs Perier et Durand. A peine étions-nous descendus de voiture, que la maîtresse de la maison vint au-devant de nous et me dit : « Le seigneur Clavico est délogé depuis une heure, on ignore où il est allé. »

Frappé de cette nouvelle et voulant en douter encore, je monte à la chambre qu'il avait occupée ; je ne trouve plus aucun de ses effets : mon cœur se serra de nouveau. De retour chez moi, j'envoyai six personnes courir toute la ville pour me découvrir le traître, à quelque prix que ce fût ; mais, convaincu de sa trahison, je m'écriais encore : A quoi bon ces noirceurs! je n'y concevais rien, lorsqu'un courrier de M. l'ambassadeur, arrivant d'Aranjuèz, me remit une lettre de Son Excellence, en me disant qu'elle était très-pressée. Je l'ai conservée et vais la transcrire ici.

Lettre de l'ambassadeur de France, dont j'ai l'original.

« A Aranjuez, le 7 juin 1764.

« M. de Robiou, monsieur, commandant de Madrid, « vient de passer chez moi pour m'apprendre que le « sieur Clavico s'était retiré dans un quartier des Inva- « lides, et avait déclaré qu'il y prenait asile contre les « violences qu'il craignait de votre part, attendu que « *vous l'aviez forcé dans sa propre maison*, *il y a quel-* « *ques jours, le pistolet sur la gorge*, *à signer un* « *billet par lequel il s'était engagé à épouser made-* « *moiselle votre sœur*. Il serait inutile que je vous « communiquasse ici ce que je pense sur un aussi « mauvais procédé. Mais vous concevez aisément *que,* « *quelque honnête et droite qu'ait été votre conduite* « *dans cette affaire*, on pourrait y donner une tour- « nure dont les conséquences seraient aussi désagréa- « bles que fâcheuses pour vous. Ainsi je vous conseille « de demeurer entièrement tranquille, en paroles, en « écrits et en actions, jusqu'à ce que je vous aie vu ; « ou ici, si vous y venez promptement, ou à Madrid, « où je retournerai le 12.

« J'ai l'honneur d'être avec une parfaite considéra- « tion, monsieur, votre, etc.

« *Signé*,

« OSSUN. »

Cette nouvelle fut un coup de foudre pour moi. Quoi ! cet homme qui depuis quinze jours me pressait dans ses bras ! ce monstre qui m'avait écrit dix lettres pleines de tendresse, m'avait sollicité publiquement de lui donner ma sœur, était venu dix fois manger chez elle à la face de tout Madrid ! il avait fait une plainte au criminel contre moi pour cause de violence, et me poursuivait sourdement ! je ne me connaissais plus.

Un officier des gardes wallonnes entre à l'instant et me dit : Monsieur de Beaumarchais, vous n'avez pas un moment à perdre; sauvez-vous, ou demain matin vous serez arrêté dans votre lit ; l'ordre est donné, je viens vous en prévenir : votre homme est un monstre, il a soulevé contre vous tous les esprits, et vous a conduit de promesse en promesse pour se rendre votre accusateur public. Fuyez, fuyez à l'instant, ou, renfermé dans un cachot, vous n'avez plus ni protection ni défense.

Moi, fuir ! me sauver ! plutôt périr. Ne me parlez plus, mes amis, ayez-moi seulement une voiture de route à six mules, pour demain 4 heures du matin, et laissez-moi me recueillir jusqu'à mon départ pour Aranjuez.

Je me renfermai : j'avais l'esprit troublé, le cœur dans un étau ; rien ne pouvait calmer cette agitation. Je me jetai dans un fauteuil où je restai près de deux heures dans un vide absolu d'idées et de résolutions.

Ce repos fatigant m'ayant enfin rendu à moi-même, je me rappelai que cet homme, depuis la date de sa plainte pour fait de violence, s'était promené publiquement avec moi dans mon carrosse, m'avait écrit dix lettres tendres, m'avait chargé spécialement de sa demande auprès du ministre devant vingt personnes. Je me jette à mon bureau ; j'y broche, avec toute la rapidité d'un homme en pleine fièvre, le journal exact de ma conduite depuis mon arrivée à Madrid ; noms, dates, discours, tout se peint à ma mémoire, tout est fixé sous ma plume. J'écrivais encore à 5 heures du matin, lorsqu'on m'avertit que ma voiture m'attend, et que l'inquiétude de mes amis ne leur permet pas de me laisser plus longtemps à moi-même. Je monte en carrosse sans m'informer si quelqu'un me suit, sans savoir si j'étais présentable ; une espèce d'ivresse me rendait sourd à tout ce qui n'était pas mon objet ; mais on avait pourvu sans me le dire au nécessaire de mon voyage. Quelques amis m'offrent de m'accompagner. — Je veux être seul, leur dis-je ; je n'ai pas trop de douze heures de solitude pour calmer mes sens ; et je partis pour Aranjuez.

M. l'ambassadeur était au palais quand j'arrivai au Sitio real ; je ne le vis qu'à 11 heures du soir à son retour. « Vous avez bien fait de venir sur-le-champ, me dit-il : je n'étais rien moins que tranquille sur vous ; depuis quinze jours votre homme a gagné toutes les avenues du palais. Sans moi vous étiez perdu, arrêté, et peut-être conduit au Présidio (1). J'ai couru chez M. de Grimaldi : « Je réponds (lui ai-je dit) de la sagesse et de la bonne conduite de M. de Beaumarchais en toute affaire, comme de la mienne propre. C'est un homme d'honneur, qui n'a fait que ce que vous et moi eussions fait à sa place ; je l'ai suivi depuis son arrivée !

(1) Prison perpétuelle à Oran ou Ceuta sur les côtes d'Afrique.

faites retirer l'ordre de l'arrêter, je vous prie : ceci est le comble de l'atrocité de la part de son adversaire. — Je vous crois, m'a répondu M. de Grimaldi ; mais je ne suis le maître que de suspendre un moment : tout le monde est armé contre lui : qu'il parte à l'instant pour la France ; on fermera les yeux sur sa fuite. »

« Ainsi, monsieur, partez, il n'y a pas un moment à perdre ; on vous enverra vos effets en France : vous avez six mules à vos ordres. A tout prix, dès demain matin reprenez la route de France : je ne pourrais vous servir contre des ordres si précis, et je serais désolé qu'il vous arrivât malheur en ce pays : partez. »

En l'écoutant je ne pleurais pas : mais par intervalles il me tombait des yeux de grosses gouttes d'eau que le resserrement universel y amassait. J'étais stupide et muet. M. l'ambassadeur, attendri, plein de bonté, prévenant toutes mes objections par l'aveu libre et franc que j'avais raison, ne m'en disait pas moins qu'il fallait céder à la nécessité et fuir un malheur certain.

« Et de quoi me punirait-on, monsieur, puisque vous-même convenez que j'ai raison sur tous les points ? Le roi fera-t-il arrêter un homme innocent et grièvement outragé ? Comment imaginer que celui qui peut tout préférera le mal quand il connaît le bien ? — Eh ! monsieur, l'ordre du roi s'obtient, s'exécute, et le mal est fait avant qu'on soit détrompé. Les rois sont justes ; mais on intrigue autour d'eux sans qu'ils le sachent ; et de vils intérêts, des ressentiments qu'on n'ose avouer, n'en sont pas moins souvent la source de tout le ma qui se fait. Partez, monsieur; une fois arrêté, personne ici ne prenant intérêt à vous, on finirait par conclure que, puisqu'on vous punit, il se peut que vous ayez tort ; et bientôt d'autres événements feraient oublier le vôtre; car la légèreté du public est partout un des plus fermes appuis de l'injustice. Partez, vous dis-je, partez. »

Mais, monsieur, dans l'état où je suis, où voulez-vous que j'aille ? — « Votre tête se trouble à l'excès, monsieur de Beaumarchais; évitez un mal présent, et songez que vous ne rencontrerez peut-être pas deux fois en votre vie l'occasion de placer des réflexions si douloureuses pour l'humanité : vous ne serez peut-être jamais indignement outragé par un homme plus puissant que vous ; vous ne courrez peut-être jamais une seconde fois le risque d'aller en prison pour avoir été, contre un fou, prudent, ferme et raisonnable : ou si un pareil malheur vous arrivait en France, un homme an milieu de sa patrie a mille moyens de faire valoir son droit, qui lui manquent ailleurs. On traite moins bien un étranger sans appui qu'un citoyen domicilié, qu'un père de famille, comme vous l'êtes, au milieu de tous ses parents. — Eh ! monsieur, que diront les miens ? Que penseront en France mes augustes protectrices, qui, m'ayant vu constamment persécuté autour d'elles, ont pu juger au moins que je ne méritais pas le mal qu'on disait de moi ? Elles croiront que mon honnêteté n'était qu'un masque, tombé à la première occasion que j'ai cru trouver de mal faire impunément. — Allez, monsieur ; j'écrirai en France, et l'on m'en croira sur ma parole. — Et ma sœur, monsieur ! ma malheureuse sœur ! ma sœur qui n'est pas plus coupable que moi ! — Songez à vous, l'on pourvoira au reste. — Ah ! dieux ! dieux ! Ce serait là le fruit de mon voyage en Espagne ! Mais « partez, partez, » était le mot dont M. d'Ossun ne sortait plus. Si j'avais besoin d'argent, il m'en offrait avec toute la générosité de son caractère. — Monsieur, j'en ai : mille louis dans ma bourse, et deux cent mille francs dans mon portefeuille me donneront le moyen de poursuivre un si sanglant outrage. — Non, monsieur, je n'y consens pas ; vous m'êtes recommandé ; partez, je vous en prie ; je vous le conseille ; et j'irai plus loin même, s'il le faut. — Je ne vous entends plus, monsieur, pardon, je ne vous entends plus. » Et dans le trouble où j'étais, je courus m'enfoncer dans les allées sombres du parc d'Aranjuèz. J'y passai la nuit dans une agitation inexprimable.

Le lendemain matin, bien raffermi, bien obstiné, bien résolu de périr ou d'être vengé, je vais au lever de M. de Grimaldi, ministre d'État. J'attendais dans son salon, lorsque j'entendis prononcer plusieurs fois le nom de M. Whal. Cet homme respectable, qui n'avait quitté le ministère que pour mettre un intervalle de repos entre la vie et la mort, était logé dans la maison de M. de Grimaldi. Je l'apprends, et sur-le-champ je me fais annoncer chez lui, comme un étranger qui a les choses les plus importantes à lui communiquer. Il me fait entrer : et la plus noble figure rassurant mon cœur agité : « Monsieur, lui dis-je, je n'ai point d'autre titre à vos bienfaits que celui d'être Français et outragé : vous êtes né vous-même en France où vous eûtes du service ;

depuis vous avez passé dans ce pays par tous les grades de l'illustration militaire et politique ; mais tous ces titres me donnent moins la confiance de recourir à vous, que la véritable grandeur avec laquelle vous avez remis volontairement au roi le dangereux ministère des Indes, dont vous êtes sorti les mains pures, lorsqu'un autre eût pu y entasser des milliards. Avec l'estime de la nation, vous êtes resté l'ami du roi : c'est le nom dont il vous honore sans cesse. Eh bien ! monsieur, il vous reste une belle action à faire ; elle est digne de vous ; et c'est un Français au désespoir qui compte sur le secours d'un homme aussi vertueux.

— Vous êtes Français, monsieur, me dit-il ; c'est un beau titre auprès de moi ; j'ai toujours chéri la France, et voudrais pouvoir reconnaître en vous tous les bons traitements que j'y ai reçus. Mais vous tremblez, votre âme est hors d'elle, asseyez-vous et dites-moi vos peines ; elles sont affreuses, sans doute, si elles égalent le trouble où je vous vois. Il défend à l'instant sa porte ; et moi, dans un état inexprimable de crainte et d'espérance, je lui demande la permission de lire le journal exact de ma conduite depuis le jour de mon arrivée à Madrid : vous y suivrez mieux, monsieur, le fil des événements, que dans une narration désordonnée que j'entreprendrais vainement de vous faire.

Je lus mon Mémoire. M. Whal me calmait de temps en temps, en me recommandant de lire moins vite pour qu'il m'entendît mieux, et m'assurant qu'il prenait le plus vif intérêt à ma narration. A mesure que les événements passaient, je lui mettais à la main les écrits, les lettres, toutes les pièces justificatives. Mais lorsque je vins à la plainte criminelle, à l'ordre de me mettre au cachot, suspendu seulement par M. de Grimaldi, à la prière de notre ambassadeur, au conseil qu'il m'avait donné de partir, auquel je ne lui cachais pas que je résistais, déterminé à périr ou à obtenir justice du roi ; il fait un cri, se lève, et m'embrassant tendrement : « Sans doute le roi vous fera justice, et vous avez raison d'y compter. M. l'ambassadeur, malgré sa bonté pour vous, est forcé de consulter ici la prudence de son état ; mais moi je vais servir votre vengeance de toute l'influence du mien : non, monsieur, il ne sera pas dit qu'un brave Français ait quitté sa patrie, ses protecteurs, ses affaires, ses plaisirs, qu'il ait fait quatre cents lieues pour secourir une sœur honnête et malheureuse, et qu'en fuyant de ce pays il remporte dans son cœur, de la généreuse nation espagnole, l'abominable idée que les étrangers n'obtiennent chez elle aucune justice. Je vous servirai de père en cette occasion comme vous en avez servi à votre sœur. C'est moi qui ai donné au roi ce Clavico. Je suis coupable de tous ses crimes ; eh! Dieux, que les gens en place sont malheureux de ne pouvoir scruter avec assez de soin tous les hommes qu'ils emploient, et de s'entourer sans le savoir de fripons, dont les infamies leurs sont trop souvent imputées ! Ceci, monsieur, est d'autant plus important pour moi que ce Clavico, ayant commencé par faire une espèce de feuille ou gazette, et se trouvant, par ses fonctions, rapproché du ministère, eût pu parvenir un jour à des emplois plus considérables, et moi je n'aurais fait présent à mon roi que d'un scélérat. On excuse un ministre de s'être trompé sur le choix d'un indigne sujet : mais sitôt qu'il le voit marqué du sceau de la réprobation publique, il se doit à lui-même de le chasser à l'instant. J'en vais donner l'exemple à tous les ministres qui me suivront. »

Il sonne. Il fait mettre des chevaux, il me conduit au palais; en attendant M. de Grimaldi, qu'il avait fait prévenir, ce généreux protecteur entre chez le roi, s'accuse du crime de mon lâche adversaire, a la générosité d'en demander pardon. Il avait sollicité son avancement avec ardeur, il met plus d'ardeur encore à solliciter sa chute. M. de Grimaldi arrive, les deux ministres me font entrer, je me prosterne; lisez votre Mémoire, me dit M. Whal avec chaleur, il n'y a pas d'âme honnête qui n'en doive être touchée comme je l'ai été moi-même. J'avais le cœur élevé à sa plus haute région; je le sentais battre avec force dans ma poitrine, et, me livrant à ce qu'on pourrait appeler l'éloquence du moment, je rendis avec force et rapidité tout ce qu'on vient de lire. Alors le roi, suffisamment instruit, ordonna que Clavico perdît son emploi et fût à jamais chassé de ses bureaux.

Ames honnêtes et sensibles ! croyez-vous qu'il y eût des expressions pour l'état où je me trouvais? Je balbutiais les mots de respect, de reconnaissance, et cette âme entraînée naguère presque au degré de la férocité contre son ennemi, passant à l'extrémité opposée, alla jusqu'à bénir le malheureux dont la noirceur lui avait procuré le noble et précieux avantage qu'il venait d'obtenir aux pieds du trône.

Pour comble de bontés, le monarque envoya chez M. l'ambassadeur de France, où je dînais, donner l'ordre au Français à qui il venait de rendre une justice si éclatante, de lui faire parvenir le journal exact de ce qui avait été lu et jugé au palais. M. l'ambassadeur, aussi touché que moi, me donna trois de ses secrétaires qui, de leur part, y mettant une bienveillance patriotique, copièrent en peu d'heures mon journal avec les pièces justificatives, et le tout fut porté par M. l'ambassadeur au roi, qui ne dédaigna pas de dire qu'il garderait cet ouvrage, et même de s'informer avec bonté si le Français était satisfait.

Telle est la justice que j'ai obtenue en Espagne dans une querelle où j'étais en quelque façon l'agresseur. Mon cœur se serre en pensant que depuis, en France, étant offensé... Telles sont les preuves authentiques et respectables sur lesquelles s'appuie le compte exact que l'animosité vient de me forcer de rendre de ma conduite en cette occasion, l'une des plus importantes de ma vie. J'ai osé nommer, sans leur aveu, le prince magnanime qui s'est plu à me faire justice, les généreux ministres qui y ont coopéré, le très-respecté marquis d'Ossun, notre ambassadeur, mon inestimable protecteur M. Whal, et toutes les personnes qui ont contribué à ma justification.

Au milieu d'une nation étrangère, je n'ai rencontré que grandeur, générosité, noble intérêt, service ardent, justice éclatante, et je n'aurais pas attendu dix ans à publier la reconnaissance que je garderai toute ma vie à la généreuse nation espagnole, si j'avais pu la faire éclater sans y mêler le récit d'un événement personnel qui ne pouvait intéresser que mes parents et moi.

Je revins à Madrid, où tous les Français s'empressèrent de renouveler à ma pauvre sœur les témoignages de leur ancienne amitié. A la nouvelle de la perte de son emploi qui se répandit partout, mon lâche ennemi, certain d'être arrêté, se sauva chez les capucins, d'où il m'écrivit une longue lettre pour implorer ma commisération. Il avait raison d'y compter, je ne le haïssais plus, je n'ai même jamais haï personne. Mais, dans cette lettre, ce qui m'étonna davantage fut l'assurance avec laquelle il se tait sur sa plainte criminelle contre moi, se flattant apparemment que je l'ignorais encore. Il s'y défend seulement d'avoir provoqué l'opposition de la *duenna*, à laquelle il attribue mon ressentiment. Voici sa lettre avec ma réponse en marge, telle que je la lui envoyai :

Copie de la lettre de Clavico.	***Copie de ma réponse en marge.***
Depuis mercredi que j'ai reçu, monsieur, la nouvelle de la privation de mon emploi (1), j'ai été dans des accès de fièvre les plus violents jusqu'à ce moment où, malgré ma faiblesse et mon abattement, je prends la plume pour vous remercier des bontés que vous avez eues pour moi. Non, je n'aurais jamais cru cela de vous. Vous aviez raison de ne pas répondre à mes lettres, on n'a rien à dire aux gens	(1) C'est un malheur que vous vous êtes attiré.

que l'on veut perdre sans ressource (2). Eh bien! monsieur, êtes-vous satisfait? Ces dames le sont-elles? Jouissez, jouissez tous de votre vengeance. Mais sur qui tombe-t-elle cette vengeance? Sur un homme que vous aimiez, qui a suivi en tout aveuglément vos volontés, sur un homme enfin qui vous aime encore malgré tout ce qui s'est passé (3). Ah! monsieur, j'en appelle à votre cœur; ou il m'a trompé, ou il est incapable d'un procédé pareil. Mais comment pouvez-vous avoir sévi contre moi sans constater mon crime? Et quel est-il ce crime (4)? Une fille, par elle-même ou à la persuasion de quelque furieux et à mon insu, se présente contre moi. Je n'ai pas la moindre part à cette affaire et l'on me croit l'auteur de cette nouvelle scène (5)! On paraît en fureur contre moi, on m'accable d'injures malgré ma faiblesse et ma maladie, et quand le chagrin de cet événement laisse à mon cerveau, déjà affaibli par plus de 30 jours de fièvre et de diète, à peine la faculté de penser, on me tourmente, on ne croit pas à ma justification, on ne veut pas même m'écouter, ni convenir des moyens que je propose pour arranger cette cruelle affaire. Au contraire on part pour Aranjuez, pour aller déshonorer un homme que l'on dit aimer avec passion (6), coupable ou non, n'importe. Eh! se donne-t-on la peine de l'examiner avec loisir?

Cependant cet homme accablé sous le poids de sa maladie et de ses violents chagrins, abandonné à lui-même, dans ce cruel état vous écrit à Aranjuez, et pour vous prouver son innocence (7), fait faire des démarches auprès de l'opposante pour la faire désister de sa prétention.

(2) De quelles lettres parlez-vous?

(3) Vous m'aimez! monstre que vous êtes! Et vos lâches impostures! et votre plainte furtive et calomnieuse?

(4) Une plainte d'assassinat.

(5) Il s'agit bien de cette fille! quand il existe une plainte atroce depuis trois semaines.

(6) Oui, malheureux, je vous aimais, et c'est ma honte.

(7) Et la plainte! la plainte!

Il n'y avait que ce moyen pour finir tout d'un coup ; il vous repete à ce sujet ce qu'il vous avait dit ici lui-même, il vous prie surtout de suspendre les demarches que pouvait vous dicter le ressentiment qui vous conduisait (8). Chaque pas que vous alliez faire était un poignard que vous lui enfonciez dans le cœur, et chaque blessure était incurable (9).

Moi, victime des caprices du sort et comptant sur votre prudence et sur la bonté de votre cœur, quoique sans réponse de votre part, je n'attribuai votre silence qu'au hasard, et je m'empressai par une seconde lettre de vous rendre compte des espérances dont on me flattait au sujet de l'opposante, lesquelles sont justes (10).

Malgre votre silence, j'allais, monsieur, vous récrire, quand la nouvelle de la privation de mon emploi me replongea tout de suite dans les acces de fièvre dont je ne sors qu'à présent (11).

Ah ! monsieur, qu'avez-vous fait ? N'aurez-vous pas a vous reprocher eternellement d'avoir sacrifie légerement un homme qui vous appartenait, et dans le temps même qu'il allait devenir votre frere (12) ? Quelques égarements passés pouvaient-ils vous faire croire aussi légerement et sur des apparences ? Mais dans quelles circonstances encore se présentait-il ce prétendu crime ? Oui, monsieur, je le repete et je le dirai a la face de l'univers : je n'ai aucune part a la démarche de l'opposante, et depuis ma reconciliation avec vos dames, je n'ai point changé (13), et je defie qui que ce soit au monde de me prouver que depuis cette epoque j'aie rien dit ni ecrit de contraire a l'intention où j'étais et ou je

(8) Oui, le plus juste ressentiment.

(9) Le poignard qui vous perce est le désespoir de ne m'avoir pas fait périr.

(10) Des lettres à Aranjuèz ? A moi ? Imposteur maladroit !

(11) Je le crois. Mais c'est de honte qu'il faut mourir.

(12) Vous ! mon frère ! je la tuerais plutôt.

(13) Peut-on pousser la fourberie plus loin! Et mes violences ! et ce pistolet que je vous ai

suis encore, malgré tout ce qui m'est arrivé, de terminer mon mariage avec mademoiselle votre sœur (14).

La privation de mon emploi n'y fait rien Le roi et le ministre, mieux informés, me rendront la justice qui m'est due (15) Personne au monde n'a rien à me reprocher. Si j'ai eu des torts vis-à-vis mademoiselle Caron, je les ai réparés par mon retour (16), hors de là je n'ai a rougir d'aucune action de ma vie. Or j'espère de la clémence de mon souverain qu'il daignera me faire rendre mon emploi quand il saura mon innocence (17). Puis-je espérer de vous, monsieur, à qui elle constera parfaitement quand vous le voudrez, que vous ne vous opposerez point à ma justification ? Elle doit vous intéresser autant que moi-même (18).

Je vous remets ci-joint copie des deux lettres que je vous écrivis à Aranjuèz. Je commence même à douter que vous les ayez reçues (19). Oui, je crois connaître votre cœur, il ne m'aurait pas sacrifié si cruellement s'il avait pu seulement se douter de mon innocence. Je sens encore de la satisfaction à vous justifier dans mon cœur (20). Et dans la fatalité de mon sort je ne murmure point contre la main qui la conduit. Non, je ne renoncerai jamais au bonheur d'appartenir à votre chere famille (21). Helas ! depuis la dernière promesse mutuelle entre mademoiselle Caron et moi, j'ai bien souffert ! Je compte assez sur la générosité de vos âmes pour croire que vous voudrez bien m'aider à me relever (22). Mes supérieurs et mes protecteurs, instruits de mon innocence, me tendront aussi une main secourable ; je l'espère avec d'autant plus d'em-

présenté ! et cette plainte que vous oubliez !

(14) Que je vous ai force de contracter le pistolet à la main.

(15 Ils vous l'ont rendue en vous chassant.

(16) En la mettant à la mort une troisieme fois.

(17) Son innocence ! L'innocence de Clavico !

(18) Lâche adversaire ! Et c'est à moi que vous vous adressez !

(19) Je le crois bien, elles n'ont jamais eté écrites.

(20) J'étais perdu par vous, homme indigne ! sans la grandeur, sans la justice du roi.

(21). M'appartenir ! Misérable !

(22) Je suis vengé. Je ne vous hais plus : j'irai même implorer M. de Grimaldi pour vous ob-

pressement que je n'ai point mérité leur colere (23).

J'ai l'honneur d'être aussi véritablement que jamais,

MONSIEUR,

Votre très-humble et très-obéissant serviteur,

Signé

CLAVIJO.

tenir du pain, si je puis, dans un coin du monde, mais jamais à Madrid

(23) Aussi n'a-t-on mis que de la justice à votre punition. M. Whal seul a eu la générosite d'y mettre de la colère.

Madrid, 17 juin 1774.

P. S. On vient de me dire que mademoiselle Caron doit se marier (24), je ne puis pas le croire. D'ailleurs voudrait-on donner à Madrid une nouvelle scène à nos dépens, et m'obliger à m'opposer à ce mariage pour authentiquer la droiture de mes intentions ? Non : cela ne peut pas être (25).

A M. de Beaumarchais, etc., etc.

(24) Que vous importe ?

(25) Qu'elle se marie ou non, vous n'avez plus rien à y voir. Votre femme a vous ce sera la duenna. Je borne à cela ma vengeance.

Je fus en effet demander grâce à M. le marquis de Grimaldi pour ce misérable homme ; mais ce ministre mit à ses refus une indignation si obligeante pour moi, que je n'osai pas insister. J'écrivis le même jour à plusieurs protecteurs de Clavico, pour les prier de joindre leurs instances aux miennes. « M. le marquis de Grimaldi n'a pas voulu m'entendre, leur disais-je ; il est révolté de l'indignité du sujet. Mais un homme malheureux par sa faute l'est doublement ; et d'après cette terrible vérité, Clavico doit être bien près du désespoir. Voir mon ennemi même dans cet affreux état trouble la pureté de ma joie, dans l'heureux dénoûment de mon aventure avec lui, etc. »

Rien ne put fléchir l'équitable et rigoureux ministre.

La suite de mon voyage d'Espagne est étrangère à ma justification. Quant à l'infamie qu'on m'impute, d'avoir frauduleusement gagné cent mille francs en une nuit chez l'ambassadeur de Russie, et pour laquelle le sieur Marin fait dire à son écrivain que j'ai été chassé de partout et forcé de fuir d'Espagne avec déshonneur, je me contenterai de répondre que ce même ambassadeur de Russie, milord Rochefort, alors ambassadeur d'Angleterre en Espagne, M. le comte de Creitz, actuellement ambassadeur de Suède en France, MM. les duc et comte de Crillon, et beaucoup d'autres personnes qualifiées, avec lesquelles je jouais tous les jours et qui m'honoraient d'une bienveillance particulière à Madrid, me l'ont conservée en France ; j'ajouterai même que dans le séjour que ces divers ambassadeurs ont fait depuis à Paris, ils m'ont tous fait l'honneur de manger chez moi et d'y agréer les témoignages de ma reconnaissance.

Enfin, après un an passé en Espagne à suivre les plus importantes affaires, lorsque les miennes me rappelèrent en France, et qu'après avoir pris congé verbalement de M. le marquis de Grimaldi, j'eus l'honneur de lui demander, par écrit, ses derniers ordres, voici la lettre qu'il m'écrivit du Pardo, où était la cour, la veille de mon départ.

Copie de la lettre de M. le marquis de Grimaldi, dont j'ai l'original.

« Au Pardo, le 14 mars 1765.

« MONSIEUR,

« Quelle que soit la réussite des propositions que « vous m'avez faites pour l'établissement d'une com- « pagnie de la Louisiane, elles font infiniment d'hon- « neur à vos talents, et ne sauraient qu'affermir la bonne « opinion que j'en ai conçue. J'ai été, monsieur, fort « aise de vous connaître, et je le suis de pouvoir « rendre ce témoignage à votre capacité. Si vos projets « eussent été compatibles avec la constitution de l'Amé- « rique espagnole, je pense que leur succès vous en « eût encore mieux convaincu; mais on a dû céder à « des difficultés insurmontables qui s'opposaient à « leur exécution.

« Je serai charmé de pouvoir vous rendre service en « toute occasion : en attendant j'ai le plaisir de vous « souhaiter un bon voyage, et de vous prier de me « croire très-parfaitement, monsieur, votre très-humble « et très-obéissant serviteur.

« *Signé*,
« le marquis de GRIMALDI. »

Et plus bas est écrit : *A M. de Beaumarchais.*

J'en ai trop dit pour moi, et je crois en avoir dit assez pour mes lecteurs. Encore un mot, et je me tais. On assure que MM. Goëzman, Marin, Bertrand, Baculard, *et autres personnes respectables*, ont chacun un beau Mémoire tout prêt contre moi, qu'ils réservent pour la veille du jugement de ce procès. S'ils en usent ainsi pour que je n'aie pas le temps d'y répliquer, cela n'est pas de bonne guerre, et j'agis plus franchement avec eux. Mais sur quelque point de ma vie, sous quelque forme, en quelque temps que ces messieurs me fassent l'honneur de me dénigrer ensemble ou séparément, j'ai celui de les prévenir que je réserve à chacun d'eux un grand cornet plein de bonne encre *indélébile*, et que la génération présente ne passera point avant qu'il soit épuisé à leur service.

En attendant je vais, pour me reposer, écrire un extrait fidèle de mes confrontations avec M. Goëzman, et l'opposer à l'infidèle extrait que ce magistrat présente dans la ridicule plainte qu'il vient de faire au parlement contre moi. On sent bien que tout cela n'est qu'un jeu pour reculer le jugement du procès que mes nobles adversaires voudraient éterniser. Mais ne craignent-ils pas que la nation ne les rende enfin comptables du temps précieux qu'ils dérobent à la cour ? Le service public souffre du retard que cette odieuse affaire apporte à toutes les autres. Et moi qui perds ici mes forces à leur répondre, j'oublie que j'ai à finir et à présenter au Conseil du roi l'important Mémoire de mes défenses contre le comte de la Blache, premier auteur de tous mes maux.

Signé,

CARON DE BEAUMARCHAIS.

Monsieur DOÉ DE COMBAULT, *Rapporteur.*

Messieurs { DE CHAZAL, REYMOND, } *Commissaires.*

EXTRAIT DU JUGEMENT

DU 26 FÉVRIER 1774.

La cour, toutes les chambres assemblées, faisant droit sur le tout, pour les cas résultants du procès, condamne Gabrielle-Julie Jamart, femme de Louis-Valentin Goëzman, à être mandée à la chambre, pour, étant à genoux, y être blâmée; la condamne en outre en trois livres d'amende envers le roi, à prendre sur ses biens; sans s'arrêter ni avoir égard à la requête de Pierre-Augustin Caron de Beaumarchais, et faisant droit sur les conclusions du procureur général du roi, ordonne que ladite Gabrielle-Julie Jamart sera tenue, même par corps, de rendre et restituer la somme de 360 livres par elle reçue de Edme-Jean le-Jay, pour être ladite somme appliquée au pain des pauvres prisonniers de la conciergerie du Palais, condamne pareillement Pierre-Augustin Caron de Beaumarchais à être mandé à la chambre, pour, étant à genoux, y être blâmé; le condamne en outre en trois livres d'amende envers le roi, à prendre sur ses biens; faisant droit sur la plainte du procureur général du roi, reçue et jointe au procès, par arrêt de la cour du 18 février présent mois; ensemble sur ses conclusions, ordonne que les quatre Mémoires imprimés en 1773 et 1774; le premier chez Claude Simon, ayant pour titre : *Mémoire à consulter pour Pierre-Augustin Caron de Beaumarchais*, commençant par ces mots : « Pendant que le public s'entretient d'un procès, » et finissant par ceux-ci : « soit que je te l'accorde ou non, lis cet arrêt et tremble de parler. Signé Caron de Beaumarchais, » contenant 38 pages d'impression. Le second, imprimé chez Quillau, ayant pour titre : *Supplément au Mémoire à consulter pour Pierre-Augustin Caron de Beaumarchais*, commençant par ces mots : « Pressé d'établir mon innocence par l'exposé des faits, » et finissant par ceux-ci : « le-Jay le quitta, je le quitte aussi. Signé Caron de Beaumarchais, » contenant 61 pages d'impression. Le troisième imprimé chez J. G. Clousier, ayant pour titre : *Addition au Supplément du Mémoire à consulter pour Pierre-Augustin Caron de Beaumarchais*, commençant par ces mots : « Eh bien! madame, il est donc décidé que je vous trouverai toujours en contradiction? » et finissant par ceux-ci : « à Paris ce 15 décembre 1773, signé Caron de Beaumarchais, » contenant 75 pages d'impression. Le quatrième et dernier imprimé chez ledit Jacques-Gabriel Clousier, ayant pour titre : *Quatrième Mémoire à consulter pour Pierre-Augustin Caron de Beaumarchais*, commençant par ces mots : « Suivant la marche ordinaire du procès, » et finissant par ceux-ci : « premier auteur de tous mes maux, signé Caron de Beaumarchais, » contenant 99 pages d'impression, seront lacérés et brûlés au pied du grand escalier du palais, par l'exécuteur de la haute-justice, comme contenant des expressions et imputations téméraires, scandaleuses et injurieuses à la magistrature en général, à aucun de ses membres, et diffamatoires envers différents particuliers ; fait défenses audit Caron de Beaumarchais de faire à l'avenir de pareils Mémoires sous peine de punition corporelle, et pour les avoir faits, le condamne à aumôner, au pain des prisonniers de la conciergerie du Palais, la somme de 12 livres à prendre sur ses biens ; comme aussi fait défenses à Bidaut, Ader et Malbeste, avocats, de plus à l'avenir autoriser de pareils Mémoires par leurs consultations et signatures, sous telles peines qu'il appartiendra ; fait pareillement défenses à tous imprimeurs, libraires et colporteurs de les imprimer, débiter ou colporter ; enjoint à tous ceux qui en ont des exemplaires de les apporter au greffe criminel de la cour pour y être supprimés. Condamne Edme-Jean le-Jay et Antoine-Bertrand Dairolles à être mandés à la chambre, pour, étant debout derrière le barreau, y être admonestés ; les condamne en outre à aumôner chacun la somme de trois livres au pain des pauvres prisonniers de la conciergerie du Palais, ladite somme à prendre sur leur biens ; sur l'accusation intentée contre Louis-Valentin Goëzman, à la requête du procureur général du roi, met les parties hors de cour et de procès. Sur les différentes plaintes, requêtes et demandes de Louis-François-Claude Marin, Louis-Valentin Goèzman, Gabrielle-Julie Jamart, sa femme, Pierre-Augustin Caron de Beaumarchais, Edme-Jean le-Jay, Antoine Bertrand Dairolles, et Joseph-Jacques

Gardanne, met pareillement les parties hors de cour. Faisant pareillement droit sur les conclusions du procureur général du roi, ordonne que les Mémoires, ensemble les notes imprimées d'Antoine-Bertrand Dairolles, Louis-Valentin Goëzman, Gabrielle-Julie Jamart, sa femme, Louis-François-Claude Marin, et François-Thomas-Marie Darnaud, seront et demeureront supprimés. Ordonne qu'à la requête du procureur général du roi, le présent arrêt sera imprimé, publié et affiché dans cette ville de Paris, et partout où besoin sera. Fait en parlement, toutes les chambres assemblées, le vingt-six février mil sept cent soixante-quatorze. Collationné, PROT.

Signé,

LE-JAY.

Et le 5 mars audit an 1774, à la levée de la Cour, les quatre Mémoires imprimés, mentionnés en l'arrêt ci-dessus, ont été lacérés et brûlés dans la cour du Palais, au pied du grand escalier d'icelui, par l'exécuteur de la haute-justice, en présence de nous Alexandre-Nicolas-François le Breton, l'un des premiers et principaux commis au greffe criminel de la Cour, assisté de deux huissiers de ladite Cour.

Signé,

LE-BRETON.

AVERTISSEMENT DE L'ÉDITEUR [1]

Tel fut ce jugement, qui indigna tout Paris et qui attira à M. de Beaumarchais tant de marques de considération.

Non-seulement les personnes les plus qualifiées se firent écrire à sa porte, comme s'il lui fût arrivé l'événement le plus honorable; mais le prince de Conti, le plus fier des princes de la famille royale, passa chez lui et y laissa un billet ; il lui fit même l'honneur de le venir chercher dans la maison où il s'était retiré, et où j'étais avec lui ; il l'invita à souper avec toute sa cour, en disant qu'ils étaient d'assez bonne maison pour donner l'exemple de la manière dont on devait traiter un homme qui avait si bien mérité de la France.

On le suivait partout pour l'applaudir.

Ses Mémoires étaient si recherchés et si estimés, que ses juges craignaient, autant que ses parties adverses, qu'il n'en publiât de nouveaux.

Ils n'osèrent exécuter sur lui leur propre jugement.

M. de Sartine, chargé comme lieutenant de police,

(1) Paul-Philippe GUDIN DE LA BRUNELLERIE, qui donna en 1809 une édition des *OEuvres* de BEAUMARCHAIS en 7 vol. in-8°.

de la surveillance générale, et qui avait appris par cette surveillance même à bien connaître M. de Beaumarchais et à l'estimer, lui dit en riant qu'il ne suffisait pas d'être blâmé, qu'il fallait encore être modeste, et lui recommanda de ne rien écrire sur cette affaire : Le roi, lui dit-il, désire que vous ne publiiez plus rien.

M. de Beaumarchais lui promit de garder le silence le plus absolu pendant les cinq premiers mois des six que la loi accordait aux plaideurs mécontents pour appeler d'un jugement qu'ils trouvaient inique.

Cette parole donnée, il se retira en Angleterre, non comme fugitif, mais pour donner au roi la preuve que son silence n'était pas l'effet de la crainte ; qu'il ne procédait que de son respect.

En arrivant à Londres, la sphère de ses idées s'étendit encore, il conçut des projets vastes et utiles pour la France ; les circonstances demandaient un génie entreprenant et courageux, tel que le sien venait de se montrer.

Peu de temps après, Louis XV le rappela, et le chargea d'une commission difficile ; il s'en acquitta avec une telle habileté et une telle sagesse, que Louis XVI, peut-être assez peu disposé à se servir des gens à qui son aïeul avait marqué quelque prédilection, l'honora de la même confiance, le chargea d'une autre mission qui exigeait encore plus de circonspection, et lui donna un billet écrit de sa propre main, pour lui servir de lettre de créance.

Si ce fut pour lui une source de nouveaux succès, ce fut aussi une source de nouvelles calomnies. Des ennemis plus cachés, plus ardents plus dangereux, s'appliquèrent à suivre toutes ses démarches, à les envenimer, à lui nuire.

Ces diverses commissions l'occuperent pendant deux années.

Le temps d'appeler du jugement porté contre lui s'était écoulé : ses ennemis se flattaient qu'il ne s'en relèverait jamais. Louis XVI avait renvoyé le parlement de 1771 et rappelé les anciens magistrats.

Le roi, content de la conduite de M. de Beaumarchais, lui donna des lettres patentes qui le relevèrent du laps de temps perdu depuis le jugement du 6 février 1774. Elles sont datées du 12 août 1776. On y lisait : « Le sieur de Beaumarchais n'est sorti du royaume que par mes ordres et pour notre service. » Elles furent enregistrées le 27 août.

Alors il demanda *la rétraction* de ce jugement *par voie de requête civile*. Les avocats MM. Étienne Rochette, Ader et Target déclarèrent dans leur consultation qu'il n'y avait eu de la part du sieur de Beaumarchais ni corps de délit, ni apparence de délit. Ce sont leurs termes.

Je vois le lecteur s'arrêter à ces mots, et demander avec étonnement : comment un procès criminel peut-il être intenté avant qu'un corps de délit ait été constaté? Sur quoi informe-t-on, quand aucun délit n'a été commis? Et contre qui peut-on informer si aucun délit n'annonce un coupable?

Constater un délit n'est-il pas un préliminaire nécessaire à toute accusation? Si personne n'a été assassiné, si nul objet n'a été volé, si nul complot n'a été ourdi, comment recherchera-t-on un meurtrier, un voleur, un conspirateur?

Le lecteur qui s'en étonne sera peut-être encore plus surpris quand il saura que Me Target, dans le plaidoyer qu'il fit pour M. de Beaumarchais, devant le parlement, dit à la cour que les juges en prononçant « sur cet homme honoré de la confiance de son roi, employé pour son service, et mémorable exemple de l'injustice juridique et de la justice nationale, avaient craint d'expliquer le délit pour lequel ils le condamnaient. »

Ils l'ont condamné, ajoute-t-il « pour les cas résultants du procès, mots que les cours ajoutent quelquefois sur l'appel d'une sentence qui constate le crime; mais en première instance, flétrir, dégrader un citoyen, le condamner à plus qu'à la mort, et cela pour les cas résultants du procès : c'est proscrire et non pas juger ; c'est faire du mal et non pas punir ; c'est parler le langage de la vengeance et non pas de la loi, L'accusé ignore son crime, le public peut les soupçonner tous, il n'est instruit de rien ; et le principal effet de la peine est perdu ; appliquée à l'homme et non pas au crime, elle n'en réprime et n'en arrête aucun ; la terreur s'empare des cœurs honnêtes, et la crainte n'arrive pas au cœur des méchants.

« La loi annule les condamnations vagues, genre d'oracle mystérieux et terrible, qui peut perdre l'innocence sans intimider les coupables. »

Ces paroles de Me Target démontraient assez à quel

point les lois, et même les simples notions du juste et de l'injuste avaient été violées à l'égard de son client, elles produisirent leur effet.

M. Séguier avocat général, porta la parole après Me Target, et conclut à l'entérinement de la requête civile ; et à ce que « les parties fussent mises en tel et semblable état qu'elles étaient le jour du 26 février 1774. »

Le parlement rendit un arrêt qui annula ce jugement, entérina la requête civile, remit les parties au même état où elles étaient avant ledit jugement, et réhabilita M. de Beaumarchais dans tous ses droits ; je dis dans ses droits plutôt que dans son honneur, car l'opinion publique, fortement prononcée, témoignait assez qu'il ne l'avait point perdu ; qu'il n'avait pas même été entaché.

M. de Beaumarchais présenta requête pour être renvoyé dans ses fonctions ; et il le fut ; car lui-même il était juge, et lieutenant général des chasses au bailliage de la Varenne du Louvre.

FIN.

Clichy. — Imprimerie Paul Dupont, rue du Bac-d'Asnières, 12.

www.ingramcontent.com/pod-product-compliance
Lightning Source LLC
Chambersburg PA
CBHW060947220326
41599CB00023B/3616

* 9 7 8 2 0 1 2 1 6 4 6 6 6 *